KB075751

인권제도와 기구

국제 사회 · 국가 · 지역 사회

| 경상대학교 인권사회발전연구총서 ❼ |

인권제도와 기구

국제 사회 · 국가 · 지역 사회

인   쇄 | 2018년 11월 7일
발   행 | 2018년 11월 12일

지은이 | 김중섭 · 박재영 · 홍성수
발행인 | 부성옥
발행처 | 도서출판 오름
등록번호 | 제2-1548호 (1993. 5. 11)

주   소 | 서울특별시 중구 퇴계로 180-8 서일빌딩 4층
전   화 | (02) 585-9122, 9123 / 팩   스 | (02) 584-7952
E-mail | oruem9123@naver.com
ISBN   978-89-7778-495-6   93340

※ 잘못된 책은 교환해 드립니다.
※ 값은 뒤표지에 있습니다.

이 도서의 국립중앙도서관 출판예정도서목록(CIP)은 서지정보
유통지원시스템 홈페이지(http://seoji.nl.go.kr)와 국가자료공
동목록시스템(http://www.nl.go.kr/kolisnet)에서 이용하실 수
있습니다. (CIP제어번호: CIP2018035060)

| 경상대학교 인권사회발전연구총서 ⑦ |

인권제도와 기구

국제 사회·국가·지역 사회

김중섭·박재영·홍성수 지음

Human Rights Institutions at Global, National and Local Levels

Joong-Seop Kim · Jae-Young Park · Sung Soo Hong

ORUEM Publishing House
Seoul, Korea
2018

책머리에

인권을 중요하게 여기는 분위기가 조금씩 확산되고 있지만, 아직도 이해가 부족하다고 느껴지는 사례를 심심치 않게 보게 된다. 그러나 드러내놓고 인권을 반대하는 몰상식한 행동은 하지 않는 것 같다. 오히려 반 인권적인 행동이나 주장을 하면서도 인권을 내세우는 어처구니없는 경우를 보면서 실소하게 된다. 인권을 이해하고 실행하려는 노력이 더욱 필요한 것은 분명하다.

지금까지 많은 인권 연구가 법 중심으로 이루어져 왔다. 기본 권리의 내용이 헌법을 비롯한 인권 관련 법에 규정되면서 실질적인 보장에 이바지하게 된다. 또 국제인권협약 등 국제법이 인권 보장과 발전에 기여해 왔다. 그러나 인권 보장과 증진이 법의 문제만인가? 오히려 인권이 왜 중요하고, 어떻게 발전되어 왔으며, 어떤 사회적 여건에서 실행력이 높아지는지 규명하는 것이 인권 보장과 증진에 이바지하는 주요 요소이다. 곧,

인권 문제는 법의 테두리를 벗어나 인문학, 정치학, 사회학 등 여러 분야에서 다각적으로 다루어져야 할 대상이다. 오히려 인권 발전을 위해서는 법의 영역에 한정하지 않고 철학, 역사, 정치, 사회, 문화 같은 인문학, 사회과학의 광범위한 영역에서 학문적 탐구가 요구된다. 인권은 개인이 누리는 기본 권리이지만, 인권 보장과 증진의 실행 과정은 사회적 맥락에서 이루어지기 때문이다. 이러한 연구 영역의 확대는 인권의 보편성 확립, 그리고 인권 보호와 증진의 발전에 이바지하게 될 것이다.

이 책은 이러한 인식의 추세에서 구상된 것이다. 이 책의 목적은 인권이 왜 중요한가 설명하려는 것이 아니다. 그 대신에 인권 보호와 증진을 위한 사회적 제도와 장치를 설명하려는 것이다. 특히, 제도와 기구, 정책 등에 대한 탐구가 필요하다는 인식 아래 국제 사회, 국가, 지역 사회 차원으로 나누어 논의한 것이다. 인권은 개인, 때로는 집단적 차원에서 보장되어야 하지만, 그 실행 과정에는 국제 사회, 국가, 지역 사회의 다각적인 요소가 작용하기 때문이다.

이 책의 구상은 2016년 2월에 열린 경상대학교 인권·사회발전연구소 세미나에서 시작되었다. 필자들은 인권 보장과 증진의 사회적 장치를 국제 사회, 국가, 지역 사회의 세 차원에서 논의하는 책이 필요하다는 것에 공감하였다. 그 결과, 정치학자로서 오랫동안 국제기구를 연구해 온 경상대학교 정치외교학과 박재영 교수, 법사회학 측면에서 국가인권기구와 인권 활동을 연구해 온 숙명여자대학교 법학과 홍성수 교수, 그리고 사회학 관점에서 지역 사회의 인권제도를 탐구해온 필자(경상대학교 사회학과 재직)가 국제 사회, 국가, 지역 사회의 부분으로 나누어 집필하기로 하였다.

박재영 교수가 담당한 제1부는 조약의 하나이지만 전문적인 인권조약은 아닌 유엔헌장에 기초하여 만들어진 기구 중심의 인권보장체제, 인종차별철폐협약을 비롯한 보편적 인권조약에 기반한 인권보장체제, 특히 국제규약과 기구를 중점적으로 다루고 있다. 그리고 지역적 인권조약에 기반하여 유럽, 미주, 아프리카 지역에 설치된 인권제도와 기구를 보완하여 설명함으로써 국제 사회의 인권제도를 총괄하여 볼 수 있도록 하였다.

홍성수 교수가 담당한 제2부는 국가 차원의 인권제도와 기구를 설명하고 있다. 우선, 우리나라의 국가 인권제도와 기구를 개괄한 뒤에 국가인권기구의 발전, 유형, 기능을 설명하고, 인권 보장을 위한 국가인권위원회의 기능과 특징을 정리하였다.

그리고 필자가 담당한 제3부에서는 지역 사회의 인권 제도, 기구, 정책을 개괄하였다. 지역 사회의 인권 확산을 위한 방안으로서 인권 규범의 확립과 제도화, 지방자치단체의 인권 조직 및 기구, 인권 정책과 사업의 내용과 특징을 세분하여 설명하고 있다.

이 책은 인권제도와 기구, 정책 등에 대한 사회과학의 학제 간 협력연구를 통하여 인권 연구의 영역을 확장하고자 한 야심찬 계획 아래 시작되었다. 그러나 여러 여건 탓으로 만족스럽게 실현되지 못 하였다. 그 가운데 하나는 각 영역에서 사용하는 고유 용어의 불일치를 그대로 남겨둔 것이다. 국제 사회, 국가, 지역 사회를 논의하는 학계의 관행을 존중하면서 글쓴이들의 표현을 살리기로 하였다. 그리고 각 영역의 특색을 반영하여 참고문헌이나 용어 등을 각 장마다 분리하여 실었다. 따라서 각 장은 국제 사회, 국가, 지역 사회의 인권제도를 이해하는 데 독자적으로 활용될 수 있을 것이다.

여러 사정으로 출간이 예정보다 늦어졌지만, 이 책이 인권제도에 대한 사회과학적인 이해를 돕는 데 이바지하기를 기대한다. 특히, 인권을 탐구하는 연구자들이나 인권 증진 활동에 참여하는 행정 담당자나 인권기구, 시민 단체 활동가들이 이 책을 통하여 조금이라도 도움을 얻는다면 필자들도 크게 기쁠 것이다.

마지막으로, 이 책의 출간을 맡아주신 도서출판 오름의 부성옥 대표께 감사드린다. 열악한 출판 환경에서 사회과학의 학술서적을 지속적으로 출간하여 연구자들에게 큰 힘이 되어주시는 부성옥 대표님의 열의에 경의를 표하면서 이 책의 출간이 출판사의 재정에 큰 부담이 되지 않기를 바랄 따름이다.

2018년 여름의 기록적인 무더위 속에서
필자들을 대표하여 김중섭 씀

차례

9

제1부

국제적 인권보장체제

박재영

국제적인 인권보장체제를 통상

적으로 유엔헌장에 기반을 둔 체제, 조약에 기반을 둔 체제, 지역
인권체제라는 3가지로 분류한다. 그러나 유엔헌장 역시 국제조약의
하나이기 때문에 유엔헌장에 기반을 둔 체제 역시 조약에 기반을 둔
체제의 하나이고, 지역인권체제도 통상적으로 조약에 기반을 두고
있기 때문에 이 역시 조약에 기반을 둔 체제임에 다르지 않다.

이처럼 조약에 기반을 두고 있다는 점에서 이들은 공통적이지만
다음과 같은 차이가 존재한다. 즉 유엔헌장의 경우 나머지 두 체제
의 조약과는 달리 인권만을 전문적으로 규정하고 있는 조약이 아니
라는 차이를 지닌다. 조약에 기반을 둔 체제와 지역인권체제 사이에
도 차이가 존재하는데 구체적으로 조약에 기반을 둔 체제가 보편적

인 인권조약에 기반을 두고 있는 것과는 달리 지역인권체제는 지역적인 조약에 기반을 두고 있다는 차이가 존재한다. 이 장에서는 전통적인 분류를 따르지 않고 유엔헌장 기반의 인권보장체제, 보편적 인권조약 기반의 인권보장체제, 지역적 인권조약 기반의 인권보장체제로 구분하여 살펴보고자 한다.

I. 유엔헌장 기반의 인권보장체제

유엔헌장은 인권보장을 유엔의 중요 목적 가운데 하나로 설정하고 이러한 목적을 실현하기 위해 여러 조직들을 두고 있다. 이러한 조직 가운데 인권 문제만을 전적으로 다루기 위한 조직은 유엔인권최고대표사무소(UNHCHR)와 인권이사회(HRC: Human Rights Council)이다. 이들 이외에 총회, 총회 산하의 3위원회, 경제사회이사회(ECOSOC)가 인권 문제를 자신의 임무의 일부로서 다루고 있다. 또한 안보 문제에 집중하는 안전보장이사회도 점차적으로 인권 문제를 안보 문제의 하나로 다루어가고 있다.

이들 가운데 인권이사회와 인권최고대표사무소가 유엔의 인권보장을 위한 조직으로서 가장 활발한 역할을 수행한다. 인권최고대표사무소는 유엔 사무국 조직의 하나로서 정부대표들로 구성된 정부간 조직인 인권이사회를 행정적으로 지원하는 것을 주된 역할로 하는 관계로 이곳에서는 인권이사회를 보다 집중적으로 살펴보고자 한다. 이밖에 사무국과 사무총장을 비롯하여 국제사법재판소(ICJ) 등도 인권 문제와 관련이 있지만 타 기관에 비해 그 역할이 상대적으로 미미하여 논의에서 제외하고자 한다.

1. 총회와 산하의 3위원회

총회는 회원국 전체를 구성요소로 하는 유엔의 주요 심의기관으로서 헌장의 범위 내에 있거나 헌장에 규정된 기관의 권한과 임무에 관한 어떠한 문제나 사항에 관해 토의와 권고를 할 수 있다. 단 안전보장이사회가 분쟁이나 사태와 관련하여 헌장이 부여하고 있는 임무를 수행하고 있는 동안은 안전보장이사회의 요청이 없이는 권고가 불가능하다.

총회는 유엔헌장 제13조 b항에 근거하여 인종, 성별, 언어 또는 종교에 의한 차별 없이 인간의 인권과 기본적 자유를 실현하는 것을 돕기 위해 연구를 발의하고 권고를 할 수 있다. 총회는 국제 사회의 인권 문제를 다룸으로써 주의를 환기하고 인권침해 국가를 비난하거나 특정의 조치를 권고하는 결의문을 채택할 수 있다. 결의문 이외에 각종 인권과 관련한 선언과 조약이 흔히 채택되는 곳도 바로 총회이다.

총회는 산하에 6개의 위원회를 두고 있는데 그중에서 인권 문제는 인도주의 문제와 사회적인 문제 등과 더불어 3위원회에게 맡겨진다. 3위원회에서 인권에 대한 심의와 더불어 결의안(draft resolution)이 채택된 후 총회에 회부되어 결의문(resolution)으로 최종적인 채택절차를 밟는다. 총회에서 인권과 관련하여 결의문이 채택되는 절차와 과정을 살펴보면 다음과 같다.

3위원회는 우선 회원국 대표들이 의제항목별 혹은 주제별 토의를 하는 일반토의(general discussion)에 앞서 쌍방향적 대화(interactive dialogue)를 가진다. 이는 대표단들이 주어진 의제항목이나 주제와 관련한 토의를 생산적으로 할 수 있도록 돕기 위한 것이다. 쌍방향적인 대화는 다루고자 하는 의제항목이나 주제를 전문적으로 다루는 유엔 사무국 소속의 고위직원이 보고서와 더불어 의제항목이나 주제를 소개하는 것으로부터 시작된다. 이어서 회원국 대표단들은 사무국의 고위 직원, 사무총장이 임명한 대표, 인권최고대표, 인권이사회의 특별보고관(special rapporteur)을 포함한 특별절차(special procedure)의 과업 수임자(mandate holders) 등과 쌍방향의 토론과 질의 및 코멘트를 가진다. 이러한 과정에서 특별절차의 과업 수임자의 역할을 통해 시민 사회 대표들에게 인권 문제에 대해 토론할 기회가 제공된다.

이러한 쌍방향의 토론과 질의 및 코멘트의 시간을 가진 다음 일반토의라고 불리는 대표단들에 의한 의제항목별 혹은 주제별 토의가 이어진다. 그런 다음 대표단들은 해당 의제항목 하나하나에 대한 결의안을 채택하고 나아가 총회에게 동 결의안을 결의문으로 채택할 것을 권고하게 된다. 2006년에 인권이사회가 총회의 산하기관으로 설립된 이후에 3위원회는 인권이사회의 의장이 제출한 인권이사회의 보고서를 심의하고 이러한 보고서에 포함된 제안에 대해 행동을 취하기도 한다.

총회는 과거 경제사회이사회의 산하기관이던 인권위원회를 계승하여 인권 문제만을 다루는 인권이사회를 2006년 이래로 산하에 두고 있다.[1) 인권이사회는 인권과 관련한 사항을 심의하고 인권의 증진과 관련하여 총회에 권고하기도 하지만 다른 한편 총회와 마찬가지로 인권과 관련한 결의문을 채택한다. 북한의 인권 문제와 관련하여 결의문이 인권이사회에서 채택되고 인권이사회의 권고에 따라 인권이사회에서 채택된 결의문과 거의 유사한 결의안이 유엔총회의 3위원회에서도 채택되며 최종적으로 총회에서 결의문으로 채택되어 오고 있다.

따라서 중복된다고도 볼 수 있는 이들의 역할에 의해 다음과 같은 두 가지 문제가 제기되고 있다. 그중 하나는 인권이사회와 3위원회 모두 총회의 산하기구로서 형식상 대등한 관계에 있는데 왜 인권이사회가 채택한 결의문이 총회의 결의문으로 채택되기에 앞서 3위원회를 거쳐야 하는가의 문제이다. 이 문제는 조직의 위계상 인권이사회가 3위원회의 하부기관이 되는 것이 아닌가 하는 우려에서 나온 문제의 제기라고 볼 수도 있지만 그보다는 인권 문제에 대한 전문성이 없는 총회가 최종적인 결의문 채택에 앞서 인권 문제를 전문적인 문제의 하나로 다루는 3위원회를 거치도록 한다는 실용적인 측면에서 바라보아야 할 것이다.

또 하나의 문제는 왜 인권이사회에서 채택된 결의문이 거의 달라진 것이 없는 채 3위원회를 거쳐 총회에서 다시 결의문으로 채택되는가의 문제이다. 이러한 문제를 이해하기 위해서는 우선 인권이사회의 결의문과 총회의 결의문을 비교해볼 필요가 있다.

우선 동일한 점은 인권이사회나 총회가 채택한 결의문은 모두 법적 강제력이 없는 권고에 불과하다는 것이다. 차이점으로는 인권이사회의 경우 인권 문제만을 배타적으로 다루는 기구이기 때문에 유

---

1) 인권이사회가 총회의 산하기관이지만 인권과 관련한 기구로서 별도로 살펴보고자 한다.

엔총회와 비교하여 인권 문제에 대한 전문성을 상대적으로 좀 더 가지고 있다고 볼 수 있다. 그러나 인권이사회 결의문의 경우 총회에서 선출된 47개 이사국의 결정에 의해 통과되는 것과는 달리 유엔총회의 경우 유엔 회원국 193개의 결정에 의한 결과물이기 때문에 세계여론으로서의 대표성을 좀 더 가지게 되기 때문에 인권이사회의 절차 이외에 총회의 절차를 밟는다고 볼 수 있다.

2. 경제사회이사회

유엔헌장 제62조 2~4항에 따르면 경제사회이사회는 인권 및 기본적 자유의 존중과 준수를 촉진하기 위해 권고할 수 있고, 경제사회이사회의 권한에 속하는 사항에 대해 총회에 제출하기 위한 협약안을 작성할 수 있으며, 권한에 속하는 사항에 대해 국제회의를 소집할 수 있다.

유엔헌장 제68조는 경제사회이사회에게 경제적·사회적 분야의 위원회, 인권의 신장을 위한 위원회, 이사회의 임무수행에 필요한 다른 위원회를 설치할 수 있는 권한을 부여하고 있다. 경제사회이사회는 이러한 위원회로부터의 보고를 심의해서 총회에 대해 보고하고 권고한다. 이러한 규정에 따라 인권 문제를 전문적으로 다루기 위해 설치된 것이 2006년까지 존재하던 인권위원회(Commission on Human Rights)와 인권소위원회(Sub-Commission on the Promotion and Protection of Human Rights)였으며 이 두 조직이 인권 문제와 관련하여 경제사회이사회에서 주된 역할을 수행했다. 그러나 이 두 위원회는 2006년부터 인권이사회와 인권이사회의 자문위원회로 이름이 바뀌어 총회의 산하기구로 이전이 되면서 경제사회이사회가 인권과 관련하여 수행하는 역할은 미미해졌다고 볼 수 있다.

　그 결과 경제사회이사회 내에서 인권 문제는 주로 여성지위위원회(CSW)와 토착이슈 관련 상설포럼(Permanent Forum on Indigenous Issues)이라는 산하기구에 의해 다루어지고 있다. 이와 더불어 경제적·사회적·문화적 권리에 관한 위원회(CESCR)가 있어 경제적·사회적·문화적 권리에 관한 국제협약(ICESCR, 일명 국제인권규약 A규약)의 준수를 감시하는 역할을 담당하고 있다. 경제적·사회적·문화적 권리에 관한 위원회에 대해 살펴보면 다음과 같다.

　국제인권규약 A규약 제16조에 따라 체약국은 규약에서 인정하고 있는 권리의 실현을 위해 취한 조치와 이러한 권리에 있어서의 진전에 관해 보고서를 제출할 의무를 지며 이러한 보고서는 경제사회이사회에 의해 심의되도록 되어 있다. 경제사회이사회는 이러한 보고서를 심의하기 위해 결의문을 통해 1978년에 A규약의 이행심사를 위한 전문가로 구성된 실무그룹(working group)을 설립했으나, 미흡하여 1985년에 또 다른 결의문(ECOSOC Resolution 1985/17)을 통해 경제적·사회적·문화적 권리에 관한 위원회를 설립했다. 본 위원회는 A규약 체약국의 추천에 의해 경제사회이사회에 의해 선발된 18명의 개인적 자격의 위원으로 구성된다. A규약 제21조 및 제22조에 따르면 경제사회이사회는 A규약의 체약국들이 제출한 보고서를 심의하고 이에 기초하여 권고를 포함하는 보고서를 총회에 제출하도록 되어 있다. 동 위원회는 다른 유엔 인권 관련 조약의 감시기구들과는 달리 조약에 근거하지 않고 경제사회이사회의 결의문에 따라 설치된 조직이라는 특징을 갖는다.

3. 안전보장이사회

안전보장이사회는 인권 문제를 전문적으로 다루는 핵심적인 기관은 아니지만 권한의 포괄성과 더불어 일정한 수준에서 인권 문제에 관여를 해왔고 냉전의 종식과 더불어 이러한 관여의 수준을 높여가고 있다.

유엔헌장 제34조에 따라 안전보장이사회는 어떠한 분쟁이나 국제적 마찰이 되거나 분쟁을 발생하게 할 우려가 있는 어떠한 사태에 관하여도, 그 분쟁 또는 사태의 계속이 국제평화와 안전의 유지를 위태롭게 할 우려가 있는지 여부를 결정하기 위하여 조사할 수 있다. 제39조에 따라 안전보장이사회는 평화에 대한 위협·평화의 파괴·침략행위의 존재를 결정하고, 국제평화와 안전을 유지하고 회복하기 위하여 권고하고 필요한 조치를 결정할 수 있는 권능을 보유하고 있다.

이에 따라 안전보장이사회가 대규모의 지속적인 인권침해가 국제평화와 안전을 위협한다고 판단하게 되면 필요한 조치를 취할 수 있다. 그러나 안전보장이사회는 특히 냉전 시기에 이러한 논리를 적용하는 데에 적극적이지 않았는데 이는 냉전 기간에 인권침해라는 것이 이념적인 대립 속에서 일어난 경우들이 대부분이었기 때문에 진영을 달리하는 안전보장이사회 이사국들 사이의 견해차이로 인한 거부권 행사로 필요한 조치를 결정할 수 없었기 때문이기도 했다. 안전보장이사회는 진영 사이의 이념적인 대립에서 유래된 인권 문제가 아닌 남아프리카공화국의 인종차별 정책의 경우 이를 국제평화와 안전의 유지를 위태롭게 할 우려가 있는 것으로 간주하고 인종차별 정책을 비난하는 결의문을 채택하고 무기의 수출을 금지하는 결정을 내리는 등의 조치를 통해 남아프리카공화국의 인권 문제를 다룬 바 있다.

냉전이 종식된 후 인종과 종교 등을 이유로 한 내전이 빈발하여 대규모의 인권침해가 발생하자 안전보장이사회의 인권 문제에의 관여(즉 집단적 인도적 개입)가 빈번해졌다.[2] 대표적인 예에는 쿠르드족 탄압에 대해 이라크에 내린 조치, 소말리아 사태에 대한 조치, 르완다 사태에 대한 조치, 아이티 사태에 대한 조치 등이 있다. 이러한 조치들이 인권침해 자체가 국제평화와 안전에 위협을 가했다고 판단했기 때문에 취해진 것인지 아니면 인권침해로 인해 발생한 난민의 인접국 유입이 국제평화와 안전에 위협을 가했다고 판단했기 때문에 취해진 것인지를 둘러싸고 해석상의 논란이 존재하지만 안전보장이사회가 점차적으로 인권침해 문제 자체를 국제평화와 안전에 대한 위협으로 보아 필요한 조치를 취하는 경향으로 진화해오고 있는 것이 사실이다. 이러한 조치에는 군사적 제재조치뿐 아니라 경제제재와 같은 비군사적 제재조치가 포함된다. 인권침해에 책임이 있는 자를 국제형사재판소(ICC)로 회부하는 것도 이러한 조치에 포함된다.

대규모 인권침해와 같은 국내 문제에 국제 사회가 개입할 수 있는 권리를 부여하는 인도적 개입(humanitarian intervention) 논의가 2000년대에 들어서서 국가와 국제 사회가 인권을 보호할 의무를 지닌다는 보호책임(R2P) 논의로 발전하였다. 보호책임이란 1999년에

---

[2] 인권 문제를 이유로 한 안전보장이사회의 개입을 '집단적 인도적 개입'이라고 칭한다. 이와는 달리 인권침해에 대해 유엔 안전보장이사회가 아닌 일부 국가들에 의한 개입을 이와 구별하여 '일방적 인도적 개입'이라고 칭한다. 이 가운데 문제가 되고 있는 개입은 안전보장이사회로부터 집단적인 정당성을 획득하지 못한 일방적 인도적 개입이다.

미국이 주도한 북대서양조약기구(NATO)의 군대가 인도적 개입이라는 이름하에 발칸반도를 공습하면서 그 적법성과 효율성 등이 크게 논란을 불러일으키자 이러한 논란을 피하기 위해 2005년 뉴욕에서 개최된 세계정상회의에서 정상들이 합의한 새로운 개념으로서 현재 점차적으로 확립되어 가고 있다고 볼 수 있는 국제규범이다.

세계정상회의의 결과문건의 단락(paragraph) 138~139에 언급되어 있는 보호책임에 대한 개념은 다음과 같다: 국가는 집단학살, 전쟁범죄, 인종청소, 반인도 범죄와 같은 범죄로부터 자국의 주민을 보호할 일차적인 책임을 지며 국제 사회 역시 국가들이 그렇게 할 수 있는 역량에 도달할 수 있도록 도와야 할 책임을 지닌다. 만약에 국가가 이러한 책임을 지는 데 명백히 실패할 경우에 국제 사회는 방관하지 말고 이러한 실패의 결과에 의해 영향을 받는 사람들을 보호할 책임을 가진다.

안전보장이사회는 2006년 이후로 25개의 결의문과 6개의 의장성명(Presidential Statement)에서 보호책임을 언급함으로써 세계정상회의 결과문건에 언급된 보호책임의 원칙을 재확인하여 오고 있다. 일부를 예로 들자면 안전보장이사회는 2006년에 무력갈등하에서의 민간인의 보호에 관한 결의문 1674(S/RES/1674)를 만장일치로 통과시키면서 이 결의문에서 처음으로 보호책임을 공식적으로 언급한 바 있고 좀 더 최근인 2014년 4월과 8월에는 각각 결의문 2150(S/RES/2150)과 결의문 2171(S/RES/2171)을 통과시키면서 보호책임을 수용하고 있다. 또한 안전보장이사회는 보호책임의 한 맥락에서 상임이사국이 집단학살·전쟁범죄·인종청소·반인도 범죄와 같은 반인륜적 범죄 상황의 경우 거부권 행사를 자제할 책임이 있는가의 여부를 둘러싸고 논쟁을 벌여오고 있다.

보호책임의 원칙은 국제 사회의 관여가 주권을 침해하는 개입이 아니라 인권을 지키는 본분으로서의 책임임을 강조함으로써 전통적 국가주권 개념에 강한 도전을 가하고 있다고 볼 수 있다. 이러한 보호책임의 원칙은 유엔헌장 제6장과 8장에 근거하여 경제제재를 비롯한 평화적 수단에 의해 구체화될 수 있고 이것이 실패할 경우 유엔헌장 제7장에 의거하여 무력제재를 포함한 강제적인 수단에 의해서도 구체화될 수 있다. 이러한 원칙은 안전보장이사회의 결의문 1970(S/RES/1970)과 결의문 1973(A/RES/1973)을 통해 2011년 리비아 사태 당시 카다피의 학살로부터 리비아 국민을 보호하기 위해 처음으로 적용된 바 있다.

4. 유엔인권최고대표사무소

유엔인권최고대표사무소는 1993년 비엔나에서 개최된 세계인권회의에서 설치가 권고되었고 같은 해 유엔총회의 결의문에 의해 설치되었다. 유엔인권최고대표사무소는 유엔에서 인권 문제를 총괄하는 최고위 조직이며 이 조직의 수장인 인권최고대표는 인권 문제에 대해 일차적인 책임을 지는 최고위 직책으로서 유엔의 인권노력을 이끌어가는 자리이다. 구체적으로 인권최고대표는 사무총장에 의해 임명되고 총회에 의해 승인되며 국제인권조약의 보편적인 비준과 이행을 촉진하고 인권이사회와 조약기구(treaty bodies)의 일을 행정적으로 지원하는 것을 주된 역할로 한다. 세계평화를 위협하는 인권탄압에 관한 정보를 수집하고 사무총장의 보좌역으로서 안전보장이사회에 보고하기도 한다.

유엔인권최고대표사무소은 인권의 증진과 보호를 위한 활동 전반을 조정하고, 모든 인권의 증진과 보호를 위한 국제협력을 강화하며, 유엔인권센터(UN Center for Human Rights)를 감독하는 등 유엔의 인권 관련 조직을 강화하고자 하는 노력의 일환으로 창설되었다. 1997년 하반기에 유엔의 행정개혁의 일환으로 그동안 유엔인권최고대표사무소와 업무분담이 뚜렷하지 않았던 유엔인권센터가 유엔인권최고대표사무소에 통합되었다.

5. 인권이사회

1) 조직 구성과 권한

인권이사회는 2006년에 유엔총회 결의문(A/RES/60/251)에 의해 인권위원회를 대체하여 설립되었다. 과거 인권위원회는 경제사회이사회 산하기구였던 것과는 달리 인권이사회는 총회의 산하기구로서 설립되어 그 지위가 격상된 정부간기구이다

인권이사회는 인권의 증진과 보호를 강화하는 책임을 지고 있으며 인권의 침해 상황을 다루고 이에 대해 권고를 발한다. 주의를 기울여야 할 필요가 있는 모든 주제의 인권이슈와 상황에 대해 토의할 권한을 지니며 유엔체제 내 인권의 주류화와 효율적인 조정자로서의 역할을 담당한다.

인권이사회는 제네바에서 회합을 가지는데 중대한 인권침해에 대한 사전예방과 즉각적인 대응능력을 강화하기 위해 연중 최소 3회 (3월, 6월, 9월) 이상, 총 10주 이상 개최하도록 되어 있으며 이사국 1/3 다수결로 특별회의를 소집하여 개최할 수 있다. 인권이사회의

이사국은 유엔총회에 의해 선출되는 47개의 유엔 회원국으로 구성되는데 구체적으로 형평성 있는 지역적 배분의 원칙에 따라 아프리카 지역에서 13개국, 아시아 지역에서 13개국, 동유럽 지역에서 6개국, 중남미와 카리브 해 지역에서 8개국, 서유럽과 그 외의 그룹에서 7개국이 선출된다. 이사국은 총회의 비밀투표로 전 가맹국의 절대과반수(97표 이상)의 득표를 얻어야 하고, 의석수에 따라 상위의 득표를 얻은 국가가 선출된다. 임기는 3년으로 3회 연임은 불가능하다. 매년 3분의 1이 선출되는데 2006년 처음 선거에서 임기 1년의 국가와 임기 2년의 국가를 각각 3분의 1씩 제비뽑기로 결정된 바 있다.

한국은 2006년 인권이사회 초대 이사국으로 진출하여 2006~2008년 동안 이사국을 수임했고 이어서 2009~2011년에 재선된 바 있다. 3회 연임이 불가능한 관계로 한번 거른 다음 3번째로 선출되어 2013~2015년까지 이사국으로서 역할을 했으며 2015년 10월 말에 2016~2018년 임기의 이사국에 당선되어 인권이사회가 생긴 이래 4번째 이사국을 수임하고 있다.

과거 인권위원회의 경우는 위원국의 자격을 특별히 정하지 않아 인권을 훼손하는 국가가 위원국이 되는 것이 어렵지 않았으나 인권이사회의 경우는 이사국의 자격기준으로서 이사국을 희망하는 국가는 인권의 보호와 증진에 기여하기 위한 자발적 공약을 제시하여야 한다.[3] 선출된 이사국에 심각하고 조직적인 인권침해가 있을 경우

---

3) 한국 역시 인권이사국으로 선출되기 위해 자발적 공약을 제시한 바 있다. 예컨대 2013~2015년 기간의 인권이사국의 후보로서 국가적 차원에서의 인권증진에의 기여, 국제적 차원에서의 인권증진에의 기여, 유엔 인권이사회에의 기여로 나누어 공약을 제시한 바 있다.

총회에서 참석하여 투표한 국가의 2/3 이상의 찬성이 있으면 이사국 자격이 박탈된다. 인권이사회는 주어진 과업을 달성하기 위해 여러 가지 절차와 기제를 가지고 있다.

인권이사회 의장국은 임기가 1년이며 5개 지역그룹이 돌아가면서 맡는다. 2016년의 경우 아시아지역의 차례였는데 한국이 의장국으로 선출된 바 있다.[4)] 인권이사회 의장의 주요 역할은 이사국 47개국을 포함한 유엔 회원국과 시민 단체 등이 참여하는 인권이사회를 주재하여 특정 국가나 특정 분야의 인권상황에 대한 결의문을 만들어내는 일이다. 의장은 또한 보편적정례검토(UPR)를 주관하며 특별절차를 진행한다. 의장은 인권이 심각하게 훼손되는 지역이나 국가가 있을 경우 긴급회의를 소집할 수 있는 권한도 보유하고 있다.

인권이사회는 임기 3년으로 1회 연임이 가능한 18명의 전문가로 구성된 인권이사회 자문위원회(Human Rights Council Advisory Committee)를 두고 있다. 지역별로 의석 배분이 이루어져 아프리카와 아시아에 각각 5석, 중남미와 서유럽에 각각 3석, 동유럽에 2석이 배정되어 있다. 한국의 경우 2008년에 서울대학교 정진성 교수가, 2014년에는 고려대학교 서창록 교수가 자문위원회 위원으로 선출된 바 있다. 자문위원회는 인권이사회의 싱크탱크로서 주제별 인권이슈에 관한 전문적 지식과 자문을 인권이사회에 제공한다. 자문위원회는 이전의 인권소위원회를 대체한 것이다.

2) 인권이사회의 절차와 기제

인권이사회는 진정절차, 특별절차, 보편적정례검토를 가지고 있

---

4) 인권 관련 국제기구의 의장직 수임은 처음이다.

다. 이들을 하나씩 살펴보면 다음과 같다.

(1) 진정절차

인권이사회 진정절차(complaint procedure)는 개인이나 집단에 의한 구체적인 인권침해에 대해 인권이사회가 주목하도록 하는 역할을 한다. 이 제도는 그 연원을 1970년에 유엔 경제사회이사회가 결의문 1503을 채택함으로써 출발한 인권위원회의 비공개 진정 제도인 1503 절차에 두고 있다.[5] 즉 이 제도는 인권위원회를 대체한 인권이사회가 2007년에 '제도구축(Institution-Building)'이라는 제하의 결의문 5/1을 채택하여 과거 1503 절차를 계승하여 개선시킨 절차이다.

진정의 주체에 대해 살펴보면 장소나 상황에 관계없이 지속적인 형태의 중대하고 믿을만한 것으로서 입증된 인권과 모든 기본적인 자유의 침해에 대해 인권침해의 희생자임을 주장하거나 그러한 침해에 관해 직접적이고 신뢰할만한 지식을 가지고 있는 개인, 그룹, 혹은 NGO나 단체가 해당 국가를 상대로 비공개적으로 인권이사회에 진정을 제기할 수 있다.[6] 여기서 주목해야 하는 것은 개별적인 인권침해 사례의 경우는 신뢰할 수 있도록 증명된 인권침해의 형태를 대표하고 있는 경우를 제외하고는 진정의 대상이 되지 않는다는 점이다.

---

5) 과거 인권위원회가 존재했을 때 1503 절차 이외에 1235 절차도 있었다. 여기에서 1503이나 1235는 유엔 경제사회이사회가 통과시킨 결의문의 번호를 일컫는다. 1235 절차의 경우는 인권위원회의 자발적인 개입절차이다. 그러나 이 경우에 있어서도 피해자 등으로부터의 진정에 의해 개입절차가 개시되는 것이 통상적이었으며, 따라서 이러한 과정에서 비정부기구(NGO) 등이 진정을 도울 수 있었다.
6) NGO의 경우 인권이사회로부터 협의지위(consultative status)를 획득하였는가의 여부는 관계가 없다.

진정은 아무 때나 제출이 가능하나 국내적 구제절차가 소진된 후에라야 가능하다. 단 이러한 국내적 구제절차(local remedy)가 효과적이지 않거나 불합리하게 지연되는 경우는 예외적으로 국내적 구제절차를 필하지 않아도 된다. 이러한 진정은 물론 특별절차나 조약기구 혹은 다른 유엔이나 유사한 지역 진정절차에 의해 이미 다루어지고 있는 인권침해 건이 아니어야 한다. 진정은 구두가 아닌 문건으로 제출되어야 하며 익명으로 제출될 수 없다. 이러한 진정절차는 과거 인권위원회의 1503 절차와 동일하게 관련국과의 협력을 고양할 목적으로 비공개로 이루어진다.

이러한 진정절차를 좀 더 구체적으로 살펴보면 다음과 같다. 우선 진정이 제출되면 결의문 5/1의 단락 94에 따라 인권이사회 자문위원회의 위원 5명으로 구성된 진정실무그룹(Working Group on Communications)의 의장은 사무국과 더불어 결의문의 단락 85~88에 설정되어 있는 수리가능성 기준(admissibility criteria)에 기초하여 진정의 수리여부에 대한 심사를 한다. 이러한 심사에서 거부되지 않은 진정은 인권침해의 주장에 대한 견해를 듣기 위해 관련 국가에 보내지게 되는데 이러한 절차는 비공개적인 절차이기 때문에 진정의 제출이 공개되어서는 안 된다. 진정의 주체가 제출한 모든 자료와 진정의 대상이 된 국가가 제출한 답변은 진정절차의 심의 과정은 물론 심의 후에도 비공개가 유지되어야 한다. 진정을 제기한 주체와 관련 국가에게는 각 단계마다의 진행절차에 대한 정보가 제공되지만 매 단계마다 취해진 조치와 진정의 결과는 인권이사회가 공개적으로 심의할 것을 결정하지 않는 한 공개되지 않는다.

진정실무그룹이 진정을 수리하기로 결정하고 인권침해의 주장에 대한 견해를 듣기 위해 이러한 진정이 관련 국가에 보내진 후 인권이사국 대표 중 5인으로 구성된 인권이사회의 상황실무그룹(Working Group on Situations)은 진정의 대상이 된 관련 국가로부터 수신한 답변을 심의한다. 진정에 대한 견해를 요청받은 당사국은 요청을 받은 후 3개월 이내에 답변을 해야만 하며 필요할 경우 답변 마감일은 연장될 수 있다.

상황실무그룹은 이러한 심의를 기초로 권고를 포함한 보고서를 작성하여 인권이사회에 보내는데 당 보고서는 통상적으로 진정에서 언급된 상황에 대한 결의안(draft resolution)이나 결정안(draft decision)의 형태를 띠게 된다. 인권이사회는 달리 결정하지 않는 한 비공개로 이러한 상황실무그룹의 보고서를 심의하며 일에 기초하여 다음과 같은 조치를 취할 수도 있다: 1) 더 이상의 행동이 필요하지 않다고 판단할 경우 상황에 대한 심의를 중지한다. 2) 상황을 검토하면서 관련 국가로부터 추가 정보를 요청한다. 3) 상황을 검토하면서 독립적인 전문가를 임명하여 상황을 감시하고 인권이사회에 다시 보고하도록 한다. 4) 공개적인 심의를 위해 비공개적인 진정절차하에 있던 상황의 심의를 중지한다. 5) 인권최고대표사무소에게 관련 국가를 지원할 것을 권고한다. 일반적으로 진정이 진정대상 국가에게 전달된 후 인권이사회의 심의까지는 24개월을 초과해서는 안 된다.

(2) 특별절차

인권이사회는 특별절차라는 제도를 통해서도 인권 문제를 다룬다. 앞서 언급했듯이 이 제도는 과거 인권위원회 시절 창설된 것을 인권이사회가 설립되면서 제도개선 논의를 거쳐 계승하여 개선시킨 제도이다. 이 제도는 중대한 인권침해에 효과적으로 대처하기 위해 특별보고관(special rapporteurs), 특별대표(special representatives),

독립 전문가(independent experts), 실무그룹(working groups)에게 특정 국가나 특정 인권주제에 집중하여 연구하고 조사하며 자문을 하고 권고를 하도록 하는 임무를 부여하고 이들이 작성한 보고서를 기초로 인권이사회가 논의하는 절차를 의미한다. 2017년 8월 현재 44개의 주제별 특별절차와 12개의 국별 특별절차가 진행 중이다.[7]

이처럼 특별절차는 특별보고관이나 독립 전문가라고 불리는 개인 혹은 유엔의 5개 지역그룹을 각각 대표하는 5명으로 구성된 실무그룹에 의한 절차를 의미한다. 이들 특별보고관·독립 전문가·실무그룹의 구성원은 정부·유엔체제 내의 지역그룹·국제기구나 그 사무소·NGO·인권 단체와 개인들에 의해 지명되고 인권이사회에 의해 임명되며 개인의 자격으로 일을 하고 유엔으로부터 보수를 받지 않는다. 이들의 지명·선발·임명에 있어서 전문성·해당 분야에 있어서의 경험·독립성·공정성·개인적인 성실성·객관성이 중요한 기준이 된다. 이들을 임명하는 데 있어서 성 평등·형평성 있는 지리적 대표성·법률체제의 적절한 대표성에 적절한 주의가 기울어져야 한다. 이들의 임기는 1년이며 매년 임기가 연장되어야 하며 연장될 경우 최대한 6년까지만 할 수 있도록 제한되어 있다.

---

7) 주제별 특별절차의 경우는 자의적 구금 실무그룹(Working Group on Arbitrary Detention)과 같은 실무그룹 형태, 민주적이고 형평성 있는 국제질서에 관한 독립 전문가(Independent Expert on the promotion of a democratic and equitable international order)와 같은 독립 전문가 형태, 교육권에 관한 특별보고관(Special Rapporteur on the Right to Education)과 같은 특별보고관 형태가 존재한다. 국별 특별절차의 경우는 북한특별보고관(Special Rapporteur on the situation of human rights in the Democratic People's Republic of Korea)과 같은 특별보고관 형태와 중앙아프리카공화국 독립 전문가(Independent Expert on the situation of human rights in Central African Republic)와 같은 독립 전문가 형태가 있다.

심각한 북한의 인권상황과 관련하여 인권이사회는 국별인권 특별보고관의 하나로서 북한인권 특별보고관을 임명해오고 있다. 태국인 문타폰(Vitit Muntarbhorn)이 2004년부터 2010년 6월까지 초대 북한인권 특별보고관의 직을 수행했으며 인도네시아인인 다루스만(Marzuki Darusman)이 그의 뒤를 이어 2010년부터 2016년 6월까지 동일한 직을 수행했다. 현재는 퀸타나(Ojea Quintana) 전 미얀마인권 특별보고관이 제3대 유엔 북한 특별보고관으로 활동하고 있다.

특별절차는 유엔인권최고대표사무소의 행정지원하에 다음과 같은 활동을 하는데 이러한 특별절차에 주어지는 구체적인 과업은 특별절차를 설치한 인권이사회의 결의문에 의해 결정된다. 구체적으로 특별절차는 인권침해의 건과 더불어 광범위하고 구조적인 성격의 우려사항에 대해 대상 국가에게 통보문(communication)을 발송하여 대상 국가와 의견을 교환하며 필요한 경우 국가방문을 하기도 한다.[8] 특별절차를 수행하는 주체는 임무가 부여된 특정 국가나 특정 주제의 인권이슈에 대한 조사의 결과를 바탕으로 결정과 권고를 작성한 뒤 이와 관련하여 관련 국가와 대화를 하며 이러한 결정과 권고가 포함된 임무보고서를 인권이사회에 제출한다. 또한 주제별 연구를 수행하고 전문가 협의를 가져 국제 인권기준의 발전에 기여하며 비판과 제언활동을 하고 대중의 인식을 제고한다. 또한 기술협력

---

8) 북한의 경우는 북한인권 특별보고관의 입국을 거부해 오고 있다. 한국의 경우 특별절차와 관련해서 언제든지 모든 특별절차 담당관을 받아들이겠다는 상시 초청(standing invitation)을 2008년에 수락한 바 있다. 1995년과 2010년에 의사표현의 자유 특별보고관, 2006년에 이주민 인권 특별보고관, 2013년에 인권수호자 특별보고관(UN Special Rapporteur on the situation of Human Rights Defenders), 2014년에 현대적 인종차별 특별보고관이 한국을 방문한 바 있다.

을 위한 자문을 제공하기도 한다. 특별절차에 의한 활동은 연례적으로 인권이사회에 보고되며 주어진 임무의 대부분은 유엔총회에도 보고가 된다.

대부분의 특별절차는 인권침해에 대한 구체적인 주장에 관한 정보의 수령에 의해 시작된다. 이러한 정보는 통상적으로 앞서 살펴본 인권이사회의 진정절차와 마찬가지로 개인이나 집단에 의해 제공되는데 이러한 의미에서 개인이나 집단은 인권이사회의 진정절차를 통해 진정할 수 있고 특별절차를 통해서도 진정할 수도 있다.9) 특별절차는 인권침해에 대해 신뢰할만한 정보를 수령한 후 인권침해의 대상으로 지목된 국가나 비국가적 행위자에게 긴급 청원문이나 혐의주장 서한을 보내 해명과 행동을 요청할 수 있다. 인권침해의 대상으로 지목된 국가는 답신을 해야 할 의무를 지지는 않는다.

이러한 서한에 대해 특별절차가 관련국이나 다른 조직체와 주고받은 서한과 답신들은 공동보고서에 담겨 인권이사회의 정기회기에 제출되며 특별절차가 송부한 통보문과 이와 관련한 정보에 대한 개관은 연례적으로 발간되는 특별절차에 관한 사실과 수치(Facts and Figures on Special Procedures)에 실려 공표된다.

특별절차들 간의 조정과 조화를 위해 특별절차조정위원회(Coordination Committee of Special Procedures)를 두고 있으며 특별절차연례회의(Annual Meeting of Special Procedures)를 가진다.

특별절차가 지니는 장점으로는 특정 국가가 특정 인권조약에 가입하고 있지 않더라도 이러한 조약의 근거 없이 인권의 침해에 대해

---

9) 그러나 특별절차는 인권이사회의 진정절차와 견주어 공식적인 성격이 미약하다고 볼 수 있다.

문제를 제기할 수 있으며 인권침해에 대해 국내적인 구제절차를 완료하지 않아도 문제를 제기할 수 있다는 점이다. 인권이사회의 기제의 하나인 보편적정례검토의 경우 인권침해의 문제를 거론하기 위해서는 다음 번 정례검토까지 최장의 경우 4.5년을 기다려야 하나 특별절차의 경우 이러한 기다림 없이 신속하게 문제를 제기할 수 있다.

그러나 특별절차는 인권과 관련한 문제의 제기가 특별절차가 개설되어 있는 특정의 주제와 특정의 국가에만 한정되어 있어 포괄적이지 못하다는 한계를 가진다. 특정 주제별 그리고 국가별 인권 문제를 담당하는 보고관의 경우(특히 특정 주제별 특별보고관의 경우) 한 명만이 임명됨으로써 과도한 업무 부담이 지어져 충실한 인권 문제의 해결이 쉽지 않고 개인이나 집단에 의한 청원에 대한 처리내용(인권침해로 주목받고 있는 국가로부터의 답신)은 인권이사회의 정기회기에 이르러서야 알 수 있다는 것도 문제점 가운데 하나이다.

3) 보편적정례검토[10]

인권이사회는 2006년 출범 이래 국제 사회의 다양한 인권침해 상황에 대처하고 보편적 인권 존중을 확보하는 데 중요한 역할을 수행해 오고 있다. 특히 세계인권선언 60주년인 2008년에 보편적정례검토 제도를 개시함으로써 국제 사회의 인권 증진을 위한 중요한 전기를 마련했다. 이러한 보편적정례검토 제도는 인권이사회의 절차와 기제 중 가장 중요한 혁신적인 제도이다.

가장 혁신적인 제도라고 하는 이유는 정기적이면서 모든 회원국을 대상으로 인권을 검토함으로써 중대한 인권침해 상황을 다루는

---

10) 이 부분은 박재영(2009)의 내용을 수정·보완한 것임.

데 있어서의 선별성·이중 기준·정치화 논란을 불식하여 인권을 보호하고자 하는 장치이기 때문이다. 즉 평등하게 193개의 유엔 회원국 모두를 대상으로 1년에 42개국씩, 4년 반에 한 번씩 예외 없이 다른 모든 회원국으로부터 인권상황에 대한 평가와 권고를 받도록 했기 때문이다.[11]

보편적정례검토 제도는 인권상황의 개선·인권과 관련하여 국가가 져야 할 의무와 약속의 실행 및 인권에 있어서의 발전과 직면하고 있는 도전에 대한 평가·국가의 인권 보호를 위한 역량의 증진(회원국들이 인권에 대한 도전에 효과적으로 대응하기 위한 능력을 향상시키기 위해 기술지원의 제공)·국가들 간뿐만 아니라 다른 이해관계자 사이의 최적사례의 공유·인권의 촉진과 보호를 위한 협력·인권이사회 및 그 기제와의 충분한 협력의 고무를 목적으로 한다. 이처럼 보편적정례검토는 특정국을 비난하기보다는 검토대상 국가의 실질적 인권개선을 위한 능력배양 및 자문 제공에 중점을 두고 있다.

유엔총회 결의문 A/RES/60/251은 보편적정례검토가 어떻게 이루어져야 하는가에 대해 중요한 원칙을 제시하고 있다. 구체적으로 보편적정례검토는 협력적이어야 하고 모든 국가에 대해 동등한 취급

---

11) 1차 UPR 시기인 2008~2012년의 경우 매년 48개 국가들이 검토의 대상이 되어 국가들은 매 4년마다 검토를 받도록 되어 있었으나 2차 UPR 시기인 2012~2016년의 경우부터는 매년 42개 국가들이 검토의 대상이 되어 4년 반마다 검토를 받도록 했다. 1차 UPR 시기에 한국은 2008년 5월 7일에 그리고 북한은 2009년 12월 7일에 이러한 정례검토를 받았다. 2차 UPR 시기에는 한국은 2012년 10월 25일에 북한은 계속 미루다가 2014년 5월 1일에 정례검토를 받았다. 3차 UPR 시기의 경우 한국은 2017년 11월에 정례검토를 받았다. 1년에 42개국씩 검토의 대상이 되는데 구체적으로 14국가씩 3회에 나누어 검토를 하게 된다. 3회란 통상적으로 1/2월, 5/6월, 10/11월에 있게 된다.

을 하여야 하며 상호대화에 기초를 두어야 한다. 또한 보편적정례검토는 정례검토 대상국의 충분한 관여 속에 이루어져야 하며 국가의 능력과 필요를 고려하여야 한다. 마지막으로 조약기구의 업무와 중첩되지 않고 보완적이어야 한다.[12]

보편적정례검토는 검토 대상국만이 아니라 그 밖의 다양한 행위자로부터의 신뢰할만한 정보와 이들의 참여 속에 이루어지는 것은 사실이지만 본질적으로 정부간 과정(intergovernmental process)으로서의 성격을 가지는데 이는 국가들이 다른 국가들을 판단하는 것을 의미한다. 또한 보편적정례검토에는 인권 전문가가 개입하지 않는데 이는 인권 관련 국제조약을 감시하는 위원회들이 관련 인권의 전문가들로 구성되어 있는 것과 큰 대조를 이룬다. 이 때문에 국가들 간에 정치적인 협상의 위험이 본질적으로 개재되어 있다고 볼 수 있다 (NGO Group for the Convention on the Rights of the Child 2016).

(1) 절차와 과정

이러한 인권이사회의 보편적정례검토는 여러 단계로 구성되어 있다. 정례검토 대상국과 이해관계자에 의한 자료준비 단계가 가장 우선한다. 이어서 인권이사회 실무그룹에서의 3시간에 걸친 상호대화, 실무그룹에서의 보고서 채택, 인권이사회 본회의에서의 결과보고서의 채택, 정례검토 대상국과 이해관계자(NGO와 국가인권기구 등)에 의한 후속조치가 뒤따른다. 이러한 절차와 내용을 하나씩 살펴보면 다음과 같다.

---

12) 이는 예컨대 여성차별철폐조약을 감시하는 여성차별철폐위원회의 업무와 겹쳐서는 안 되고 보완적이어야 한다는 것을 의미이다.

이러한 절차와 내용을 인권이사회의 임무와 보편적정례검토의 기본적 원칙 등을 언급하고 있는 유엔총회 결의문 A/RES/60/251과 보편적정례검토에 대해 보다 상세하게 언급하고 있는 인권이사회 결의문 A/HRC/RES/5/1 그리고 이 문건들에는 언급되어 있지 않지만 실질적인 정례검토의 과정에서 생성되고 있는 관례 등에 기반을 두고 살펴보고자 한다.

① 자료준비 절차

보편적정례검토는 개개 국가가 제출한 국가보고서, 유엔인권최고대표사무소가 유엔의 공식문서에 포함된 정보를 편집한 보고서, 유엔인권최고대표사무소가 국가인권기구와 NGO 등 이해관계자가 제출한 보고서를 요약한 보고서라는 3가지 자료를 기초로 하여 이루어진다. 이러한 3가지 자료를 하나하나 살펴보면 다음과 같다.

〈국가보고서〉

유엔 인권이사회는 결정문 A/HRC/DEC/6/102를 통해 국가보고서의 작성을 위한 일반지침을 제시하고 있다. 국가들은 이러한 지침에 의거하여 20쪽 이내의 보고서를 작성하도록 되어 있다. 이러한 국가보고서는 반드시 문서의 형태로 보고되어야만 하는 것은 아니며 구두만으로도 가능하다.

국가보고서를 작성하는 국가는 이 과정에서 국가인권기구(NHRI)와 NGO를 비롯한 모든 이해관계자들과 광범위한 협의과정을 갖도록 촉구된다. 이처럼 협의과정이 촉구사항이기 때문에 NGO를 위시한 이해관계자는 국가가 이들 이해관계자들과 협의과정을 가지는 것이 자동적인 것이라고 전제하여서는 안 된다. 따라서 이들은 국가에

게 압박을 가하여 광범위한 협의가 포괄적이고 의미 있는 방식으로 이루어질 수 있도록 하여야 한다.[13]

작성된 국가보고서는 보편적정례검토 실무그룹(Working Group on the UPR)에서 검토되기 6주 전에 유엔의 6개 공식 언어로 배포될 수 있도록 사무국에 미리 제출되어야 한다. 국가인권기구나 NGO와 같은 이해관계자들이 국가보고서에서 제기된 문제들을 직접적으로 다룰 수 있도록 하려면 국가보고서가 일찍 제출되거나 제출에 앞서 국내에서 일반에게 공표되어야 한다.[14]

NGO가 국가보고서의 내용을 기초로 이를 평가하는 내용을 NGO 보고서에 포함시키지 못하더라도 국가보고서에 대해 성명 등을 발표하여 이에 대한 견해를 밝힐 수 있다. 예컨대 국제 인권 단체인 국제 사면위원회(AI)는 성명을 발표하여 중국이 제출한 국가보고서가 티베트에서 지속되고 있는 위기·신장 위구르 자치구에서 위구르인에 대한 극심한 탄압·파룬궁 회원들을 포함한 다양한 종교적 행동가들에 대한 처형 등과 같은 가장 중요한 이슈들을 제외했다고 비판한 바 있다.

---

13) 한국의 경우 국가보고서 작성을 앞두고 협의과정에 문제가 없지 않았다. NGO와 국가인권위원회가 제안한 토론회에 정부가 불참하였으며, 정부가 개최한 협의회에 회의의 언론공개 문제를 둘러싸고 이견을 보여 다수의 NGO들이 불참한 바 있다. 정부는 소수의 NGO와 비공식협의를 가지고 나중에 불참한 NGO로부터 서면 의견서를 받아 최종 국가보고서 작성을 했다고 한다.

14) 한국 정부는 2008년 5월 7일에 있을 보편적정례검토를 위해 제출할 국가보고서 초안을 작성하여 3월 10일에 외교통상부 홈페이지에 공개하고 최종본 국가보고서는 3월 25일에 유엔인권최고대표사무소(UNHCHR)에 제출한 바 있다. 그러나 NGO들은 이보다 일찍 보고서를 제출하도록 되어 있는 관계로 이들의 보고서에 국가보고서의 내용을 언급할 수 없었다.

국가보고서 작성을 위한 일반지침에 따르면 국가보고서는 다음과 같은 내용을 포함하여야 한다. 1) 국가보고서 작성을 위해 채택한 방법론과 광범위한 협의과정에 대한 서술, 2) 헌법·법률·정책·제도를 포함한 규범적이고 제도적인 인권 틀에 관한 정보, 3) 국제적인 인권의무와 국가법률 그리고 자발적 공약의 이행에 대한 정보와 인권제도·인권에 관한 대중의 인지·인권기제와의 협력에 관한 정보, 4) 성과물과 최적사례 그리고 도전과 한계에 관한 정보, 5) 가장 주요한 국가적 우선순위와 도전과 한계를 극복하고 인권상황을 향상시키기 위한 주도적 노력, 6) 능력배양을 위한 기대치와 기술지원에 대한 요청, 7) 이전 정례검토에 대한 후속조치.

〈유엔 공식문서에 포함된 정보 편집본〉

유엔인권최고대표사무소가 유엔의 공식문서에 포함된 정보를 편집한 보고서는 10쪽 이내로 작성되어야 한다. 여기에는 인권 관련 조약기구의 보고서와 특별절차 보고서 그리고 다른 관련 있는 유엔의 공식문서에 포함되어 있는 보편적정례검토의 대상이 된 국가에 관한 정보가 포함된다.[15) 이밖에 보편적정례검토 대상국의 국제인권조약의 서명과 비준 현황 및 국제인권기구와의 협력 등이 중요 내용으로 포함된다. 작성된 보고서는 실무그룹에서 검토되기 6주 전에 유엔의 6개 공식 언어로 배포될 수 있도록 미리 제출되어야 한다.

---

15) 이러한 맥락에서 유엔인권최고대표사무소의 요청에 의해 UNDP, UNFPA, UNICEF, UNHCR, UN HABITAT와 같은 유엔기구들이 정례검토 대상국에 대한 정보를 제공해 오고 있다.

〈이해관계자 보고서 요약본〉

유엔인권최고대표사무소가 이해관계자에 의해 제출된 보고서를 종합하여 요약한 10장 이내의 보고서 역시 정례검토의 중요한 자료가 된다. 이 보고서는 구체적으로 지역정부간기구(regional intergovern-mental organization)·국가인권기구·국내 NGO·국제 NGO 등 이해관계자들이 제출한 신뢰할 수 있는 정보를 담고 있는 보고서들을 요약하여 작성한 것이다.[16)]

이러한 이해관계자들의 보고서는 각각 2,815단어(약 5쪽) 이내로 작성되어야 하는데 둘 이상의 이해관계자들이 연합하여 합동으로 보고서를 작성할 경우 5,630단어(약 10쪽)까지도 가능하다. 이해관계자들의 단독 보고서는 이처럼 약 5쪽으로 한정되어 있지만 자세한 것들은 5쪽 이외에 참고자료로서 첨부할 수 있다. 이에 따라 이해관계자들은 5쪽 이내의 짧은 보고서를 제출하든가 아니면 상대적으로 긴 보고서 원본을 부록으로 첨가하고 이것을 5쪽으로 요약한 보고서를 제출할 것인가를 결정해야 한다. 그러나 첨부된 자료는 읽지 않을 수 있다는 점을 고려하여야 한다. 익명으로 제출된 보고서는 고려대상이 되지 않는다.[17)]

국가인권기구와 NGO 등 이해관계자들의 보고서 제출을 위한 정확한 마감일은 인권이사회의 인터넷 웹사이트에 게재되지만 통상 실

---

16) 유엔 경제사회이사회와 협의지위를 가지고 있는 NGO 이외에 국가인권기구를 비롯한 다양한 비국가적 이해관계자들의 참여가 허용된다는 점에서 과거 인권위원회와 구분된다.

17) NGO의 보고서 제출에 관한 자세한 지침은 다음 인터넷에서 찾아볼 수 있다 (http://www.ohchr.org/english/bodies/hrcouncil/upr/noteNGO_041007. htm).

무그룹 회의가 있기 6개월 전에 제출해야 한다. 한국의 1차 보편적 정례검토가 2008년 5월 7일에 실시되었는데 한국의 37개 인권 관련 NGO들은 1월 25일에 보고서를 유엔인권최고대표사무소에 제출했다. 앞서 언급했듯이 한국 정부는 국가보고서를 3월 25일에 제출한 바 있다.

인권이사회의 결의문 A/HRC/RES/5/1은 보고서를 제출할 수 있는 NGO의 유형에 대해 어떠한 제한도 두고 있지 않다. 이러한 규정을 둘러싸고 논쟁이 진행 중인데 많은 국가들이 경제사회이사회와 협의지위(consultative status)를 가지고 있는 NGO에 한해 보고서 제출을 허용해야 한다는 견해를 밝히고 있다. 이 경우 협의지위를 가지고 있지 않은 NGO는 협의지위를 가지고 있는 NGO와 공동으로 보고서를 제출하는 방안을 고려하여야 할 것이다(NGO Group for the Convention on the Rights of the Child 2016).

이러한 보고서들을 요약한 유엔인권최고대표사무소의 보고서는 총 10쪽을 초과할 수 없다. 요약 보고서 역시 실무그룹에서 검토되기 6주 전에 유엔의 6개 공식 언어로 배포될 수 있도록 미리 제출되어야 한다.

② 실무그룹의 상호대화

보편적정례검토는 이렇게 작성된 3개의 보고서에 기초하여 실무그룹에서의 상호대화로부터 시작된다. 실무그룹에서의 상호대화는 장례검토의 대상국과 다른 유엔 회원국 사이에 전개되는데 구체적인 절차와 내용을 살펴보기 전에 보편적정례검토에 적용되는 기준·실무그룹의 구성·참여할 수 있는 행위자를 살펴볼 필요가 있다.

우선 보편적정례검토 전반에 걸쳐 적용되는 기준은 2007년에 인권이사회에서 통과된 결의문 A/HRC/RES/5/1에 언급되어 있다. 구체적으로 유엔헌장·세계인권선언·해당 국가가 당사국인 인권조약·인권이사회의 이사국으로 선출되기 위해 후보로서 제시한 공약을 포함한 해당 국가의 자발적 공약·합리적으로 적용 가능한 국제인도법이 기준이 된다.[18]

실무그룹의 구성을 보면 실무그룹은 인권이사회의 47개 이사국의 대표단과 인권이사회 의장(President of the Human Rights Council)으로 구성되며 인권이사회 의장의 주재하에 상호대화가 진행된다. 개개 이사국들은 실무그룹에 보낼 자신의 대표단 구성을 결정할 수 있으며 이러한 대표단에 인권 전문가를 포함시킬 수 있다. 이러한 실무그룹은 1년에 3회 2주간의 회합을 가진다.

실무그룹은 상호대화를 촉진하고 실무그룹의 보고서 준비 등 정례검토를 원활하게 수행하기 위해 정례검토의 대상국 당 흔히 트로이카(Troika)라고 불리는 3인의 보고관(rapporteur)을 추첨으로 선발한다.[19] 이들 보고관들은 47개 인권이사회 이사국 중에서 선발되며 각각 다른 지역그룹 출신이어야 한다.[20] 정례검토의 대상이 되는 국

---

18) 해당 국가의 자발적 공약이란 예컨대 국가가 인권이사회의 이사국으로 선출되기 위해 제시한 약속과 같은 것이 포함된다.

19) 이들 3인을 'Troika Rapporteurs'라고 부른다. 이들은 정례검토가 시작되기 전에는 국가들이 정례검토에 앞서 사전에 보내온 질의를 받아 정례검토 대상국에게 전달하는 역할을 한다. 실무그룹에서 상호대화가 전개되는 동안에는 특별한 역할이 없으나 자국 대표단의 일원으로서 발언권을 얻어 질의를 하거나 권고 등을 할 수 있다. 이들은 실무그룹의 보고서를 사무국의 도움과 더불어 준비하는 역할을 수행한다. 이들 가운데 한 사람이 실무그룹에서의 보고서 채택에 앞서 보고서를 상정하는 역할을 떠맡는다. 뒤에서 살펴보겠지만, NGO들은 자신들의 견해와 권고가 보편적정례검토 과정에 잘 통합되어 있는가를 확실히 하고자 이들을 주요한 로비의 대상으로 삼는다.

가는 3인의 보고관 중에서 1인의 보고관이 자신의 지역그룹에서 나오도록 요청할 수 있고 1회에 한해 선발된 보고관을 거부하여 대체를 요청할 수 있다. 선발된 보고관 역시 특정 국가의 정례검토에 참여하지 않을 것을 요청할 수 있으며 이럴 경우 새로운 보고관이 선발된다. 보고관이 특정 국가들의 정례검토에 참여를 거절할 수 있는 횟수에는 제한을 두고 있지 않다. 3인의 보고관들은 그들의 정부에 의해 임명된 사람들로서 보고관 자격의 요건에 대한 언급은 없다. 따라서 국가에 따라서 인권 전문가를 임명할 수도 있고 단순히 외교관을 임명할 수도 있다(NGO Group for the Convention on the Rights of the Child 2016).

실무그룹의 상호대화에는 이들 실무그룹의 구성요소 이외에 당연히 정례검토 대상국의 대표단이 참여하며 참관국(observer states)도 참여도 가능하다. 이들 국가들 이외에 국가인권기구·NGO·유엔의 기구와 같은 기타 이해관계자가 참여한다.[21] 상호대화 과정에서 참관국은 발언권이 부여되는데 반해 기타 이해관계자는 어떠한 형태의 진술이든 발언권이 주어지지 않아 질문을 비롯한 어떠한 진술도 허용되지 않는다.[22]

---

20) 이들 지역그룹에는 아프리카그룹, 아시아그룹, 미주와 카리브 해 지역그룹, 동유럽그룹, 서유럽 및 기타그룹이 존재한다.

21) 정례검토의 대상국은 자국의 국내 NGO가 유엔 경제사회이사회의 협의지위를 가지고 있는지의 여부와 관계없이 자국의 정례검토에 참관을 확보하도록 고무되어야 한다.

22) 인권이사회의 참관국이란 유엔 회원국 193개 국가 중에서 인권이사회의 47개 이사국을 제외한 모든 국가를 지칭하는 용어이다. 이들 모두 기본적으로 인권이사회 실무그룹 회의와 본회의에 참가하는 것이 허용된다. 한국이 정례검토 대상이 되었을 때 북한은 인권이사회 이사국이 아닌 참관국으로서 실무그룹 회의에 참가하여 한국에 있어서의 국가보안법 폐지 등에 관한 주

실무그룹에서의 상호대화는 총 3시간 30분에 걸쳐 진행된다.[23] 대체적인 진행 순서를 살펴보면 우선 정례검토 대상국의 수석대표로부터의 모두발언(인사말과 대표단에 대한 소개)이 있고 이어서 검토대상국으로부터의 국가보고서에 대한 발제가 있게 된다. 뒤를 이어 정례검토가 있기 10일 전까지 접수된 서면질의에 대한 답변을 한다.[24] 이어서 실무그룹의 상호대화가 본격적으로 시작되는데 이때 실무그룹 구성국과 참관국들은 한 국가씩 발언권을 얻어 정례검토 대상국의 인권상황에 대한 질의·코멘트·권고를 하고 이에 대응하여 정례검토 대상국 역시 발언권을 매번 얻어 답변을 하게 된다. 그리고 검토대상국의 마감발언을 끝으로 실무그룹 상호대화는 끝난다.

이와 같은 상호대화 과정에서 질문이 행해지고 인권침해에 대한 우려가 표시되며 문제점이 지적되고 나아가 개선이 촉구되기도 한다. 이에 대응하여 당사국의 반발과 답변 등이 있는 등 인권상황에 대한 치열한 공방전이 전개되기도 한다.[25] 이러한 과정에서 당사국

장을 제기한 바 있다.
23) 제1차 UPR의 경우 한 국가의 정례검토에 3시간이 주어졌으나 제2차 때부터는 30분이 늘어나 3시간 30분의 시간이 주어졌다.
24) 국가들은 보편적정례검토를 앞두고 당사국의 인권상황에 대하여 사전에 서면질의(written question)를 제출할 수 있다. 서면질의서는 실무그룹의 상호대화가 있기 최소한 10일 전에 사무국을 통해 정례검토 대상국에게 전달되어야 한다. 처음으로 있은 북한에 대한 보편적정례검토에 앞서 한국을 비롯한 일본, 영국, 독일, 프랑스, 스웨덴, 스위스, 아르헨티나, 체코, 덴마크가 사전 서면질의서를 제출한 바 있다. 이러한 사전 서면질의서가 있을 경우 발언을 신청한 실무그룹 구성국과 참관국의 질의, 코멘트, 그리고 권고에 대한 답변 이전에 서면질문에 대한 답변이 먼저 있게 된다. 3인의 보고관은 회의 전에 다른 국가들이 미리 제기한 질의내용을 수집하고 정리하여 정례검토 대상국이 이에 대한 답변을 미리 준비하도록 한다.
25) 한국을 대상으로 한 첫 번째 보편적정례검토에서 정부의 기조연설 뒤 33개

과 우호적인 관계에 있는 일부 국가들은 옹호하는 발언을 하기도 한다. 이러한 과정에 이어 마지막으로 대상국 수석대표로부터의 결론에 해당되는 마감발언이 있게 된다.

실무그룹의 상호대화에 할당된 3시간 30분 중에서 정례검토 대상국은 70분을 사용할 수 있으며 140분이 실무그룹 구성국과 참관국에게 주어진다. 정례검토 대상국은 자신에게 주어진 시간을 어떻게 사용할 것인지와 상호대화에서 다른 국가들이 제기한 문제 가운데 어느 것을 언급할 것인가에 대해 재량권을 가진다. 실무그룹 구성국과 참관국에게 주어지는 140분은 발언자명부(speaker's list)에의 기재를 통해 발언을 사전에 신청한 국가들의 수로 나누어져 배분된다. 발언을 하고자 할 경우 발언자명부에 국명이 사전에 기재되어야 하는데 이러한 발언자명부는 정례검토 회기가 시작되기 1주 전에 개방되어 국가들에게 4일 동안의 등록기간이 주어진다. 발언자명부는 국명의 영어 알파벳순으로 정리되며 이들 가운데 어떤 국가로부터 시작할지를 인권이사회 의장의 추첨으로 결정한다. 국가들은 필요에 따라 발언자명부상의 발언순서를 서로 바꿀 수 있다. 발언자명부로

국 대표들이 질문하는 방식으로 진행됐다. 한국 정부에게 사형제와 이주노동자 인권 문제에 대해 집중적으로 질문이 제기되었다. 영국 등 11개 국가들은 지난 국회에서 계속하여 제출된 사형제 폐지 법안이 통과되지 못했다며 18대 국회에도 법안 제출 의사가 있는지 집중적으로 물었고 이에 대해 한국 정부는 국민적 합의가 필요하다는 답변을 했을 뿐 구체적인 일정을 밝히지 않았다. 필리핀과 방글라데시 등 한국에 노동자를 많이 보낸 10개 나라는 등록과 미등록에 관계없이 이주노동자의 인권이 보장돼야 한다고 주문했으며, 덴마크 등 몇몇 국가는 한국이 가입을 미루고 있는 「모든 이주노동자와 그 가족의 권리보호에 관한 국제협약」을 비준할 것을 권고했다. 한국 정부는 산업재해 보상 구제 등을 소개하며 노력하고 있다고 답을 했다(한겨레신문(인터넷), 2009년 5월 7일).

부터 철회하고자 하는 국가는 정례검토가 시작되기 최소한 30분 전에 사무국에 공지하여야 하는데 이는 주어진 발언시간인 140분을 달라진 국가의 수로 다시 나눌 필요가 있기 때문이다.

③ 실무그룹 보고서의 채택

이러한 실무그룹 상호대화가 종료된 후 3인의 보고관은 인권이사회의 사무국과 협조하여 보고서를 작성한다. 이 보고서는 정례검토의 상호대화가 끝난 후 2일(48시간) 후에 토의와 더불어 채택절차를 밟게 되며 채택에 할당된 시간은 30분이다. 실무그룹에서의 채택은 잠정적인 것으로서 최종적으로는 약 3개월 후에 개최되는 인권이사회의 본회의(plenary)에서 검토되고 정식으로 채택되게 된다.

보고서에는 상호대화에서 있었던 논의를 정확하게 반영하여야 하며 구체적으로 서문·실무그룹의 상호대화 회의 진행과정의 요약·질의와 권고에 대한 정례검토 대상국의 대응(정례검토 대상국은 권고를 수용하거나 거부할 수 있으며 수용되거나 거부된 권고 모두 보고서에 포함된다), 국가들에 의해 제기된 모든 권고들과 검토 대상국의 자발적인 공약 등이 포함된다. 이러한 보고서는 상호대화 과정에서 제기된 권고를 종합적으로 정리하는 것을 주요 목적으로 한다.

2008년 5월 한국의 제1차 보편적정례검토 시에 실무그룹은 한국의 인권상황을 검토하고 국가보안법과 사형제의 폐지·집회와 결사의 자유 보장·양심적 병역거부의 인정·이주노동자권리협약을 포함한 국제인권협약의 서명과 가입 등 33개의 권고안을 채택한 바 있다. 2012년 10월 제2차 보편적정례검토 시에는 국가보안법 악용 방지·사형제 폐지·양심적 병역 거부자를 위한 대체복무제 도입·성적지향이 포함된 포괄적 차별금지법 제정·경비 병력의 과도한 무력사용 금지·체벌금지를 포함한 아동인권·미(비)혼 부모에 대한 차별 금지·빈곤층의 건강권과 주거권 해결 등 총 70개의 권고를 받은 바 있다.

④ 인권이사회 본회의의 결과보고서 채택

실무그룹에서 채택된 보고서는 인권이사회의 다음 본회의에 회부되어 토의를 거친 후 결과보고서로서 최종적으로 채택된다.[26] 실무그룹의 보고서에 대해 토의가 이루어지기 때문에 결과보고서에는 실무그룹의 보고서 내용 이외에 실무그룹 보고서에 대한 토의의 내용이 추가적으로 포함되게 된다. 결과보고서는 통상 표결에 의하지 않고 합의로(by consensus) 채택된다. 본회의에서의 결과보고서 채택과정은 실무그룹 회의와 마찬가지로 인터넷으로 생중계가 된다.

본회의에서의 채택절차는 정례검토 대상국 수석대표의 모두 발언으로부터 시작하여 실무그룹의 상호대화 과정에서 충분히 다루어지지 않은 질문과 문제에 대해 답을 하며 상호대화 과정에서 국가들에 의해 제기된 권고에 대해 자국의 입장을 상세히 밝힌다. 이어서 정례검토 대상국의 국가인권기구가 정례검토 대상국의 발언 직후 발언을 할 수 있다. 제1차 UPR의 경우 국가인권기구는 NGO 등의 이해관계자들과 더불어 인권이사회 본회의에서 결과보고서 채택 직전에 일반논평(general comment)만이 허용되었으나 제2차 UPR부터는 이러한 절차가 바뀌어 NGO 등의 이해관계자들과는 달리 일반논평에 국한되지 않는 발언권을 행사하는 것이 가능해졌다.[27] 그다음으

---

26) 실무그룹에서 채택된 보고서와 구분하여 본회의에서 채택된 보고서는 일반적으로 '보편적정례검토(UPR) 결과보고서'라고 부른다.

27) '일반논평'이란 국제회의에서 결의안이 채택되기 직전에 이미 합의한 것을 전제로 이에 대한 평가를 하는 기회로서 주어진다. 따라서 의제에 대한 토

로는 실무그룹 상호대화 참여국(이사국과 참관국)의 발언이 있게 된
다. 이때 이들은 발언권을 얻어 정례검토 심사의 결과에 대한 그들
의 의견을 피력한다. 이어서 시민 사회와 NGO 등의 이해관계자들
이 일반논평을 하는 기회를 가지게 된다. 마지막으로 정례검토 대상
국 수석대표의 마감발언 순서로 진행된 후 채택절차를 밟게 된다.

실무그룹에서 보고서 채택에 30분이 주어진 것과는 달리 본회의
에서의 결과보고서 채택에는 1시간이 주어진다. 인권이사회는 1시
간이라는 짧은 시간을 효율적으로 활용하기 위해 20분씩 세 부분으로
분할하여 정례검토 대상국에게 20분, 인권이사회 이사국·참관국·
유엔기관에게 20분, 그리고 국가인권기구와 NGO와 같은 기타 이해
관계자에게 20분을 할당하고 있다. 실무그룹 구성국인 인권이사회
의 이사국의 경우 3분 그리고 이사국 이외의 참여자들에게는 2분의
발언시간이 주어진다.

이 과정에서 정례검토 대상국은 실무그룹 보고서에 언급된 권고
사항에 대한 입장을 밝힐 수 있다. 즉 어느 권고는 수용하고 어느
권고는 수용하지 않는다는 등의 입장을 밝힐 수 있다. 그러나 정례
검토 대상국이 일부 권고사항의 수용을 거부한다고 해도 모든 권고
사항은 검토 대상국이 제시한 의견과 더불어 결과보고서에 포함된
다.28) 이러한 권고사항에 대한 의견과 더불어 실무그룹 상호대화 과

론과정에서 주어지는 발언과는 달리 이미 언급된 논의를 재개해서는 안 된
다. 이는 일반논평이 결의안에 대한 토론이 끝난 후 결의안이 채택되기 직
전에 주어지는 과정 중 하나로서 모든 국가 혹은 다수의 국가들에 의해 수
용될 결의안을 앞에 두고 이에 대한 종합적인 평가를 제시하기 위한 절차이
기 때문이다.
28) 한국이 제1차 정례검토를 받을 시 33개의 권고사항이 실무그룹의 보고서에
제기된 바 있는데 한국은 본회의에서 이 중에서 15개의 권고에 대해서는 수

정에서 충분히 진술하지 못한 문제나 쟁점에 대해 답변을 할 수도 있다.

앞서 언급했듯이 국가인권기구나 NGO와 같은 기타 이해관계자의 경우 실무그룹 상호대화의 과정에서 참여는 허용되나 일반논평을 포함한 어떠한 발언도 할 수 없다. 그러나 국가인권기구는 본회의 보고서 채택과정에서 일반논평만을 제시할 수 있는 다른 이해관계자와 달리 보고서에 포함된 권고사항에 대하여 발언을 통해 견해를 밝힐 수 있다.29)

용입장을 보였고 18개의 권고사항에 대해서는 별도의 의견을 표명한 바 있다. 제2차 정례검토 때에는 70개의 권고가 있었는데 이 중에서 42개는 수용하고 1개는 부분적으로 수용했으며 27개는 수용하지 않았다. 북한은 제1차 UPR에서 총 167개의 권고안 가운데 50개에 대해선 현장에서 즉각 수용을 거부하고 나머지 117개 권고안에 대해선 입장을 밝히지 않다가 4년이 지난 후 117개에 대한 입장을 밝혔는데 이 가운데 81개는 수용하고 6개는 부분 수용을 했으며 15개는 주목한다고 하고 나머지 15개는 거부했다. 북한은 제2차 UPR에서 1차 때보다 101개가 추가된 총 268개의 권고안이 제시되었는데 이 가운데 83개를 현장에서 즉각 거부하고 나머지 185개 권고안에 대해선 2014년 9월 9월 제27차 인권이사회 전에 답변을 하겠다고 약속했으며 결국 185개 가운데 10개를 추가로 거부했다. 이로써 268개 권고안 가운데 113개는 수용, 93개는 거부, 58개는 검토, 4개는 부분 수용을 했다.

29) NGO는 유엔 경제사회이사회의 협의지위를 가지고 있어야 한다. 국가인권기구의 경우 1991년 파리에서 열린 제1차 국가인권기구 국제워크숍에서 제정되고 1992년 유엔 인권위원회를 거쳐 1993년 유엔총회에서 채택되어 간단하게 '파리원칙(Paris Principles)'이라고도 불리는 국가인권기구의 지위에 관한 원칙(Principles relating to the Status of National Institutions)에 따른 기관이어야 한다. 파리원칙은 국가인권기구의 지위와 책임을 규정하는 대표적인 준칙으로서 국가인권기구의 권한과 책임, 구성과 독립성 및 다원성의 보장, 운영 방식, 준사법적 권한을 가진 국가인권기구의 지위에 관한 추가원칙 등에 걸쳐 국가인권기구의 기본적 요건들을 구체적으로 열거함으로써 국가인권기구 설립의 준거의 틀을 각 나라에 제시하고 있다.

이처럼 인권이사회 본회의에서 결과보고서가 채택되게 되는데 결과보고서는 모든 보고 내용이 하나하나 구체적으로 포함되어 있는 것이 아니라 구체적인 내용이 실제적으로 포함되어 있는 문건들을 알려주는 것을 내용으로 한다. 한국의 결과보고서 경우를 예로 들면 결과보고서는 'A/HRC/8/123'라는 문서번호를 가지고 있는 1/2쪽 정도의 분량의 문서에 불과하다. 여기에 포함되어 있는 가장 중요한 문건은 'A/HRC/8/40'라는 문서번호를 가지고 있는 것인데 이 문건은 실무그룹에서 한국에 대해 채택한 보고서이다. 이와 더불어 결과보고서에는 'A/HRC/8/52, chap. VI'와 'A/HRC/8/40/Add.1'라는 문건번호 역시 열거되어 있는데 이 문건들은 제시된 권고 혹은/그리고 결론에 대한 한국의 견해·자발적인 공약·실무그룹에서의 상호 대화 과정에서 충분하게 다루지 못한 질문이나 문제에 대하여 한국이 본회의에서 결과보고서 채택에 앞서 제시한 답변 등을 내용으로 하고 있는 문건들이다.

총체적으로 보아 결과보고서는 다음을 구성요소로 한다고 볼 수 있다: 1) 정례검토 대상국의 인권상황에 관한 요약(이것은 실무그룹이 채택한 보고서의 주요 내용이다), 2) 권고와 결론에 대한 정례검토 대상국의 견해, 3) 정례검토 대상국의 인권 기준의 존중과 준수를 확보하기 위해 실행에 옮겨야 할 일반적인 권고들, 4) 정례검토 대상국이 자발적으로 한 공약.

위에서 언급했듯이 정례검토 결과보고서는 정례검토 대상국이 다음 번 정례검토가 있기 전까지 이행하여야 할 권고를 포함하고 있다. 국가들은 이러한 권고와 더불어 자발적으로 한 약속을 이행하고 다음 번 정례검토를 할 때 이전의 정례검토 이후에 있은 권고와 자발적 약속의 이행과 더불어 국가의 인권상황에 대한 보고를 하게 된다.

⑤ 정례검토 결과에 대한 후속조치

인권이사회가 결과보고서를 채택할 때 인권이사회는 특정의 후속조치의 필요 여부와 더불어 필요하다면 구체적인 시기도 결정한다. 결과보고서의 내용의 가장 우선적인 실행의 주체는 정례검토 대상국이지만 필요한 경우 유엔인권최고대표사무소·유엔의 개별적인 국가 팀(country team)·다른 유엔기관 등 그 밖의 이해관계자가 되기도 한다. 그리고 4년 후에 있을 차기 보편적정례검토는 이전의 보편적정례검토의 결과의 이행에 중점을 두고 이루어진다.

(2) 보편적정례검토에 있어서의 NGO의 역할

앞서 언급했듯이 보편적정례검토는 기본적으로 정부간 과정이다. 따라서 비국가적 행위자의 하나로서 NGO가 이러한 정부간 과정에 일반인들의 목소리를 전달하여 결과에 반영하고자 노력한다는 것은 매우 중요한 일이다. 따라서 여기에서는 이들이 인권의 촉진과 보호를 위해 보편적정례검토와 관련하여 공식적 혹은 비공식적으로 할 수 있는 일이 무엇인가를 살펴보고자 한다.

인권이사회에 있어서 NGO가 가지게 되는 지위 일반은 유엔총회 결의문 A/RES/60/251에 언급되어 있다. 이에 따르면 인권이사회는 유엔총회나 인권이사회가 달리 결정하지 않는 한 유엔총회 위원회에 적용되는 의사규칙을 적용하기로 결정했다. 또한 인권이사회의 이사국이 아닌 국가, 전문기구, 다른 정부간기구, 국가인권기구, 그리고 NGO를 포함한 참관자의 참여와 협의는 1996년 7월 25일에 채택된 경제사회이사회의 결의문 E/1996/31과 과거의 인권위원회에 의해 준수되어 온 관례를 포함한 제도에 기반을 둘 것 역시 결정한 바 있다. 인권이사회의 보편적정례검토 과정에 있어서의 NGO의 지위와 관련해서는 인권이사회의 결의문 A/HRC/RES/5/1이 언급하고 있다. 이들 규정에 따라 NGO가 보편적정례검토의 공식적인 과정 속에서 할 수 있는 역할을 살펴보면 다음과 같다.

국가보고서 작성 과정에 국가로 하여금 NGO와 광범위한 협의과정을 가지도록 촉구한다고 함으로써 자동적으로 참여가 반드시 확보되는 것은 아니지만 NGO가 국가보고서 작성 과정에 협의자로서 참여할 수 있다. 그리고 NGO는 앞서 언급했듯이 유엔인권최고대표사무소에 보고서를 제출할 수 있다. 이 보고서는 나중에 인권최고대표사무소의 요약보고서 내용의 일부로 반영될 수도 있다.

앞서 살펴보았듯이 NGO는 실무그룹의 상호대화 과정에의 참여는 가능하나 발언권은 물론 일반논평의 권리를 가지지 않는다. 인권이사회 본회의의 경우 참여와 더불어 실무그룹 회의에서와는 달리 일반논평을 제시하는 것이 가능하다. 그리고 제시된 권고를 집행하고 감시하는 후속조치에 참여할 수 있다. 인권이사회가 NGO에게 부여하는 실무그룹 회의와 본회의에 있어서의 권한은 유엔총회 위원회와 본회의가 NGO에게 부여하는 권한과 상이하다. 유엔총회 경우 총회 산하의 위원회 회의의 경우는 NGO의 참여를 아주 제한적인 범위에서 허용하나 본회의 경우는 거의 참여가 통제된다. 이와는 대조적으로 인권이사회의 경우 실무그룹에서는 참여만 허용하고 일반논평을 포함한 발언권을 부여하지 않고 오히려 본회의에서는 일반논평의 권한을 부여하는 특징을 보인다.

NGO들은 인권이사회의 보편적정례검토 과정에서 실무그룹 회의와 본회의 참여를 하려면 유엔 경제사회이사회의 협의지위를 획득하고 보유하여야 한다.[30] 협의지위를 보유하고 있지 않은 경우 협의지위를 가지고 있는 NGO의 일원으로 참가하는 것이 가능하다.

우선 실무회의의 경우 앞서 언급했듯이 NGO에게 발언권과 일반 논평의 권한이 주어지지 않으나 서면진술서(written statement)의 배포는 가능하다. 경제사회이사회의 협의지위를 가지고 있는 NGO의 경우 포괄적 협의지위를 가지고 있는가 아니면 특정분야 협의지위를 가지고 있는가에 따라 이들의 권한에 있어서 차이가 난다. 포괄적 협의지위를 가지고 있는 경우 2,000자 이내의 서면진술서를 배포할 수 있는 권한이 주어지나 특정분야 협의지위를 가지고 있는 경우는 1,500자 이내의 서면진술서를 배포할 수 있다. 이러한 서면진술서는 참가하고자 하는 회의의 시작 2주 전까지 제출되어야 한다.

　　경제사회이사회의 협의지위를 가지고 있는 NGO의 경우 인권이사회 본회의에서 일반논평을 할 수 있는 권한을 가진다.[31] 일반논평을 위해서는 물론 발언자명부에 등재되어야 한다. 이들 NGO는 회의 시작 시 25부의 일반논평문을 회의담당 부서에 제공하여야 하며, 추가적인 일반논평문은 진술을 한 후에 본회의장 내부의 뒤쪽에 비치되어 있는 책상에만 비치가 가능하다. NGO는 문서, 팸플릿, 그 밖에 다른 어떤 것을 회의장 안에서 배포할 수 없도록 되어 있다. 문서의 전시를 위해 별도의 책상이 본회의장 밖에 준비되어 있다. 협의지위를 가지고 있는 NGO는 인권이사회의 일과 관련을 가지는 병행 행사를 가질 수 있다.

---

30) 유엔 경제사회이사회의 협의지위를 이미 가지고 있는 NGO라 하더라도 인권이사회에 대표의 참여를 공인받기 위한 절차를 밟아야 하며 이를 위해 인권이사회의 사무국에 공인을 요청하는 팩스를 보내야 한다.

31) 경제사회이사회와 협의지위를 가지고 있는 NGO는 경제사회이사회와 그 하부기관의 회의에서 구두진술의 권리를 보유하지만 총회의 하부기관인 인권이사회의 실무그룹 회의에서는 이러한 구두진술의 권리가 허용되지 않는다.

이러한 공식적인 과정에서의 제약으로 인해 NGO들은 또 다른 한편 비공식적인 과정을 통해 보편적정례검토에 영향을 미치고자 한다. 따라서 이곳에서는 NGO가 공식적 과정과 비공식 과정 모두에 있어서 어떠한 통로와 방식을 통해 회의에 영향을 미칠 수 있는가를 포괄적으로 살펴보고자 한다.

① 국가보고서 작성 이전 과정에서의 참여

이 단계에서 NGO는 국가가 작성할 국가보고서에 자신들의 입장을 반영하고자 노력함으로써 국가보고서에 대한 광범위한 협의를 촉진할 수 있다. 그리고 실제적으로 국내 협의에 참가하여 인권 관련 관심사에 국가가 주목하도록 하고 이러한 문제를 다루기 위한 조치를 제안할 수 있다.

② 정례검토를 위한 정보의 기초 제공

인권 관련 조약기구의 보고서와 특별절차의 보고서가 유엔인권최고대표사무소에 의해 편집되기 때문에 NGO들은 이러한 조약기구와 특별절차에 정보를 제출함으로써 간접적으로 영향력을 미칠 수 있다.

유엔인권최고대표사무소와는 별도로 정례검토 대상이 될 국가의 인권훼손 상황과 이러한 문제를 해결하기 위한 권고를 담은 출판물을 발간하는 것도 영향을 미치기 위한 수단의 하나가 될 수 있다.

NGO를 비롯한 기타 이해관계자들의 보고서가 유엔인권최고대표사무소에 의해 요약되기 때문에 NGO는 보고서를 작성하여 제출할 수 있다. 정례검토 대상국이 제출한 국가보고서에 대해 비판을 가할 수도 있다. 경제사회이사회의 협의지위를 가지고 있을 경우 서면진술서를 인권이사회의 실무그룹에 제출하여 공식기록에 포함시킬 수 있다.

③ 실무그룹 상호대화와 보고서 채택과정

실무그룹 상호대화 과정에서는 NGO가 인권이사회 이사국들에게 로비를 하여 실무그룹 회의에 참가할 이들의 대표단에 인권 전문가를 포함시키도록 하거나 인권 전문가가 3인의 보고관에 임명되도록 시도할 수 있다. NGO는 3인의 보고관에게 로비를 하여 정례검토 대상국에 있어서의 중대한 인권 문제에 집중하도록 하고 보고관으로 하여금 상호대화에 앞서 정례검토 대상국에 있어서의 인권 관련 이슈와 문제를 제기하도록 고무할 수 있다.

상호대화 과정에서 NGO는 인권이사회 이사국과 참관국으로 하여금 정례검토 대상국의 인권 문제를 제기하도록 로비를 가할 수 있다. 또한 3인의 보고관들에게 로비를 하여 실무그룹의 보고서에 정례검토 대상국에 있어서의 중대한 인권 관련 우려사항을 반영하고 인권훼손에 대한 권고를 하도록 할 수 있다.

NGO는 또한 실무그룹을 구성하고 있는 이사국들에게 정례검토 대상국에 있어서의 중대한 인권 문제를 직접적이고 투명하게 다루는 보고서를 채택하도록 로비를 할 수 있고 실무그룹이 채택한 보고서에 대해 비판을 가할 수도 있다.

④ 본회의 결과보고서 채택과정

경제사회이사회와 협의지위를 가지고 있는 NGO의 경우 인권이사회의 본회의에 있어서의 결과보고서 채택에 앞서 서면진술서를 제출할 수 있을 뿐 아니라 일반논평을 할 수 있다. 또한 이사국들에게 로비를 하여 결과보고서가 정례검토 대상국에 있어서의 중요한 인권 관련 우려사항을 적절하게 반영하고 이러한 것을 시정하기 위한 효과적인 권고를 하도록 노력할 수 있다. 이와 더불어 인권이사회로 하여금 특정의 후속조치를 결정하도록 로비를 할 수도 있다.

⑤ 권고와 공약의 실행과정

NGO는 정례검토 대상국으로 하여금 인권이사회의 결과보고서에 대해 국내에서의 광범위한 협의와 공개토론을 하도록 고무할 수 있다. 또한 정례검토 대상국으로 하여금 결과보고서의 내용을 충분히 그리고 신속하게 실시할 것을 고무할 수도 있는데 이는 인권이사회의 이사국 선출과 관련을 짓거나 조약기구에서의 국가보고서의 검토나 특별절차에 의한 임무와 관련지어 추구할 수 있다. 인권이사회의 결과보고서상의 권고와 공약을 정례검토를 받은 국가의 공적인 문건에 언급하도록 NGO가 노력하는 것도 하나의 방편이 된다. 정례검토 대상국의 다음 번 정례검토에서 이전 정례검토에서의 권고의 이행에 대한 검토를 고무할 수도 있다.

(3) 보편적정례검토의 평가

과거 인권위원회의 경우 특정 국가에 대해서만 인권상황에 대한 검토가 이루어져 편파성 등 많은 문제를 야기했으나 보편적정례검토를 통해 모든 유엔 회원국 193국들 모두가 보편적인 기준에 의거하여 검토의 대상이 됨으로써 이러한 논란을 잠재울 수 있게 되었다. 영국을 비롯한 인권 선진국이라고 분류되어온 국가들마저 다른 국가들에 의해 인권 문제가 제기되고 이와 관련하여 권고가 행해지고 있다는 사실은 과거 인권위원회 시절에는 상상하기 힘든 일이었다.

보편적정례검토의 경우 특정 인권과 관련이 있는 국제조약에 가입을 하지 않았거나 아직 비준을 완료하지 않은 국가의 경우에도 특정 인권과 관련하여 정기적으로 인권상황을 검토하고 권고를 제시할 수 있는 기회를 제공한다는 점에서 큰 의의를 지닌다. 정례검토의 과정에서 유엔인권최고대표사무소가 유엔의 공식문서에 포함된 정례검토 대상국의 인권과 관련한 정보를 편집한 보고서를 작성함으로써 정례검토 대상국이 인권 관련 조약기구로부터 받은 권고를 비롯하여 국제인권조약의 서명과 비준의 현황과 더불어 국제인권기구와의 협력 등에 관해 살펴볼 수 있다.

보편적정례검토의 결과로서 주어지는 권고가 말 그대로 권고에 그치고 법적 구속력을 지니지 못하지만 국제 사회의 비난여론이 집중적으로 제기되다 보면 변화의 모습을 보이지 않을 수 없는 등 정치적 의미를 가지고 있다. 보편적정례검토의 결과로서 일부 국가는 인권조약에 비준을 하고 국가수준에서 인권향상을 위한 정책과 프로그램을 채택하는 등의 가시적인 성과를 보이고 있는 것에서도 드러난다. 이러한 개선점에도 불구하고 보편적정례검토는 여전히 여러 가지 문제점을 가지고 있다. 여기에서는 이러한 문제점이 무엇인가를 살펴보고자 한다.

① 정치성의 문제
과거에 인권위원회는 정치화되었다는 비판으로부터 자유롭지 못하다는 평가를 받았다. 이러한 정치화를 극복하기 위한 제도적 장치로서 보편적정례검토를 제도화한 인권이사회를 출범시켰다. 과거부터 정치화라는 말이 무엇을 의미하는가에 대해서 일치된 견해가 존재한 것은 아니지만 일반적으로 정치화란 다음을 의미해 왔다고 볼

수 있다.

　우선 어떤 국가가 인권위원회 위원국이 될 수 있는가에 대해 구체적인 기준이 존재하지 않는 가운데 인권을 훼손하고 있는 국가가 인권위원회의 위원국이 되곤 했다는 것을 의미한다. 특히 자국의 인권상황에 대해 가해질 비판을 모면하기 위한 수단의 하나로서 인권위원회의 위원국이 되고자 했다는 점이다.

　둘째, 일부 국가가 검토대상에서 제외된 채 특정 국가들만이 지속적으로 검토대상이 된다는 선별성을 가지고 있다는 점을 의미한다. 이는 또한 이중적인 기준이라는 비판과 연관되어 있는 것으로서 모든 국가들에게 동일한 엄격한 잣대를 사용하여 인권 문제를 거론하는 것이 아니라 정치적인 잣대로서 특정 국가의 인권을 재단해 왔다는 것이다,

　셋째, 과거 인권위원회에서 중국의 인권 문제와 관련하여 여러 차례 발생한 경우로서 미국이 중심이 되어 중국의 인권을 비판하는 결의안을 상정하면 중국에 우호적인 국가들이 협력하여 당 결의안에 대해 어떠한 행동도 취하지 말자는 불처리 발의(no-action motion)를 제기하여 결의안 채택을 무력화하곤 했다는 것도 인권위원회의 정치화의 또 다른 일면을 구성하고 있었다.

　인권위원회의 이러한 정치화 현상이 인권이사회의 보편적정례검토 제도의 채택을 통해 많은 부분 사라지게 되었지만 그럼에도 불구하고 특정국가의 경우 인권남용이 거론되지 않는 등 보편적정례검토 제도가 정치적으로 악용되고 있다는 지적이 많이 제기되고 있다. 인권 후진국이 정례검토의 대상이 되었을 때 이들 국가와 우호적인 관계를 가지고 있는 다른 인권 후진국이 인권이사회 이사국이나 참관국으로 정례검토에 참여할 경우 정례검토 대상국에게 비판적인 발언

을 하는 것이 용이하지 않다. 실제에 있어서 비판하는 발언을 삼가고 두둔하는 발언이 행해지면서 인권이사회 설립 당시 우려했던 인권이사회의 정치화 현상이 진행되고 있다. 특히 이러한 현상은 정례검토 대상국이 중국과 같은 국제 사회에 영향력이 있는 국가일 경우 두드러지게 나타나며 같은 지역그룹 국가들 사이에서도 흔히 발생하고 있다. 이러한 현상을 약화시키기 위해서는 인권 선진국들의 견제 역할이 중요하며 중립적인 위치에 있는 NGO를 비롯한 비국가적 행위자의 역할 역시 긴요하다.

② 전문성의 부족

인권이사회의 정치성과 연관되어 있는 문제로서 전문성의 부족을 들 수 있다. 실무그룹의 정례검토에 참가하는 국가의 대표단(인권이사회 이사국 혹은 참관국 모두)이 적지 않은 경우 인권 문제 전문가가 아닌 외교관과 같은 인권 전문성이 부족한 대표단으로 구성된다. 그 결과 인권 관련 조약기구와는 달리 인권 문제에 대한 접근에 있어 객관성과 전문성을 확보하는 것이 용이하지 않고 정치성을 띠는 것이 보다 용이하다. 이러한 문제에 대한 대응으로서 정부대표단에 민간 인권 전문가나 NGO 대표 등을 포함시키는 것이 바람직하다.

③ NGO를 비롯한 비국가적 행위자들의 제한된 역할

인권이사회의 전신인 인권위원회의 경우 특정 국가의 인권 문제에 대한 정보의 제공, 인권위원회에서의 발언, 인권 문제의 감시 등 여러 단계에 걸쳐 NGO가 다른 어떤 국제적인 영역에 비해 큰 역할을 했다. 인권이사회의 경우 NGO뿐 아니라 국가인권기구 등 보다 다양한 비국가적 행위자들의 참여를 허용하고 있다는 점에서 인권위원회에 비해 비국가적 행위자의 역할이 강화되었다고 볼 수 있다.

그러나 보편적정례검토 회의에서 가장 중요한 과정인 상호대화에서 NGO에게 발언권이 전혀 주어지지 않을 뿐 아니라 본회의에서 발언권이 주어지나 일반논평에 국한되는 한계를 보이고 있다. 이는 정례검토에 앞서 보고서의 작성과 제출이라는 공식적인 과정에서 비국가적 행위자의 중요한 역할이 행해질 것을 예상한 조치라고 평가된다. 또한 정례검토에 앞서 정부가 국가보고서를 작성할 때 광범위한 비국가적 행위자와의 협의를 할 것을 전제로 한 것이라고 볼 수 있다. 이러한 비공식적인 과정뿐 아니라 공식적인 과정에서의 비국가적 행위자들의 활발한 역할이 보편적정례검토의 성공에 중요한 역할을 할 것임으로 고려할 때 공식적인 과정에서의 비국가적 행위자들의 역할이 좀 더 강화될 필요가 있다.

④ 권고의 실행력 약화

보편적정례검토 제도의 또 다른 문제점의 하나는 인권이사회 본회의에서 채택된 결과보고서에 언급된 권고의 집행을 실질적으로 감시할 수 있는 제도적 장치를 결하고 있어 권고의 실행력이 떨어진다는 점이다. 차후의 정례검토에서 이전의 정례검토에서 제시된 권고의 이행 여부에 대하여 추궁이 이어질 수 있다는 점이 다소 권고의 실행력을 가져올 수 있는 요인이라고 판단할 수 있으나 정례검토가 매 4.5년마다 실시된다는 점을 고려하면 인권 문제의 신속한 개선이 이루어지기 어렵다. 권고의 일부가 실제로 실행에 옮겨진다고 해도 추후의 정례검토를 앞둔 시점이 될 것으로 보인다.

이제까지 정례검토에서 한 국가마다 평균적으로 120개의 권고가 행해졌다(Ndiaye 2009). 이처럼 과도한 수의 권고가 동시에 제기되어 집중력이 떨어짐으로써 일부 권고는 정례검토를 받은 국가에 의해 전혀 다루어지지 않고 방치될 수도 있다. 또한 일국에 있어서의 정권의 교체 등으로 인해 인권분야에 있어서의 우선순위가 달라짐으로써 오는 일관성의 결여도 충분히 예상된다고 볼 수 있다.

인권이사회의 경우 정례검토에서 제기된 권고 하나하나가 어느 국가에 의해 제기한 것인가를 명백하게 드러나게 하고 있다. 따라서 특정 권고가 인권이사회 실무그룹 전체의 의견이 아닌 특정 국가의 의견임을 모든 실무그룹 보고서에 밝히고 있다.[32] 따라서 인권상황이 열악한 국가가 지적한 사항과 권고가 권위를 가지기 어렵다는 점도 지적할 수 있다(홍관표 2009). 이런 저런 이유로 '보편적정례검토(Universal Periodic Review)'를 의미하는 'UPR'이라는 약어가 '보편적 정례수사(Universal Periodic Rhetoric)'를 의미하는 약자라는 평가를 내리기도 한다.

따라서 권고의 집행에 있어서 NGO 등 비국가적 행위자의 적극적인 역할이 요구된다. 국제 NGO인 국제투명성기구(TI)는 국가마다 반부패지수를 측정하여 투명성의 정도를 국제적인 서열을 메겨 매년 발표하고 있는 것처럼 국제엠네스티(AI)나 휴먼라이츠워치(HRW)와 같은 세계적인 인권 NGO가 권고의 이행 여부를 감독하여 국제 사회에 공표하는 제도적인 장치를 만드는 것을 검토할 필요가 있다고 본다.

---

32) 구체적으로 다음과 같은 구절이 명기된다: "All conclusions and/or recommendations contained in this report reflect the position of the submitting State(s) and/or the State under review thereon. They should not be construed as endorsed by the Working Group as a whole."

⑤ 제한된 인권 문제에 논의 집중

1차로 16개국이 보편적정례검토를 마치고 어떠한 인권 문제가 주로 논의의 대상이 되었는가를 살펴본 자료에 따르면, 많은 인권 문제 중에서 강제실종, 자의적 처형, 고문, 사법 제도의 강화와 형벌과의 투쟁, 반테러조치 내에서의 인권존중, 젠더이슈, 아동의 권리, 성적·인종적 차별, 이주자 권리, 언론의 자유 등이 집중적으로 거론된 바 있다.

정례검토의 대상이 된 국가든 정례검토의 주체가 된 국가든 자국의 특별한 상황 등으로 인하여 많은 인권 문제 중에서 특별한 관심을 가지고 있는 특정 인권 문제를 강조하는 경향을 보이기 쉽다. 특히 국가보고서의 양이 20쪽으로 한정되어 있고 실무그룹의 논의 시간도 3시간으로 한정되어 있어 인권 문제 전반을 다루는 것이 불가능하다(Vengoechea-Barrios 2008).

한국의 정례검토를 하나의 예로 들어보고자 한다. 한국이 정례검토의 대상이 되었을 때 한국을 대상으로 질의나 권고를 한 33개 국가들 중에서 적지 않은 국가들이 이주노동자의 권리와 처우에 관하여 질의와 권고를 한 바 있다. 이들 국가는 대부분 한국에 노동자를 보내고 있는 국가라는 공통점을 가지고 있었다.

⑥ 다른 기구와의 중복적인 성격으로 인한 부담의 가중

인권이사회가 보편적정례검토를 도입한 것과 관계없이 기존의 특정 분야의 인권 문제들을 다루는 조약기구들이 실시해온 국가보고서 제도는 지속되고 있다. 이들 기존의 조약기구들의 국가보고서 제도와 인권이사회의 국가보고서 제도에는 큰 차이점이 존재한다.

구체적으로 기존 조약기구의 국가보고서 제도의 경우 조약의 당사국만을 대상으로 하며 이들 보고서는 관련 인권 전문가에 의해 검토된다. 이와는 대조적으로 인권이사회의 보편적정례검토는 인권 관련 조약에의 가입여부에 관계없이 모든 유엔 회원국이 대상이 되며 민간 인권 전문가가 아닌 국가의 대표단에 의해 검토가 이루어진다.

그러나 이러한 차이점에도 불구하고 각국의 인권상황을 심의한다는 점에서 공통적이다. 이 때문에 유엔총회 결의문 A/RES/60/251은 보편적정례검토가 조약기구의 일을 중복적으로 수행하는 것이 아니라 보완적인 것이 되어야 함을 강조하고 있다. 그럼에도 불구하고 이미 인권 관련 국제조약의 대부분의 당사자가 되어 있는 국가들의 경우 개개 인권조약기구에 정기적으로 국가보고서를 제출하는 등 심의를 준비하고 받아오던 것에 더하여 인권이사회의 검토를 준비하고 검토를 받아야 함으로써 이중적인 노고를 배제하기 힘들다. 개개 인권조약에서 지적하고 권고하는 사항들과 정례검토에서의 지적사항과 권고사항이 중첩되지 않을 수 없다.

⑦ 검토를 위한 시간의 부족

다수 국가가 검토의 심의의 대상이 되는 관계로 정례검토에 참가하는 인권이사회 이사국과 참관국이 다수 국가들의 인권상황 전반을 세밀하게 파악하는 것이 용이하지 않다. 또한 다수 국가가 정례검토의 대상이 되다 보니 각 국가의 정례검토에 할당된 시간이 짧아(실무그룹 상호대화에 3시간 30분, 실무그룹 보고서 채택에 30분, 본회의 결과보고서 채택에 1시간) 질문이나 문제를 제기하는 인권이사회의 이사국이나 참관국들이 사전에 조율을 잘 한다고 해도 포괄적이며 깊이 있는 문제제기와 권고가 쉽지 않다.

이러한 문제점을 완화시킬 수 있는 것이 유엔인권최고대표사무소에 의해 작성되는 두 보고서(유엔 공식문서에 포함된 정보 편집본과 이해관계자 보고서 요약본)인데 이들을 중요한 참고자료로 하여 이사국과 참관국들이 정례검토 대상국의 인권 관련 문제를 제기하는 것이 가능하기 때문이다. 이러한 보고서는 인권 관련 조약기구, 유엔기구, 국가인권기구, NGO와 같은 비국가적 행위자가 정례검토 대상국의 인권상황에 관해 제공하는 정보에 기초하여 작성되므로 이러한 것들을 제공하는 비국가적 행위자들의 역할이 매우 중요하다.

시간의 부족은 실무그룹 상호대화에 있어서 이사국과 참관국의 문제의 제기에 영향을 미칠 뿐만 아니라 정례검토 대상국의 이러한 문제의 제기에의 대응에도 영향을 미친다. 실무그룹 상호대화에 할당된 시간이 총 3시간 30분이며 이러한 3시간 30분 가운데 1시간까지를 정례검토의 대상국이 사용할 수 있도록 되어 있다. 그러나 실제로 정례검토 대상국이 제기된 권고와 질의 등에 대응하여 사용할 수 있는 시간은 이보다 적어 상호대화의 정신이 실현되기 어렵다. 왜냐하면 1시간에는 대표단의 모두발언과 마감발언을 위한 시간까지도 포함되어 있기 때문이다. 이는 다른 인권 관련 조약기구의 심의가 6~9시간에 걸쳐 이루어지는 것과 큰 차이가 있다(홍관표 2009).

⑧ 준비 절차상의 문제

NGO 등 이해관계자들은 각각 5쪽의 보고서를 실무그룹 회의가 있기 3~4개월 전에 제출해야 한다. 정확한 제출 마감일은 인권이사회의 인터넷 웹사이트에서 잘 알 수 있다. 이처럼 실무그룹 회의가 개최되기 오래전에 제출해야 하는 이유는 이렇게 제출된 보고서들이 유엔인권최고대표사무소에 의해 종합되고 요약되어 10쪽의 보고서로 만들어져야 할 필요가 있기 때문이다.

이와는 달리 정례검토 대상국이 작성하는 국가보고서와 유엔인권최고대표사무소가 유엔의 공식문서에 포함된 정보를 편집한 보고서는 정례검토 6주 전에 사무국에 제출되면 된다. 이처럼 NGO 등 이해관계자의 보고서가 다 제출된 다음에 국가보고서가 제출되도록 되어 있어 이해관계자들의 보고서는 국가보고서에서 제기된 문제들을 직접적으로 다룰 수 없다는 절차상의 한계를 가진다.[33]

(4) 보편적정례검토의 수정·보완 사항

1차 보편적정례검토에 있어서의 문제점을 보강하는 차원에서 2차 UPR에 다음과 같은 변화가 있었다.[34] 우선 1차 보편적정례검토 시기에는 매년 48개 국가들이 검토의 대상이 되어 국가들은 매 4년마다 검토를 받도록 되어 있었으나 2차 보편적정례검토 시기에는 매년 42개 국가들이 검토의 대상이 되어 4년 반마다 검토를 받도록 했다. 둘째, 실무그룹의 상호대화에 주어진 시간이 1차 보편적정례검토의 경우는 3시간이었으나 2차 보편적정례검토의 경우는 30분이 추가되어 총 3시간 30분이 주어졌다. 셋째, 보편적정례검토에 있어서의 국가인권기구의 역할을 강화시켰다. 구체적으로 이해관계자들이 제출한 보고서에 국가인권기구가 제출한 보고서를 위해 별도의 섹션이 할애되었으며 결과보고서 채택을 위한 유엔인권이사회 본회의에서 정부의 발언 직후에 국가인권기구가 발언할 수 있는 권한을 부여했다. 넷째, 이러한 변화 이외에 보편적정례검토의 집중사항이

---

33) 만약에 국가보고서가 일찍 제출되거나 제출에 앞서 국가 내에서 일반에게 공개되면 이러한 문제는 없어질 수 있다.
34) 1차 UPR에 대한 개선책은 유엔 인권이사회의 결의문 A/HRC/RES/16/21과 결정문 A/HRC/DEC/17/119를 통해 이루어졌다.

바뀌었는데 구체적으로 1차 보편적정례검토의 경우 국가들에 있어서의 인권상황의 검토와 더불어 개개 국가들의 인권 관련 의무와 공약의 이행에 집중한 반면, 2차 보편적정례검토의 경우는 수용한 권고의 집행과 정례검토 대상국의 인권상황의 발전에 집중했다.

II. 보편적 인권조약 기반의 인권보장체제[35)]

1. 보편적 인권조약의 구분

인권을 전적으로 규정하고 있는 보편적 조약에는 도덕적 구속력만을 가진 세계인권선언을 바탕으로 체결되어 법적 구속력을 가진 기본적이고 보편적인 국제인권조약으로서 시민적·정치적 권리에 관한 국제규약과 경제적·사회적·문화적 권리에 관한 국제규약이 존재한다. 이들 두개의 규약은 이들의 모태가 된 세계인권선언과 더불어 '국제인권장전(International Bill of Rights)'으로 불린다.

이들 시민적·정치적 권리에 관한 국제규약과 경제적·사회적·문화적 권리에 관한 국제규약의 경우 인권을 포괄적으로 담고 있는 조약이다. 이와는 달리 인종차별철폐협약, 여성차별철폐협약, 고문방지협약, 아동권리협약은 특정한 주제나 집단에 중점을 둔 조약으로서 이들 모두 전통적으로 핵심적인 인권조약으로 간주된다. 기존

---

35) 이 부분은 박재영(2015)의 내용을 수정·보완한 것임.

의 이러한 핵심적인 인권조약 이외에 이주노동자, 강제실종자, 장애인과 같은 사회적 취약계층의 권리 보호를 위한 인권조약으로서 이주노동자권리협약, 장애인권리협약, 강제실종방지협약이 존재한다.

이들 조약을 보완하는 차원에서 조약의 이행을 강화하기 위한 절차적 성격을 규정하고 있는 선택의정서(예컨대 개인의 진정절차를 규정하고 있는 여성차별철폐협약의 선택의정서)와 실질적인 내용을 구체적으로 다루고 있는 선택의정서(예컨대 사형제 폐지 내용을 담고 있는 시민적·정치적 권리에 관한 국제규약의 제2선택의정서와 아동의 무력충돌 참여, 아동매매·성매매·음란물과 관련한 내용을 담고 있는 아동권리협약의 2개 선택의정서)가 존재한다.

여기에서는 9개의 대표적인 인권조약인 시민적·정치적 권리에 관한 국제규약, 경제적·사회적·문화적 권리에 관한 국제규약, 인종차별협약, 여성차별철폐협약, 고문방지협약, 아동권리협약, 이주노동자협약, 장애인권리협약, 강제실종방지협약을 중점적으로 살펴보고자 한다.

2. 보편적 인권조약의 이행감시기구

보편적 인권조약들은 조약 내용의 이행을 감시하고 인권침해의 사실을 조사·보고·권고하기 위한 이행감시기구로서 준사법적인 기관인 위원회를 공통적으로 두고 있다.[36] 이러한 위원회의 지위와 이

---

36) 이행감시기구(monitoring body)는 종종 '조약기구(treaty body)'라고도 불린다.

들 사이의 협력을 살펴보면 다음과 같다.

1) 이행감시기구의 지위

경제적·사회적·문화적 권리에 관한 국제규약(ICESCR)의 경우 별도의 이행감시기구의 설립을 규정하지 않고 인권 문제를 중요 문제의 하나로 다루는 유엔의 경제사회이사회에게 동 조약의 이행을 감시하도록 했다. 이에 따라 경제사회이사회는 산하의 자문기구로서 경제적·사회적·문화적 권리위원회를 설립했다. 이를 제외한 다른 위원회들은 유엔의 기관과 독립되어 설립되었다.

이러한 위원회들은 소속국가로부터 독립된 개인의 자격으로 참여하는 위원으로서 구성된다. 경제적·사회적·문화적 권리위원회의 경우 유엔의 기관이기 때문에 위원들이 유엔의 경제사회이사회를 통해 선출된다. 이를 제외한 위원회는 개개 조약의 당사국들에 의해 선출되는 위원으로 구성된다.

경제적·사회적·문화적 권리위원회를 제외한 나머지 위원회들은 유엔의 기관과 독립되어 있지만 유엔과 밀접한 관계를 가진다. 우선 위원회의 활동은 인권 문제를 중요 문제의 하나로 다루는 유엔의 경제사회이사회를 통해 유엔총회에 보고되고 유엔에 의해 조정된다. 경제적·사회적·문화적 권리위원회의 경우는 다른 위원회들과는 달리 활동에 대해서 총회가 아닌 경제사회이사회에 보고한다. 다른 위원회와 달리 유엔으로부터 독립적인 기구는 아니지만 다른 위원회처럼 조약기구로 간주된다.

위원회의 위원들은 개인적인 자격으로 선발된 전문가이지만 이들의 선임에서부터 보고서의 준비와 위원회의 개최 등의 사무 처리와 관련하여 유엔과 깊은 관계를 맺고 있다. 이들 위원회는 주로 스

위스의 제네바에서 회합을 가지며 이곳에 소재해 있는 유엔인권최고
대표사무소로부터 서비스를 제공받는다. 여성차별철폐위원회의 경
우 2008년 이전에는 뉴욕에서 회합을 가지고 유엔의 여성지위향상
부(DAW)의 지원을 받았었다.

2) 위원회 간의 상호협력

이들 위원회들은 인권조약기구연례의장회의(Annual Meeting of
Chairpersons of the Human Rights Treaty Bodies)와 위원회간회의
(Inter-Committee Meeting)를 통해 상호 협력을 한다. 우선 위원회
의장들은 인권조약기구연례의장회의를 통해 이행감시기구들 전반의
효과성을 제고하기 위한 논의를 비롯하여 그들의 작업에 대해 논의
를 갖는다. 이 회의는 유엔총회가 1983년에 인권조약 이행감시기구
의 의장들에게 조약기구의 작업을 개선하기 위한 방안을 논의하기
위해 회의를 가지도록 요청한 것이 기원이 되었다. 이러한 요청에
따라 제1차 회합이 1984년에 개최되었으며 1995년 이래로 연례적
으로 개최해오고 있다. 이 회의에서 다루어지는 이슈는 주로 인권조
약의 가입국들이 제출하기로 되어 있는 국가보고서 작성 절차의 간
소화와 전반적 개선, 위원회 간 작업방식의 조화, 세계인권회의 후속
조치, 재정적 문제 등이다. 인권조약의 당사국, 유엔 파트너, NGO
와의 비공식협의 역시 이 회의의 특징 중 하나이다.

위원회들은 인권조약기구연례의장회의와는 별도로 위원회별로 의
장과 의장 이외의 2인의 참여하에 2002년에 처음으로 제네바에서 위원
회 간의 작업방식의 조화를 주요 관심사로 하여 위원회간회의를 개
최하면서 위원회 간의 또 다른 협력채널을 구성했다. 이 회의에 위
원회의 참여수준이 증대되면서 위원회의 작업방식과 관련한 이슈에

대하여 연례의장회의보다 좀 더 세밀하게 권고를 하는 것이 가능해
졌다.

3. 보편적 인권조약의 이행기제

보편적 인권조약의 이행감시기구인 위원회는 조약의 준수를 확
보하기 위해 제도적인 장치들을 가지고 있는데 이들을 통상적으로
'이행기제'라고 부른다. 여기에서는 이러한 이행기제의 종류와 이행
기제의 조약상 규정방식에 대해 살펴보고자 한다. 현장임무를 통해
작업을 수행하는 전문적인 기구인 고문방지소위원회(SPT)를 제외하
고 이 위원회들은 다양한 방식의 이행기제들을 운용하고 있다.

1) 이행기제의 종류
주요한 이행 제도로는 국가보고서 제도, 개인진정 제도, 국가간진
정 제도, 자발적 직권조사 제도, 조기경보와 긴급행동 제도, 일반논평
(일반권고) 제도가 있다. 이들을 하나씩 살펴보면 다음과 같다.

(1) 국가보고서 제도
국가보고서 제도는 가장 보편적으로 채용하고 있는 이행기제로
서 체약국으로 하여금 조약상의 의무를 실현하기 위해 취한 조치의
진척상황을 담은 정기적인 국가보고서를 의무적으로 위원회에 제출
하도록 하는 제도이다. 위원회는 당사국으로부터 제출된 보고서를
검토하고 해당 당사국 대표와 대화를 가진 후 이를 바탕으로 해당국
의 협약의무 준수를 평가한 최종검토의견서를 발한다.

국가의 조약준수 상황, 성과의 인정, 특별한 관심사의 식별확인과 이러한 관심사를 국가가 어떻게 다루어야 할 것인가에 대한 권고 등을 포함하는 이러한 최종검토의견서는 당사국에 송부되고 유엔의 경제사회이사회를 통해 총회에 보내진다. 위원회가 제시한 권고사항의 이행을 감시하는 것이 중요한데 이를 위해 이행조치를 일정한 기간 내에 보고하도록 하거나 특별보고관을 임명하여 이행을 점검하고 보고하도록 하는 제도를 두고 있다.

국가보고서 제도와 관련하여 다음과 같은 문제점들이 흔히 지적된다. 적지 않은 국가들이 정기적인 보고서는 물론 최초 보고서조차 제출하지 않는데 이를 강제할 수단이 제대로 구비되어 있지 않다. 국가보고서를 심사하는 위원회 위원들이 전일제 근무자가 아닌 관계로 보고서에 대한 심리가 적절하게 이루어지기 어렵고 개개 국가들이 모든 혹은 대다수의 인권조약에 가입한 경우 상당한 부분에 있어서 내용이 중첩될 수 있는 보고서의 작성이 큰 부담이 된다.[37] 국가의 보고서 작성 과정에 NGO를 포함한 시민 사회가 참여할 수 있고 독자적인 보고서를 제출할 수 있으며 나아가 위원회에 직접 참석하여 발표하거나 질문에 답할 수도 있으나 실제에 있어서는 소수의 정부만이 작성과정에 공식적으로 NGO와 협의를 진행하고 있으며 비용 문제 등으로 인해 NGO의 위원회 참여가 용이하지 않다.

(2) 개인진정 제도

개인진정(individual complaint) 제도는 인권 보호를 위한 가장

---

37) 이러한 문제점들을 들어 각종 인권조약 이행감시기구들의 단일화 등이 개혁의 한 방향으로 논의되어 오고 있다.

강력한 이행기제로서 체약국의 관할하에 있으면서 조약에서 보장된 권리의 침해를 받은 개인이 국내 권리구제 절차를 모두 거쳤음에도 불구하고 구제를 받지 못한 경우 위원회에 직접 진정을 할 수 있도록 하는 이행기제이다.[38] 이때 통상적으로 NGO 등에게도 진정의 자격이 주어진다.

진정을 접수한 위원회는 진정을 심의한 후에 해당 국가의 인권조약 위반 여부에 대한 결정을 하고 당사국에게 그 진정에 관한 위원회의 의견을 제시하며 이를 연차보고서에 공표한다. 이러한 연차보고서는 유엔의 경제사회이사회를 통해 총회에 제출된다. 개인진정 심사는 언제나 비공개회의로 진행된다. 위원회는 진정에 관한 위원회의 의견을 통해 진정인을 위한 배상과 재발방지 등의 적절한 조치와 심리의 대상이 되었던 국내법령에 대한 개정 등을 권고한다. 위원회는 특별한 경우 체약국에게 결과를 통보하기 이전에 과도조치를 취할 것을 요청함으로써 긴급행동을 취할 수도 있다.

이러한 개인진정이 발동하는 데는 다음과 같은 엄격한 조건이 존재한다. 1) 모든 가용한 국내적 구제조치를 밟아야만 한다. 2) 진정하는 사람은 조약 체결국의 관할권하에 있어야 한다. 3) 진정은 익명으로 이루어져서는 안 된다. 4) 진정인은 희생자 본인이거나 희생자의 대표인 혹은 드문 경우이기는 하지만 익명이 아닌 제3자여야 한다. 5) 국제기구의 또 다른 절차나 해결에 맡겨져 있으면 안 된다.

개인진정 제도의 한계로는 이러한 제도가 인권의 침해가 중대하

---

38) 영어로 'communication'과 'complaint'을 '통보', '진정', '고발', '청원' 등의 우리말로 번역되어 사용되는데 이곳에서는 이들을 '진정'이라는 말로 통일하여 사용하고자 한다.

고 대규모적으로 이루어지고 있는 상황에서 조약의 준수를 확보하는 데는 적절한 기제가 아니라는 점이다. 또한 진정을 심사한 후 제시되는 위원회의 의견이 법적 구속력을 결하고 있어 진정에 대해 위원회가 제시하는 의견의 이행을 감시하는 것이 무엇보다 중요하다.[39]

(3) 국가간진정 제도

국가간진정 제도(inter-state complaint)는 조약의 일방 당사국이 타방 당사국의 인권침해의 문제를 위원회에 진정하고 위원회가 이를 검토할 수 있도록 하는 이행기제이다. 고문방지협약(선택조항), 강제실종방지협약(선택조항), 이주 노동자와 가족권리 보호협약(선택조항), 경제적·사회적·문화적 권리에 관한 국제규약의 선택의정서, 아동권리협약 선택의정서가 이러한 이행기제를 규정하고 있다. 그러나 타 당사국의 인권 문제에 개입하지 않으려는 경향으로 인해 거의 활용되고 있지 않다. 예컨대 인종차별철폐협약의 경우 이러한 이행기제가 사용된 적이 전혀 없다.

(4) 자발적 직권조사 제도

자발적 직권조사(voluntary inquiry) 제도는 조약에서 규정한 권리가 조약 당사국에 의해 중대하거나 조직적으로 침해당하고 있다는 믿을 만한 정보가 있는 경우 진정이 없이도 위원회가 관련자의 면담이나 관련 국가의 방문을 통해 해당 당사국을 조사할 수 있도록 하는 이행기제이다. 당사국을 방문하여 조사하려면 당사국의 동의를 필

---

39) 이러한 문제를 부분적이나마 완화하기 위해 국가가 취한 이행조치에 대해 일정한 기간 내에 보고를 하게 하거나 특별보고관을 두어 이를 감시하도록 하고 이러한 결과를 연례보고서에 포함하여 유엔총회에 제출하도록 하고 있다.

요로 하는데 2006년에 발효된 고문방지협약 선택의정서의 경우는 고문방지와 관련하여 고문의혹이 있는 곳이라면 해당 국가의 승인 없이도 국제 고문감시단이 방문할 수 있도록 하는 내용을 담고 있다.

(5) 조기경보와 긴급행동 제도

조기경보와 긴급행동(early warning and urgent action) 제도는 인종차별철폐협약만이 채택하고 있는 이행기제이다. 이는 협약의 중대한 위반을 방지하거나 제한함으로써 협약의 위반에 좀 더 효과적으로 대응하기 위한 이행기제이다. 구체적으로 조기경보는 협약의 잠재적인 위반이 발생하거나 갈등으로 확대되는 것을 방지하는 것에 목적을 두고 있으며 긴급행동은 협약의 중대한 위반을 방지하거나 위반의 규모를 제한하기 위해 신속한 주의를 요하는 문제에 대응하는 것에 목적을 두고 있다.

(6) 일반논평 혹은 일반권고 제도

일반논평(general comment)이나 일반권고(general recommendation) 제도는 위원회들로 하여금 일반논평이나 일반권고의 형태로 각 인권 협약의 내용이나 주제별 쟁점에 대해 유권적인 해석을 내리도록 함으로써 인권기준에 대한 이해와 해석에 기여하도록 하는 이행기제이다.[40] 즉 이 제도는 일반논평이나 일반권고를 통해 규약을 해석하고 실시하는 데 있어서 실제로 문제가 되고 있거나 문제의 소지가 있는 부분에 대해 유권적 해석을 내림으로써 적용에 있어서 통

---

40) 일반적으로 '일반논평'이라고 칭하나 여성차별철폐위원회의 경우는 이를 '일반권고'라고 부른다.

일성을 기하고자 하는 것을 의도한 제도이다. 이러한 일반논평이나 일반권고가 필요한 이유는 많은 조약들이 애매모호한 용어로 인해 여전히 해석의 여지가 있고 이러한 조약의 범위 역시 해석의 여지가 존재하기 때문이다.

국가마다 해석과 적용이 다른 문제(특히 당사국의 일반적인 조약의무의 문제)에 대해 위원회가 권위 있는 지침을 제공함으로써 국제인권법의 주요한 생산자로서의 역할을 하게 된다는 점에서 이러한 일반논평이나 일반권고는 중요성을 갖는다. 동시에 이러한 방식으로 새로운 국제인권법을 만드는 것은 일반논평이나 일반권고 제도를 남용하는 것으로서 위원회에 주어진 권한 이외의 것이라는 비판을 받고도 있다(박찬운 1999, 107). 보편적 인권조약들은 위원회에게 구체적으로 그들의 조항의 범위와 의미에 대해 해석할 권한을 부여하고 있지 않다는 점에서 이러한 비판이 전혀 근거가 없다고만 볼 수는 없다.

이러한 일반논평이나 일반권고는 합의에 의해 채택되며 일반적으로 국가인권 제도의 역할, 긴급 상황에서의 국가의 역할, 여성에 대한 폭력과 성평등 등과 같은 문제들을 다룬다. 여러 조약들 가운데 특히 인종차별철폐협약, 여성차별철폐협약, 시민적·정치적 권리에 관한 국제규약, 경제적·사회적·문화적 권리에 관한 국제규약을 관장하는 위원회가 이 제도를 적극적으로 활용하고 있다(Drzewinski 2002).

2) 이행기제의 조약상 규정방식

모든 보편적 인권조약들이 위에서 살펴본 다양한 이행기제들을 일률적으로 다 채택하고 있는 것은 아니다. 조약에 따라서 어떤 이행기제를 채택하기도 하고 채택하지 않기도 한다. 채택을 하더라도 이를 동 조약의 일부 조항으로서 채택하기도 하고 선택의정서나 선택의정서의 일부 조항으로서 채택하기도 한다. 동 조약의 일부이든 선택의정서의 일부이든 이러한 이행기제는 반드시 채택하여야 하는 강제사항일 수도 있고 선택사항일 수도 있다. 또한 선택사항이라고 해도 선택적 수용(opting-in)을 허용하는 방식일 수도 있고 선택적 배제(opting-out)를 허용하는 방식일 수도 있다. 따라서 여기에서는 이러한 이행기제들의 조약상의 규정방식과 관련하여 주목하여야 할 부분에 대해 살펴보고자 한다.

조약이 특정 이행기제를 선택사항으로 할 때 이를 동 조약의 선택조항으로 규정할 수도 있고 선택의정서의 내용으로 규정할 수도 있다. 이때 어떤 방식으로 규정할 것인가의 문제에 직면하게 되는데 이 경우에 주권에 민감할 국가일수록 동 조약의 일부가 아닌 선택의정서의 형식을 선호할 것이며 그 결과 조약은 이행조건이 국가들에게 수용되기 어려운 것일수록 선택의정서 방식을 택할 가능성이 높다(Galbraith 2013, 339-340).

조약이 특정 이행기제를 선택사항으로 할 때 선택적 수용방식과 선택적 배제방식 중에서 어떤 것을 택할 것인가 역시 문제가 된다. 선택적 수용방식이란 수용의사를 표시해야 수용되기 때문에 의사표시가 없을 경우 배제의사로 간주된다. 이에 반해 선택적 배제방식은 수용하지 않겠다는 의사표시가 있어야 배제되기 때문에 의사표시가 없을 경우 수용의사로 간주된다. 이러한 선택적 수용과 선택적 배제는 배제의 수월성과 관련이 있다고 볼 수 있다. 즉 선택조항이 선택적 수용방식을 택하고 있다면 배제의 수월성이 높아지는 반면, 선택적 배제의 방식을 택하고 있다면 배제의 수월성이 낮아진다고 볼 수 있다. 따라서 주권에 민감한 국가일수록 선택적 배제방식보다 선택적 수용방식을 선호할 가능성이 높다고 볼 수 있다.

선택의정서의 경우 시민적·정치적 권리에 관한 국제규약의 제1 선택의정서처럼 하나의 선택사항(개인진정 제도)만을 포함하고 있는 것이 있고 아동권리협약처럼 두 가지 이상의 선택사항(개인진정 제도, 국가간진정 제도, 자발적 직권조사 제도)을 포함하고 있는 경우가 있다. 후자의 경우처럼 선택사항이 복수로 존재할 경우 하나 이상의 선택사항은 강제로 적용되는 사항으로 해야 하고 나머지가 있다면 이들을 선택적 수용방식이나 선택적 배제방식 중에서 택하여야 된다. 이때 어떤 사항을 선택의정서의 채택과 더불어 무조건 강제로 적용되는 사항으로 할 것인가의 문제가 생기게 된다. 이 경우 강제 적용사항은 다른 사항들에 비해 가장 우선적인 의미가 주어진 사항이라고 추측할 수 있을 것이다.

4. 보편적 인권조약과 이행감시기구의 운영

위에서 살펴본 이행기제를 중심으로 주요 보편적 인권조약들과 이들의 이행감시기구가 어떻게 작동하고 있는가를 살펴보고자 한다. 다음에 살펴볼 9개의 인권조약들은 체결되고 발효된 순서에 따라 열거되었다.

1) 인종차별협약과 인종차별철폐위원회

1963년에 인종차별철폐선언이 유엔총회에서 채택된 후 1965년에 인종차별철폐협약(ICERD)이 체결되고 1969년에 발효되었다. 동

조약 제8조에 근거하여 인종차별철폐위원회(CERD)가 1969년에 설치되었다. 동 위원회는 체약국에 의해 선출된 18명의 위원으로 구성된다.

동 조약은 9개의 조약 중에서 가장 먼저 1960년대에 체결된 조약임에도 불구하고 강력한 이행기제를 두고 있음을 특징으로 한다. 구체적으로 국가보고서 제도, 국가간진정 제도, 개인진정 제도를 규정하고 있으며 명시적인 규정을 두고는 있지 않지만 일반권고 제도를 운용해오고 있다. 국가보고서의 경우 가입 후 1년 이내에 첫 보고서를 제출하여야 하며 매 2년마다 정기적으로 보고서를 제출하여야 한다. 이행기제들 가운데 국가보고서 제도와 국가간진정 제도는 조약에의 가입과 더불어 자동적으로 인정되는 것이지만 개인진정 제도는 선택사항으로서 이 제도가 적용되기 위해서는 당사국이 이를 수용한다는 특별선언을 별도로 해야 하는 선택적 수용 방식을 채택하고 있다. 이는 개인진정 제도를 동 조약의 일부로서 선택조항으로 하고 있는 고문방지협약, 이주노동자협약, 강제실종방지협약과 동일한 방식이다. 한국은 1978년에 이 조약을 비준했고 개인진정 제도를 선택적으로 수용하는 선언을 했다.

동 위원회는 다른 위원회와는 다르게 이행기제의 하나로서 조기경보와 긴급행동절차 역시 채택하고 있다. 조기경보 절차를 발동할 수 있는 상황이란 국내 입법에 있어서 인종차별을 정의하고 금지하는 적절한 기준의 부재, 부적절한 이행기제, 개인들에 의한 인종적 선전과 인종적 불관용에의 호소가 패턴으로서 등장하는 경우 등을 포함한다. 긴급행동절차를 발동할 수 있는 상황이란 중대하거나 조직적인 인종차별이 존재하는 상황을 포함한다. 인종차별철폐위원회가 조기경보 절차나 긴급행동 절차를 취하기로 결정하면 위원회는 관련 당사국에게 정보를 제공할 것을 요청할 수 있고 사무국에게 유관한 기구의 현지 직원으로부터 정보를 수집하도록 요청할 수 있으며 특별한 관심사를 다루는 결정을 채택하고 행동을 권고할 수 있다 (International Justice Resource Center, 2014. 4. 11).

2) 시민적·정치적 권리에 관한 국제규약과 인권위원회

'국제인권규약 B규약'이라고도 약칭되는 시민적·정치적 권리에 관한 국제규약(ICCPR)은 1966년에 체결되었고 1976년에 발효되었다. 다음에 살펴볼 경제적·사회적·문화적 권리에 관한 국제규약과 분리되어 채결된 이유는 이 두 종류의 인권 중 어느 것을 우선하여야 할 것인가를 둘러싸고 이견을 보였기 때문이다. 개인진정 제도를 규정하고 있는 제1선택의정서가 동 조약과 마찬가지로 1966년에 채택되고 1976년에 발효되었으며 사형폐지를 위한 제2선택의정서가 1989년에 채택되고 1991년에 발효되었다. 한국은 1990년에 동 조약과 제1선택의정서에 가입했으나 제2선택의정서는 가입하지 않은 상태이다.

동 조약은 이행감시기구로서 18명의 위원으로 구성된 소위 '자유권위원회'라고도 불리는 인권위원회(HRC: Human Rights Committee)를 두고 있다. 위원회는 통상적으로 유엔 인권이사회와 더불어 가장 중요한 인권 관련 국제기구로 간주된다. 이 위원회는 국가간의 조약의 결과로서 설립된 기구로서 유엔의 기관으로 설립된 경제적·사회적·문화적 권리에 관한 국제규약의 이행을 돕기 위한 위원회인 경제적·사회적·문화적 권리에 관한 위원회와 구별된다.

동 조약은 이행기제로서 국가보고서 제도, 국가간진정 제도를 규정하고 있으며 규정에는 없지만 일반논평 제도를 운용해오고 있다.

국가보고서의 경우 가입 후 1년 이내에 첫 보고서를 제출하여야 하며 매 4년마다 정기적으로 보고서를 제출하여야 한다. 이행기제 가운데 국가간진정 제도는 당사국이 이를 수용한다는 특별선언을 필요로 하는 선택적 수용 방식을 채택하고 있다. 동 조약은 제1선택의정서를 통해 개인진정 제도 역시 채택하고 있다. 자발적 직권조사 제도는 채택하고 있지 않다.

3) 경제적·사회적·문화적 권리에 관한 국제규약과 경제적·사회적· 문화적 권리위원회

'국제인권규약 A규약'이라고도 불리는 경제적·사회적·문화적 권리에 관한 국제규약(ICESCR)은 1966년에 체결되어 1976년에 발효되었다. 처음에는 별도의 독립적인 이행감시기구를 두고 있지 않다가 1985년에서야 유엔 경제사회이사회는 결의를 통해 자신의 보조기관으로서 4년 임기의 18명의 전문가로 구성된 경제적·사회적·문화적 권리위원회(CESCR)를 설치했다. 한국은 동 조약에 1990년에 가입했다. 신혜수 이화여자대학교 국제대학원 초빙교수가 유엔 경제사회이사회에서 2010년에 4년 임기의 위원에 선출된 바 있으며 2014년 4월에 재선된 바 있다.

동 조약은 이행기제로서 국가보고서 제도만을 규정하고 있고 규정에는 없지만 일반논평 제도를 운용해오고 있었다. 국가보고서의 경우 가입 후 2년 이내에 첫 보고서를 제출하여야 하며 매 5년마다 정기적으로 보고서를 제출하여야 한다. 2008년에 선택의정서가 유엔총회에서 채택되고 2013년에 발효함으로써 개인진정 제도, 국가간진정 제도, 자발적 직권조사 제도가 새롭게 추가되었다. 이를 통해 주변적인 권리에 머물던 경제적·사회적·문화적 권리가 혁신적인 발전을 하게 되었으며 여타의 모든 인권과 동등한 기반 위에 서게 됐다. 한국은 2018년 8월 현재 동 선택의정서에 가입하고 있지 않다.

선택의정서에 의해 새롭게 추가된 3가지 이행기제 중에서 개인진정 제도는 자동적으로 당사국에 적용되는 것이나 국가간진정 제도는 의정서의 당사국이라도 자동적으로 적용되지 않고 수용한다는 특별선언을 필요로 하는 선택적 수용 방식을 택하고 있다. 자발적 직권조사 제도 역시 선택적 수용 방식을 택하고 있는데, 이는 자발적 직권조사 제도를 채택하고 있으면서 선택적 배제 방식을 택하고 있는 여성차별철폐협약 선택의정서, 아동권리협약의 제3선택의정서, 고문방지협약, 장애인권리협약과 구분된다. 동 위원회는 이 제도에 의거하여 중대하거나 조직적인 조약의 위반에 관한 신뢰할만한 정보가 있을 경우 조사할 수 있다. 위원회는 협력을 구하기 위해 관련 국가를 접촉하여야만 하며 적절할 경우 국가방문을 포함한 조사를 하고 보고를 받기 위해 1~2명의 위원을 임명할 수 있다.

조약상의 권리가 점진적으로 실현되어야 한다는 조약 제2조를 둘러싸고 조약상의 권리의 법적 구속력 여부가 논란이 되었으나 위원회는 일반논평을 통해 법적 의무임을 명백히 하고 이러한 의무를 구체적으로 즉시 시행해야 할 의무와 중장기에 걸쳐 시행하여야 할 의무로 구분했다(서철원 외 2013, 53-54).

4) 여성차별철폐협약과 여성차별철폐위원회

1979년에 여성차별철폐협약(CEDAW)이 유엔총회에서 채택되고 1981년에 발효되었다. 한국은 1984년에 이 조약에 가입하였다. 동 조약의 제17조에 의거하여 1982년에 체약국에 의해 선출되는 4년 임기의 23명의 위원으로 구성되는 여성차별철폐위원회(CEDAW)가 이행감시기구로서 설치되었다. 신혜수 이화여자대학교 국제대학원 초빙교수가 2001~2008년에 동 위원회의 위원이었으며 2003~2004년에는 부의장에 선출된 바 있다.

동 조약은 이행기제로서 국가보고서 제도(가입 후 1년 이내에 첫 보고서를 제출하여야 하며 매 4년마다 정기적으로 제출)만을 규정하고 규정에는 없지만 일반권고 제도를 운용하는 것에 그쳐 실효적인 조약의 준수를 확보하는 것이 어려웠다. 그러나 1999년에 채택되고 2000년에 발효된 선택의정서에 의해 개인진정 제도와 자발적 직권조사 제도가 추가되면서 이행기제가 강화되었다.

이에 따라 당사국에 의한 조약상의 권리침해를 주장하는 개인이나 집단이 위원회에 진정할 수 있고 위원회는 이를 심리해 권고사항과 함께 권리침해 주장에 대한 견해를 관련 당사자에게 전달할 수 있게 되었다. 또한 위원회는 협약에서 규정한 권리가 당사국에 의해 중대하거나 조직적으로 침해당하고 있다는 믿을 만한 정보가 있는 경우, 당사국의 동의를 전제로 당사국을 방문하여 조사할 수 있게 되었다. 그러나 개인진정 제도와 자발적 직권조사 제도 중에서 개인진정 제도는 자동적으로 적용되나 자발적 직권조사 제도의 경우 선택적 배제가 가능하도록 되어 있다. 여성차별철폐협약은 국가간진정 제도를 두고 있지 않다는 특징을 지니고 있는데 이는 장애인협약과 동일하다. 한국은 이러한 선택의정서에 2006년에 가입을 하였으며, 이때 자발적 직권조사에 대해 선택적 배제를 하지 않았다.

5) 고문방지협약과 고문방지위원회

유엔은 1975년에 고문방지선언(Declaration on the Protection of

All Persons from Being Subjected to Torture and Other Cruel, Inhuman or Degrading Treatment or Punishment)을 결의안을 통해 채택했다. 이후 이를 기초로 하여 '고문방지협약'이라고 불리는 고문과 그 밖의 잔혹한·비인도적인 또는 굴욕적인 대우나 처벌의 방지에 관한 국제 협약(CAT)이 1984년에 유엔에서 채택되고 1987년에 발효되었다. 한국은 1995년에 가입했다. 협약 제17조에 의해 1987년 설치된 고문방지위원회(CAT)는 체약국에 의해 선출된 10명의 위원으로 구성된 이행감시기구이다.

동 조약은 이행기제로서 국가보고서 제도, 국가간진정 제도, 개인진정 제도, 자발적 직권조사 제도를 규정하고 규정에는 없지만 일반논평 제도를 운용해오고 있다. 국가보고서의 경우 가입 후 1년 이내에 첫 보고서를 제출하여야 하며 매 4년마다 정기적으로 보고서를 제출하여야 한다. 이러한 이행기제 중에서 국가간진정 제도와 개인진정 제도는 이러한 제도들이 체약국에게 적용되려면 체약국이 위원회의 그러한 권한을 인정한다는 특별선언을 해야 한다는 선택적 수용 방식을 채택하고 있다. 자발적 직권조사의 경우는 이와는 달리 선택적 배제 방식을 채택하고 있다. 자발적 직권조사 제도는 어떤 당사국이 그 영토 내에서 고문을 조직적으로 행하고 있다는 정보가 입수된 경우, 위원회는 위원을 선임하여 자발적으로 조사에 착수할 수 있고 조사결과를 위원회의 의견 또는 제안과 함께 관계 체약국과 유엔총회에 송부할 수 있는 제도이다. 자발적인 조사를 할 경우 당사국의 협조를 얻어야 하며 조사는 비공개여야 한다.

고문방지와 관련하여 고문의혹이 있는 곳이라면 해당 국가의 승인 없이도 국제 고문감시단이 언제든 방문할 수 있도록 하는 내용을 담고 있는 고문방지협약 선택의정서가 2002년에 유엔총회에서 채택되고 2006년에 발효되었다. 이 선택의정서는 고문방지협약을 보완하여 강제조항을 도입한 시행조약으로서의 의미를 갖는다. 당 선택의정서는 이행감시기구로서 고문방지위원회와 별도로 고문방지소위원회(SPT)를 두고 있다. 선택의정서의 이행기제는 고문방지협약 자체가 규정하고 있는 자발적 직권조사의 한계를 넘어서 고문방지소위원회나 국가의 독립적인 인권기구가 구치소나 유치장 등 모든 구금시설에 대해 사전예고 없이 방문하고 구금환경 정보에 대해 무제한적으로 접근할 수 있도록 보장하는 것이다. 한국은 2018년 8월 현재 선택의정서에 가입하지 않았다.

6) 아동권리협약과 아동권리위원회

1989년에 유엔총회에서 아동권리협약(CRC)이 채택되고 1990년에 발효되었다. 동 조약은 아동을 종래와 같은 보호의 대상만이 아닌 교육을 받을 권리와 사상 표현의 자유를 보장하는 등의 권리의 주체로서 인정했다. 동 조약에 의거하여 1991년에 18명의 독립적인 전문가로 구성된 아동권리위원회(CRC)가 이행감시기구로서 설치되었다. 한국은 동 조약에 1991년에 가입했다. 이양희 성균관대 교수가 2003년 3월 아동권리위원회 위원으로 처음 선출된 후 2005년과 2008년에 각각 재선과 삼선이 되었고 2년 임기의 의장직에 두 번 선출된 바 있다.[41]

아동권리협약 채택 이후에도 아동에 대한 무력충돌 참여(아동징집)과 성착취 행위가 지속되자 유엔은 2000년 18세미만 아동의 징집

---

41) 이양희 교수는 2014년에 유엔 인권이사회의 미얀마 인권 특별보고관으로 선출되어 2018년 8월 현재에도 동일한 직을 수행하고 있다.

과 무력참여를 금지하는 내용의 제1선택의정서를 채택하였고 아동매매, 아동성매매 및 아동음란물에 대한 구체적인 규제와 강력한 처벌, 국제적 공조와 피해 아동보호를 목적으로 하는 제2선택의정서를 채택하여 아동의 권리 보장을 보다 강화했다. 한국은 이 두 선택의정서에 2004년에 가입했다.

동 조약은 이행기제로서 국가보고서 제도(가입 후 2년 이내에 첫 보고서를 제출하여야 하며 매 5년마다 정기적으로 보고서를 제출)만을 규정하고 규정에 없는 일반논평 제도를 운용함으로써 다른 조약과 비교하여 이행기제가 취약했다. 2011년 12월에 아동권리협약 제3선택의정서가 유엔총회에서 채택되면서 개인진정 제도, 국가간진정 제도, 자발적 직권조사 제도가 추가되면서 조약의 실효성을 더하게 되었다. 선택의정서는 2014년 4월 14일에 발효되었다.

개인진정 제도와 관련하여 제3선택의정서는 아동권리협약상의 권리와 당 협약의 2개 선택의정서에 명시된 권리를 침해받은 피해 아동이나 아동집단 또는 그 대리인이 침해에 대한 진정을 제기할 수 있도록 하여 아동의 권리 주체성을 강화시켰다. 단 진정의 주체로서 NGO에 의한 집단진정은 허용되지 않는다. 국가간진정 제도와 관련하여 제3선택의정서는 체약국으로 하여금 위원회의 권한을 인정하는 선언을 특별히 하도록 하여 선택적 수용 방식을 채택하고 있다. 자발적 직권조사와 관련하여 제3선택의정서는 아동권리협약과 제1선택의정서 및 제2선택의정서상의 권리에 대하여 당사국이 중대하거나 조직적인 위반을 했다는 신뢰할만한 정보를 얻은 경우 위원회는 당사국을 조사할 수 있도록 했다. 그러나 당사국으로 하여금 제3선택의정서의 서명할 때, 비준할 때, 혹은 기탁할 때 위원회의 권능을 인정하지 않는다는 것을 선언할 수 있도록 하는 선택적 배제 방식을 택하고 있다. 이는 자발적 직권조사 제도를 채택하고 있으면서 선택적 수용 방식을 택하고 있는 경제적·사회적·문화적 권리에 관한 국제규약의 선택의정서와 구별된다.

7) 이주노동자권리협약과 이주노동자위원회

세계화의 진전과 더불어 국경을 넘은 노동자의 수가 대폭적으로 증가하면서 이들과 이들의 가족의 인권을 보호하는 것이 당면한 과제의 하나가 되었다. 이에 따라 '이주노동자권리협약'으로 약칭되는 이주노동자와 가족권리 보호협약(ICRMW)이 1990년에 체결되고 2003년에 발효되었다. 당 협약의 이행감시기구로서 10명의 위원으로 구성된 이주노동자위원회(CMW)가 설치되었다. 2018년 8월 현재 52개 국가만이 비준을 했으며 이들 국가 대부분은 노동자이 유출국이다. 한국을 비롯한 외국노동자 유입국 대부분은 이를 비준하고 있지 않다.

동 조약은 이행기제로서 국가보고서 제도, 국가간진정 제도, 개인진정 제도를 규정하고 규정에는 없지만 일반논평 제도를 운용해오고 있다. 이들 가운데 국가보고서 제도는 자동적으로 인정이 되는 것이고 국가간진정 제도와 개인진정 제도의 경우는 선택조항으로서 이와 관련한 위원회의 권한을 인정하려면 당사국의 특별선언이 있어야 한다는 선택적 수용 방식을 택하고 있다. 국가보고서의 경우 가입 후 1년 이내에 첫 보고서를 제출하여야 하며 매 5년마다 정기적으로 보고서를 제출하여야 한다.

8) 장애인권리협약과 장애인권리위원회

신체적 장애, 정신적 장애, 지적 장애를 포함한 모든 장애가 있는 이들의 존엄성과 권리를 보장하기 위한 장애인권리협약(CRPD)이 2006년에 유엔총회에서 채택되고 2008년에 발효되었다. 협약의 이행 감시기구로서 4년 임기의 12명의 위원으로 구성된 장애인권리위원회(CRPD)가 설치되어 있다. 한국은 동 조약에 2008년에 가입했다. 김형식 한반도국제대학원 교수가 2011~2014년 동안 동 위원회 위원으로 활동한 바 있고 2014년에 재선되어 2015~2018년 동안 활동하고 있다.

동 조약은 이행기제로서 국가보고서 제도만을 규정하고 규정에는 없지만 일반논평 제도를 운용해오고 있다. 국가보고서의 경우 가입 후 2년 이내에 첫 보고서를 제출하여야 하며 매 4년마다 정기적으로 보고서를 제출하여야 한다. 동 조약과는 별도로 개인진정 제도와 자발적 직권조사 제도를 규정하고 있는 선택의정서가 장애인권리협약 자체와 동일한 때에 채택되고 발효되었다. 이에 의거하여 위원회는 개인이나 집단으로부터 진정을 접수받아 검토하고 필요한 조사를 실시하고 이에 따른 제안과 권고를 할 수 있다. 또한 협약에 규정된 권리가 당사국에 의하여 중대하거나 조직적으로 침해된다고 믿을 만한 정보가 있을 경우 진정이 없이도 위원회가 비공개로 이를 조사할 수 있는 권한을 가진다.

선택의정서가 채택한 개인진정 제도와 자발적 직권조사 제도 중에서 개인진정 제도는 선택의정서를 채택한 국가에게 자동적으로 인정되는 것임에 반해 자발적 직권조사의 경우는 각 당사국은 장애인권리협약 선택의정서에 명시된 위원회의 조사권을 인정하지 않는다고 선언할 수 있도록 하여 선택적 배제를 가능하게 했다. 한국은 2018년 8월 현재 선택의정서를 비준하지 않은 상태이다. 장애인권리협약과 동 협약의 선택의정서는 여성차별철폐협약과 마찬가지로 국가간진정 제도를 두지 않고 있다.

9) 강제실종방지협약과 강제실종방지위원회

1992년에 유엔총회는 강제실종으로부터의 모든 사람의 보호에 관한 선언(Declaration on the Protection of All Persons from Enforced Disappearance)을 채택하였고 이를 바탕으로 법적 구속력을 가진 강제실종방지협약(CED)이 2006년에 채택되고 2010년에 발효되었다. 동 조약의 이행감시기구로서 10명의 위원으로 구성된 강제실종방지위원회(CED)가 설치되었다. 한국은 2018년 8월 현재 이 조약에 가입하지 않은 상태이다.

동 조약은 이행기제로서 국가보고서 제도, 국가간진정 제도, 개인진정 제도, 자발적 직권조사 제도를 규정하고 규정에는 없지만 일반논평 제도를 운용해오고 있다. 국가보고서 제도의 경우 가입한 지 2년 이내에 보고서를 제출하여야 한다는 규정만을 두고 있다. 국가간진정 제도의 경우 긴급을 요하는 경우와 그렇지 않은 경우로 구분이 되는데 전자의 경우는 당사국의 특별선언 없이 가능하나 후자의 경우는 특별선언이 있어야 한다. 즉 후자의 경우 협약의 당사자는 위원회가 협약의 당사자 일방이 다른 당사자가 협약상의 의무를 이행하지 않고 있다고 주장하는 진정을 접수하고 심의할 수 있는 권능을 수락하는 특별선언을 할 수 있다고 규정하고 있어 선택적 수용 방식을 택하고 있다. 개인진정 제도의 경우도 당사국이 수락한다는 특별선언을 요하는 선택적 수용 방식을 택하고 있다. 이에 따라 위원회의 권한을 인정한 국가의 경우 실종자의 친척, 실종자의 법적 대표, 실종자의 변호사, 혹은 실종자에 의해 권한이 인정된 모든 사람, 정당한 이해관계를 가지고 있는 다른 모든 사람들은 시급한 사항으로서 실종자를 추적하여 찾아야 한다는 요청을 할 수 있다.

자발적 직권조사 제도의 경우는 특별한 선언 없이 모든 협약 당사국에게 적용되는 자발적인 직권조사 조항을 두고 있다. 이에 따라 위원회는 당사국이 이 협약의 조항을 심각하게 위반하고 있다고 알리는 신뢰할 만한 정보를 접수하면, 해당 당사국과 논의한 후 위원회 위원 1명 혹은 그 이상에게 당사국을 방문하고 지체 없이 보고할 것을 요청할 수 있다.

5. 이행기제의 비교와 평가

이제까지 보편적 인권조약별로 살펴본 이행기제를 바탕으로 하여 여기에서는 이행기제별로 보편적 인권조약을 종합적으로 살펴보고자 한다. 인종차별철폐협약이 조기경보와 긴급행동 제도를 강제적인 이행기제로서 채택했음에도 불구하고 2018년 8월 현재 179개 국가가 가입하고 있어 국가들 사이에 별 논란이 없음을 간접적으로 보여준다. 일반논평이나 일반권고 제도는 위에서 살펴본 보편적 인권조약상의 명시적인 규정에 근거를 두고 있지 않고 실제의 운용상 적용하고 있는 기제로서 다른 이행기제에 비해 국가들에게 조약 가입과 관련하여 큰 변수가 되지 않는다. 따라서 여기에서는 이행기제들 가운데 국가보고서 제도, 개인진정 제도, 국가간진정 제도, 자발적 직권조사 제도를 중심으로 살펴보고자 한다.

이행기제 중에서 국가보고서 제도의 경우 9개 조약 모두가 동 조약에 포함시키고 있으면서 선택의 여지를 주지 않고 강제적으로 수용하도록 한 이행기제이다. 따라서 조약에 가입하는 한에 있어서 반드시 택하여야 하는 이행기제로서 조약의 이행을 위해 가장 보편적으로 인정되는 제도로서의 지위를 가진다는 것을 알 수 있다. 다양한 이행기제 가운데에서 국가보고서 제도가 다음에 살펴볼 개인진정 제도와 더불어 가장 두드러지게 활용되고 있으나 개인진정 제도의 경우 선택의정서나 선택조항을 수락하지 않은 국가에 대해서는 적용되지 않기 때문에 국가보고서에 대한 심의가 인권감시를 위한 주요한 수단으로 간주되고 있다고 볼 수 있다

개인진정 제도의 경우 모든 조약들이 동 조약의 선택조항이든 선택의정서이든 이 제도를 두고 있다는 사실로부터 개인진정 제도가 이행기제로서의 보편성을 가지게 되었다는 것을 보여준다. 좀 더 구체적으로 9개 조약 중 4개 조약(인종차별철폐협약, 고문방지협약, 이주노동자협약, 강제실종방지협약)이 동 조약에서 선택적 수용방식의 선택조항으로 규정하고 있으며 나머지 조약들(시민적·정치적 권리에 관한 국제규약, 경제적·사회적·문화적 권리에 관한 국제규약, 여성차별철폐협약, 아동권리협약, 장애인권리협약)은 개인진정 제도를 선택의정서에 규정하고 있다.

선택의정서 가운데 시민적·정치적 권리에 관한 국제규약만이 개인진정을 유일한 선택사항으로 하고 있고 나머지는 모두 개인진정 이외의 선택사항들도 두고 있음에도 불구하고 선택의정서에 가입하는 한 모두 일관되게 개인진정만을 강제적용 사항으로 하고 있다. 따라서 선택의정서를 택할 경우 개인진정 제도는 반드시 수용하여야 할 사항인 것이다. 이는 개인진정 제도가 여전히 선택사항이기는 하지만 다른 선택사항들에 비해 중요도가 가장 높다는 것을 보여주는 것이다. 개인진정 제도가 4개의 조약에서 선택의정서가 아닌 동 조약의 선택조항으로 되어 있다는 것은 국가들이 개인진정 제도에 대

한 배제의 정도가 일정한 정도 감소했다는 것을 보여주는 것으로 볼 수 있다. 다른 한편 4개의 조약 모두 선택적 수용방식을 택하고 있다는 것은 국가들에게 배제의 수월성을 주고 있다고 해석할 수 있다. 종합적으로 보아 국가들이 여전히 수용을 꺼리기는 하지만 배제의 정도가 감소되고 있음을 보여준다.

국가간진정 제도의 경우 2개 조약(여성차별철폐협약과 장애인권리협약)은 이 제도를 채택하고 있지 않다. 나머지 7개 조약 중 5개 조약(인종차별철폐협약, 시민적·정치적 권리에 관한 국제규약, 고문방지협약, 이주노동자협약, 강제실종방지협약)이 이를 조약에 규정하고 있고 2개 조약(경제적·사회적·문화적 권리에 관한 국제규약과 아동권리협약)은 선택의정서에 규정하고 있는데 이들 모두 선택적 수용방식을 택하고 있다.[42] 이처럼 2개 조약이 국가간진정 제도 자체를 아예 규정하고 있지 않고 규정하고 있다고 해도 모두 선택적 수용방식을 택하고 있어 국가들에게 배제의 수월성을 대폭적으로 부여하고 있음을 보여준다.

자발적 직권조사 제도의 경우 3개 조약(인종차별철폐협약, 시민적·정치적 권리에 관한 국제규약, 이주노동자협약)이 이를 택하고 있지 않다. 2개 조약(강제실종방지협약과 고문방지협약)만이 조약에 자발적 직권조사 제도를 규정하고 있는데 이 가운데 강제실종방지협약은 강제조항으로 규정하고 있고 고문방지협약은 선택적 배제가 가능한 선택조항으로 규정하고 있다. 4개 조약(여성차별철폐협약, 장애인권리협약, 경제적·사회적·문화적 권리에 관한 국제규약, 아동권리협약)은 조약이 아닌 선택의정서에 규정하고 있으며 이들 중 선택적 수용방식을 채

---

42) 단 강제실종방지협약의 경우 긴급을 요할 때는 특별선언 없이 국가간진정이 가능하다.

택하고 있는 경제적·사회적·문화적 권리에 관한 국제규약을 제외하고 나머지는 모두 선택적 배제방식을 채택하고 있다. 자발적 직권조서 제도의 특징은 선택사항으로 규정된 경우 대부분 선택적 배제방식을 택하고 있다는 점이다. 이는 배제의 수월성을 낮춰 국가들의 수용을 유도하고자 하는 의미가 내포되어 있다고 볼 수 있다. 2000년대 이후에 체결된 조약과 선택의정서가 예외 없이 모두 자발적 직권조사 제도를 규정하고 있는 것으로 보아 국가보고서 제도와 개인진정 제도에 이어 중요한 이행기제로서 정착되어 가고 있다고 볼 수 있다.

총체적으로 보아 보편적 조약 기반의 인권보장체제의 이행기제가 강화되고 있다. 구체적으로 1980년대와 1990년대에 체결되면서 이행기제로서 국가보고서 제도가 거의 전부였던 보편적 인권조약들이 좀 더 강화된 이행기제들을 도입하게 되었다. 대표적인 조약이 사회적·경제적·문화적 권리에 관한 국제규약, 여성차별철폐협약, 고문방지협약, 아동권리협약이다. 이들 조약들 가운데 특히 사회적·경제적·문화적 권리에 관한 국제규약과 고문방지협약을 좀 더 살펴볼 필요가 있다.

프로그램적 규정이냐 법적 구속력이 있는 규정이냐를 둘러싸고 논란이 지속되어오고 있는 사회적·경제적·문화적 권리에 관한 국제규약이 앞서 언급했듯이 2014년에 4월에 선택의정서가 발효됨으로써 개인진정, 국가간 진정, 자발적 직권조사라는 보다 강화된 이행기제가 도입되었다. 또한 고문방지협약의 경우 선택의정서가 2006년에 발효되면서 이제까지 자발적 직권조사가 가지고 있는 한계인 관련국의 직접 조사에 관련국이 동의가 필요하다는 한계를 넘어 국가의 동의 없이도 국경을 넘은 조사를 할 수 있는 이행기제가 도입되었다.

이러한 강화된 이행기제들이 여전히 선택사항으로 남아 있어 제도의 도입으로 그치는 것이 아닌가 하는 우려가 있지만 시간이 경과하면서 이러한 이행기제들이 점차적으로 국가들에 의해 수용되면서 정착되어 가는 것을 볼 수 있다. 이러한 예에 속하는 대표적인 조약들로서 여성차별철폐협약 선택의정서와 아동권리협약 제3선택의정서를 들 수 있다. 개인진정과 자발적 직권조사 제도를 규정하고 있는 여성차별철폐협약의 선택의정서가 2000년에 발효되었지만 한국의 경우 2006년에야 가입한 사실에서 알 수 있듯이 국가들이 이러한 이행기제를 받아들이는 것이 쉬운 일이 아니다. 그럼에도 불구하고 2018년 8월 현재 이 선택의정서에 가입한 국가의 수가 109개국에 이르고 있다.[43] 개인진정과 자발적 직권조사를 규정한 장애인권리협약의 선택의정서의 경우 2008년에 발효했음에도 불구하고 한국은 아직 가입하지 않은 상태이지만 2018년 8월 현재 92개 국가가 이 조약을 비준하여 가입을 했다.

조약에 따라서는 강화된 이행기제를 도입하는 선택조항이나 선택의정서가 국제 사회의 충분한 합의 없이 양산되는 현상도 관찰된다. 대표적인 예로서 경제적·사회적·문화적 권리에 관한 국제규약의 선택의정서와 아동권리협약 제3선택의정서를 들 수 있다. 2013년에 발효한 경제적·사회적·문화적 권리에 관한 국제규약의 선택의정서와 2014년에 발효한 아동권리협약 제3선택의정서의 경우 2018

---

43) 여기에서 언급하고 있는 보편적 인권조약의 가입국 현황은 다음 자료를 참고했다(United Nations, United Nations Treaty Collection, https://treaties.un.org/Home.aspx?lang=en, 검색일: 2018년 8월 10일).

년 8월 현재 현재 가입한 국가의 수가 각각 23개국과 39개국이다. 이는 발효된 지 시간이 얼마 되지 않았다는 이유도 있지만 이들이 체결된 이후 발효되기까지 각각 약 5년과 약 3년의 시간이 지났다는 것을 고려하면 다수의 국가가 선택조항을 택할 의사가 없는 가운데 이러한 선택의정서가 채택되었음을 의미한다고 볼 수 있다.

6. 보편적 인권조약 기반의 인권보장체제의 전반적 평가

보편적 인권조약 기반의 인권보장체제는 인권의 보편성을 추구하는 체제로서 전 세계의 다양한 이질적인 국가들을 대상으로 하기 때문에 강력한 인권 보호 장치를 갖는 것이 본질적으로 쉽지 않다. 이 때문에 여전히 준사법적인 이행감시기구인 위원회 조직을 통해 인권 보호를 하고 있고 국가보고서 제도 정도가 국가들이 강제적으로 수용하여야 할 이행기제로서 정착이 되었다.

개인진정 제도는 여전히 국가들에게 선택하여야 할 이행기제로 남아있지만 점차적으로 배제의 정도가 낮아지고 있다. 그 뒤를 이어 진정이 없이도 조사가 가능하도록 하는 자발적 직권조사 제도가 대다수 인권조약의 또 다른 주요한 이행기제로 진입하고 있다. 이러한 면에서 조약에 기반을 둔 인권보장체제는 강화되고 있다고 볼 수 있다.

이러한 보편적 인권조약 기반의 인권체제의 본질적인 문제 가운데 하나는 국가의 인권침해 행위에 대해 내린 위원회의 권고를 포함한 결정이 법적 구속력을 결하고 있다는 점이다. 따라서 이러한 결정의 이행을 감시하기 위한 후속적인 이행기제의 강화가 조약 자체의 이행을 감시하기 위한 이행기제 못지않게 중요하다.

III. 지역적 인권조약 기반의 인권보장체제[44)]

1. 지역적 인권조약 기반의 인권보장체제의 의미와 존재 의의

지역적 인권조약 기반의 인권보장체제(이후 지역 인권보장체제)란 유사한 정치적, 경제적, 문화적 배경을 가진 국가들로 구성된 지역을 단위로 하는 인권보장체제를 의미한다. 처음에 인권의 보편성에 기반을 두고 인권 문제를 다루어나가는 유엔헌장 기반의 인권보장체제와 보편적 인권조약 기반의 인권보장체제가 지역 인권보장체제로 인한 보편성의 훼손을 우려했지만 이들이 세계인권선언 등 보편적인 인권을 인정함에 따라 보편적인 인권의 보호를 위한 과도적 단계로서 수용하는 자세를 보이고 있다.

이러한 맥락에서 1993년에 개최된 세계인권회의(World Conference on Human Rights)는 인권을 증진하고 보호하는 데 있어서 지역 인권보장체제의 근본적인 역할을 재확인하는 한편, 이들이 보편적인 인권기준들을 강화할 것을 강조한 바 있다(O'Neill and Lyth 2008, 20). 여기에서는 유럽지역과 미주지역 그리고 아프리카지역을 중심으로 지역 인권보장체제를 살펴보고자 한다.

---

44) 이 부분은 박재영(2015)의 내용을 수정·보완한 것임.

2. 유럽지역 인권보장체제

유럽지역에는 다수의 국제인권조약과 이들의 이행감시기구들이 존재하지만 그중에서 시민적·정치적 권리를 규정하고 있는 유럽인권협약과 그 이행감시기구인 유럽인권재판소 그리고 경제적·사회적·문화적 권리를 규정하고 있는 유럽인권협약추가의정서와 그 이행감시기구인 유럽사회권위원회를 중심으로 유럽지역 인권보장체제를 살펴보고자 한다.

1) 유럽인권재판소에 의한 시민적·정치적 권리의 보호

서유럽 국가들은 인권과 기본적 자유를 유지하고 이를 더욱 진전시키기 위해 1949년에 유럽심의회(CoE)를 설립했다.[45] 이 기구의 회원국들에 의해 1950년에 '유럽인권협약'으로 약칭되는 인권과 기본적 자유의 보호를 위한 유럽협약(European Convention for the Protection of Human Rights and Fundamental Freedoms)이 체결되고 1953년에 발효되었다. 유럽심의회에서 다양한 인권조약들이 체결되었지만 가장 주요한 조약인 유럽인권협약을 중심으로 살펴보고자 한다.

유럽인권협약은 조약의 이행감시기구로서 유럽인권위원회(European Commission of Human Rights)와 유럽인권재판소(European

---

[45] 'Council of Europe'을 직역하게 되면 '유럽이사회'이지만 유럽연합(EU)의 한 기관인 'European Council'의 번역어인 유럽이사회와 동일하여 이와 구별하기 위해 '유럽심의회' 또는 '유럽평의회'라고 흔히 부른다. 이 기구는 유럽에 있어서의 국제적인 인권보장을 목표로 1949년에 설립되었으며 설립 당시 서유럽 국가들에 한정되었으나 탈냉전 후 동유럽 국가들과 러시아까지 포함하는 전 유럽적인 기구가 되었다.

Court of Human Rights)를 설치하여 인권보장 활동을 해왔으나, 1994년에 채택되고 1998년에 발효된 유럽인권협약 제11의정서에 의해 유럽인권위원회의 기능이 유럽인권재판소로 흡수되어 통합되면서 유럽의 인권보장체제가 전면적으로 개편되었다. 따라서 여기에서는 폐지된 유럽인권위원회의 과거의 인권 보호 활동에 대해서는 언급하지 않고자 한다.

유럽인권협약의 이행을 감시하는 역할을 하는 유럽인권재판소는 유럽심의회의 회원국 수와 동일한 수의 6년 임기의 재판관으로 구성되며 판결은 다수결 투표에 의해 이루어진다. 재판의 관할권은 모든 당사국들에게 강제적이며 재판의 결정은 최종적인 것으로서 조약당사국을 구속하며 결정의 집행은 유럽심의회의 각료위원회(Committee of Ministers)에 의해 감독된다.[46]

유럽인권재판소는 이행기제로서 국가제소 제도와 개인제소 제도를 두고 있다. 이에 따르면 유럽인권협약 당사국 일방은 다른 당사국을 대상으로 제소할 수 있을 뿐 아니라 유럽인권협약의 당사국에 의해 협정에서 보장하는 권리를 침해당한 개인까지도 직접 유럽인권재판소에 인권침해를 제소할 수 있다. 유럽인권협약 당사국과 개인이 유럽인권재판소에 제소할 때 재판소는 당사국에 의한 재판소의 관할권을 인정하는 특별선언이 없이 자동적으로 관할권을 가진다.

유럽인권재판소 판결의 구속력 및 집행과 관련하여 협약은 재판소의 판결은 최종적인 효력을 가지며 협약의 당사국은 자신이 당사자인 모든 사건에서 재판소의 최종판결에 따를 것을 약속한다고 규

---

46) 소재판부(Chamber)의 결정은 판결일로부터 3개월 이내에 당사자가 사건을 대재판부(Grand Chamber)에 회부할 것을 요청하지 않는 한 최종적인 것이다.

정하고 있다. 재판소의 판결은 이처럼 법적 구속력이 있어 판결에 따라 국내법 수정을 요구하기도 한다. 재판소의 최종판결은 유럽심의회의 정책결정 기구로서 각 회원국의 장관이나 외교대표들로 구성되어 있으면서 재판소의 판결의 집행을 감독하는 각료위원회로 송부된다.

2004년에 제14의정서가 유럽인권재판소의 효율성을 제고하기 위해 채택되어 판결의 이행감시를 강화하기 위한 방편으로 유럽심의회의 각료위원회 권한을 강화했다. 우선 각료위원회가 판결이행의 감시를 위하여 필요한 경우 판결의 해석을 재판소에 문의할 수 있도록 했으며 어떤 국가가 판결을 이행하였는가의 여부에 관하여 유럽인권재판소에 권고적 의견을 문의할 수 있도록 하였다. 나아가 유럽인권재판소에 의해 해당 국가가 판결을 이행하지 않았다는 의견이 제시되면 각료위원회는 이 의견에 근거하여 추가적인 조치를 취할 수 있도록 했다(서철원 외 2013, 78-79). 유럽인권재판소는 각료위원회의 요청이 있을 경우 권고적 의견을 낼 수 있다.

경제적·사회적·문화적 권리의 보호를 위한 이행기제의 하나로서 국가보고서 제도를 채택하고 있는 것과는 달리 시민적·정치적 권리를 보호하기 위한 이행기제로서 국가보고서 제도를 채택하고 있지 않다. 그러나 유럽인권협약은 유럽심의회의 사무총장으로 하여금 국가들에게 보고서를 제출할 것을 요청할 수 있도록 규정하고 있다.

2) 유럽사회권위원회에 의한 경제적·사회적·문화적 권리의 보호

경제적·사회적·문화적 권리와 관련하여서는 유럽인권협약과는 별도로 유럽사회헌장(European Social Chart)이 1961년에 채택되었고 유럽인권협약추가의정서(Additional Protocol to the European

Social Charter)가 1988년에 채택되었다. 이후 1996년에 유럽사회헌장이 개정되고 1999년에 발효하여 이행능력이 강화되었다.

개정된 유럽사회헌장에 언급된 기본권은 주거, 보건, 교육·노동권·고용·육아휴가, 빈곤과 사회적 배척으로부터의 보호, 사람의 자유로운 이동과 비차별, 이주노동자 권리, 장애인에 대한 비차별 등이다. 당사국들은 헌장의 의무 모두를 떠맡지 않고 선택할 수 있게 되어 있다. 구체적으로 19개의 조항 중에서 10개 혹은 19개의 조항을 구성하고 있는 72개의 단락(paragraphs) 중에서 45개를 선택할 수 있다.

유럽사회헌장은 이행감시기구로서 유럽사회권위원회(ECSR)를 두고 있다. 유럽사회권위원회는 유럽심의회의 각료위원회에서 선출된 임기 6년의 15명의 대표들로 구성된다. 유럽사회권위원회는 이행기제로서 다음과 같은 국가보고서 제도와 집단진정 제도를 두고 있다.

(1) 국가보고서 제도

유럽사회헌장의 당사국은 유럽사회헌장의 이행상황에 관한 보고서를 매년 유럽심의회에 제출하여야 한다. 위원회는 제출된 보고서를 검토하여 해당 국가의 상황이 헌장에 부합하는지 여부에 대해 '결론'이라고 불리는 결정을 내린다. 이러한 위원회의 결정은 1년을 단위로 발간되어 공표되며 이에 대해 해당 당사국은 이의를 제기할 수 없다. 위원회의 결론이 공표된 이후 헌장의 당사국들 대표로 구성된 헌장정부위원회(Governmental Committee of the European Social Charter and the European Code of Social Security)가 소집된다. 당사국이 개선조치를 취하지 않았거나 개선조치가 곧 취해질 가능성이 없을 경우 정부위원회는 유럽심의회의 각료위원회로 하여금 당사국에 공식 권고를 보내 개선조치를 촉구하게 된다.

(2) 집단진정 제도

국가보고서 제도의 가장 큰 문제점은 인권침해 문제에 신속히 대응하는 것이 어렵고 대부분의 절차가 비공개적으로 이루어지며 결정의 기초가 되는 국가의 보고서 내용이 국가에 의해 자의적으로 사실이 왜곡될 수 있다는 점이다. 이 때문에 1995년에 집단진정 제도를 규정하는 유럽사회헌장 추가의정서가 채택되고 1998년에 발효함으로써 유럽사회권위원회로 하여금 집단진정을 다루는 것을 허용했다.

이러한 집단진정 제도를 살펴보면 개인은 진정의 주체가 될 수 없고 헌장정부위원회의 협의지위를 가지고 있는 국제적인 노동조합과 사용자단체, 유럽심의회의 협의지위를 가지고 있는 일부 국제 NGO, 해당 국가의 대표적인 노동조합과 사용자단체, 그리고 해당 국가가 진정을 허용한다는 선언을 한 대상으로서 대표적인 국내 NGO가 진정을 제기할 수 있다.

이때 진정은 보편적 상황에 관한 것이어야지 개별적인 상황에 관한 것이어서는 안 된다. 위원회가 진정으로서의 요건이 충족되었다고 판단을 한 이후에 당사자의 주장을 서면으로 교환하는 서면절차가 시작되는데, 이때 국가와 관련 조직은 서면 설명과 정보를 사회권위원회에게 제공하도록 요구된다. 필요한 경우에 공개심리를 가지며 공개적인 공청회가 당사자 가운데 일방의 요청에 의해 개최될 수 있다.

유럽사회권위원회는 법적 구속력이 없는 결정을 내리는데 이러한 결정은 당사국과 유럽심의회의 각료위원회로 보내지고 각료위원회는 당해 진정절차를 마감하는 결의문을 채택한다. 이러한 결의문

은 해당 국가에게 특정 행동을 취할 것을 요구하는 법적 구속력이
없는 권고를 포함할 수 있다.

3. 미주지역 인권보장체제

1948년에 범미연맹(Pan American Union)이 미주국가기구(OAS)
로 개칭이 되었고 '미주인권선언'이라고 약칭되는 인간의 권리와 의
무에 관한 미주인권선언(American Declaration on the Rights and
Duties of Man)이 채택되었다. 당 선언은 시민적·정치적 권리뿐 아
니라 경제적·사회적·문화적 권리도 포함하며, 세계인권선언과 비
교하여 채택 시기가 앞섰을 뿐 아니라 세계인권선언과는 달리 인간
의 권리뿐 아니라 의무도 규정하고 있는 특징을 지닌다.

그러나 미주인권선언의 법적 지위를 놓고 논란이 많았다. 왜냐하
면 통상적으로 선언은 법적 구속력을 가지지 않는 것이 통례이기 때문
이다. 미국을 포함한 적지 않은 미주국가기구의 회원국들은 여전히
이 선언의 법적 구속력을 인정하지 않고 있지만 미주인권위원회와
미주인권재판소가 이 선언을 미주국가기구 회원들에게 구속력이 있
는 국제적이 의무의 원천으로 수용하고 있다(Cerna 1997, 741-743).

1959년에 미주국가기구 외무장관회의는 미주국가기구의 인권 문
제를 담당하는 보조기관으로서 미주인권위원회(Inter-American Com-
mission on Human Rights)를 설립하여 인권보장에 관한 연구 및 권
고와 더불어 미주국가기구 이사회가 의뢰하는 일을 하도록 했다. 그
러나 이러한 권한만으로는 인권보장이 충분하지 않아 1965년에 미
주인권위원회규정을 개정하여 개인진정을 다루도록 하는 등 권한을

확대했다.[47] 나아가 1967년에는 미주국가기구의 설립협정인 미주국가기구헌장(Charter of the Organization of American States)을 개정하여 미주인권위원회를 미주국가기구의 주요기관으로 지위를 격상시켰다.

1969년에 개최된 미주인권전문회의(Inter-American Specialized Conference on Human Rights)가 미주인권협약(American Convention on Human Rights)을 채택했고 1978년에 효력을 발생했다. 이로써 미주지역 인권보장체제는 미주인권선언과 더불어 미주인권협약을 법원으로 하게 되었다. 미주인권협약은 인간의 권리와 의무에 관한 미주선언의 영향을 반영하여 개인의 권리와 의무 간의 관계를 인정하는 것을 특징으로 한다.

미주인권협약은 미주인권선언이 경제적·사회적·문화적 권리까지 포함하고 있었던 것과는 달리 유럽인권협약처럼 시민적·정치적 권리만을 규정했다. 미주인권선언이 추상적이고 애매하게 규정한 경제적·사회적·문화적 권리가 1989년에 채택되고 1997년에 발효한 경제적·사회적·문화적 권리에 관한 미주인권협약 추가의정서(Protocol of San Salvador)에 의해 구체화되었다. 그러나 추가의정서는 이러한 권리를 가용한 자원이 허용하는 범주 내에서, 개개 국가의 발전의 정도를 고려하여, 점진적으로 실현할 권리로서 규정짓고 있다. 이러한 추가의정서의 발효와 더불어 미주지역 인권보장체제는 유럽지역 인권보장체제처럼 두 종류의 인권을 각기 다른 조약을 통해 규정하게 되었다. 이는 한 조약 내에 두 종류의 인권을 모두

---

47) 그러나 개인진정이 모든 권리의 침해를 대상으로 하지 않고 제한된 몇 가지 권리에 국한되어 인정되었다.

담고 있는 아프리카지역 인권보장체제와 구별되는 점이다.

미주인권협약은 협약의 이행을 보장하기 위해 기존의 미주인권위원회를 협약의 기구로 하고 미주인권재판소(Inter-American Court of Human Rights)를 신설했다. 미주지역의 시민적·정치적 권리와 경제적·사회적·문화적 권리가 미주지역 인권보장체제의 이행감시기구인 미주인권위원회와 미주인권재판소에 의해 어떻게 보호되고 있는가를 하나씩 살펴보고자 한다.

1) 시민적·정치적 권리의 보호

(1) 미주인권위원회

앞선 언급했듯이 미주인권위원회가 미주인권협약의 기구화가 되면서 미주국가기구의 인권 문제를 다루는 주요기관으로서 지위와 미주인권협약의 이행감시기구로서의 지위를 동시에 가지게 되었다. 전자의 지위로부터 위원회는 미주국가기구헌장상의 인권조항과 미주인권선언에서 보장하는 인권이 침해되었다고 주장하는 개인의 진정을 미주국가기구헌장에 근거하여 다룰 수 있는 권한을 가진다. 다른 한편 후자의 지위로부터 위원회는 미주인권협약상의 권리침해를 주장하는 개인의 진정과 더불어 추가적으로 미주인권협약 당사국의 진정을 미주인권협약에 근거하여 다룰 수 있는 권한을 가진다.

미주인권위원회의 지위를 이렇게 구분하는 이유는 미국을 비롯한 일부 국가의 경우처럼 미주국가기구의 회원이지만 미주인권협약의 가입국이 아닌 경우들이 있기 때문이다. 이와 관련하여 미주인권위원회는 자체 규정을 통해 개인진정의 대상이 된 미주국가기구 회원국이 미주인권협약의 가입국이 아닐 경우 위원회는 미주국가기구헌장에 근거하여 권한을 행사하고 미주인권협약의 가입국일 경우에는 미주인권협약에 근거하여 권한을 행사하도록 구분했다(서철원 외 2013, 80-81). 이러한 미주인권위원회의 이중적인 지위에 대한 이해를 바탕으로 위원회의 이행기제를 살펴보고자 한다.

① 개인진정 제도

개인진정 제도의 경우 미주인권위원회는 미주국가기구헌장상의 인권조항과 미주인권선언 그리고 미주인권협약에서 보장된 권리가 침해되었다고 주장하는 개인뿐만 아니라 집단과 미주국가기구 회원국이 법적으로 인정하는 NGO로부터의 진정을 다룰 수 있다. 이들로부터의 진정을 다룰 수 있는 미주인권위원회의 권한은 자동적으로 주어지는 것으로서 진정의 대상이 된 국가로부터의 이러한 권한을 수락한다는 특별한 선언을 요하지 않는다.

진정이 제기되면 미주인권위원회는 사실관계 확인을 위해 해당국에 정보를 요구할 수 있고 자체적인 조사를 수행할 수 있으며 당사국의 동의가 있을 경우 현장조사도 할 수 있다. 위원회는 공청회를 개최할 수도 있다. 미주인권위원회는 진정에 대한 심의의 결론을 포함하면서 통상적으로 해당 국가에 대한 권고를 제시하는 보고서를 비공개로 당사국에게 보내고 해당 국가에게 문제가 된 상황을 해결하고 미주인권위원회의 권고를 따르기 위한 일정한 기간을 준다. 이 기간이 만료되면 미주인권위원회는 두 가지 선택을 할 수 있다. 구체적으로 미주인권위원회는 두 번째 보고서를 준비해 해당 국가에게 보내면서 상황을 해결할 두 번째 기간을 주거나 최초 보고서를 당사국에게 보낸 후 3개월 이내에 사건을 미주인권재판소에 회부할 수 있다.

미주인권위원회가 개인진정을 미주인권재판소에 회부하기 위해
서는 일정한 조건이 충족되어야 한다. 개인진정의 대상이 된 국가가
미주인권협약의 당사국이어야 하며 동시에 재판소의 관할권을 수락
하는 특별선언을 한 국가여야 한다. 달리 말해 미주국가기구헌장에
근거하여 미주인권위원회에 제출된 개인진정은 미주인권재판소에
부쳐질 수 없다. 미주인권위원회는 미주인권재판소의 사건 심리에
참가할 수 있으며 의견자문 등을 제공할 수 있다. 미주인권위원회가
개인진정의 대상이 된 국가에게 사실관계를 확인하기 위해 정보를
요청했으나 정해진 기간 내에 제공하지 않을 경우 미주인권재판소로
하여금 더 이상의 사실조사 없이 제소자의 주장을 사실로 수용하도
록 하는 것이 특징 가운데 하나이다. 그러나 구체적으로 어떤 절차
와 과정을 거쳐 인권위원회가 개인의 진정 건을 재판소로 가져갈 수
있는가에 대해 명확한 규정을 두고 있지 않아 인권위원회의 재량에
맡겨져 있다.

② 국가간진정 제도
미주인권위원회는 국가간진정 제도도 채택하고 있는데 이러한
진정이 가능하기 위해서는 진정을 하는 국가나 진정의 대상이 된 국
가 모두 미주인권협약의 당사국이어야 할 뿐 아니라 이 두 당사국
모두 미주인권위원회의 이러한 권한을 수락하는 특별선언을 한 국가
여야만 한다. 이는 국가간진정 제도가 미주국가기구에 의해 인정된
권한이 아니라 미주인권협약에 의해서만 인정한 권리이기 때문이다.
그러나 몇 개의 국가만이 이러한 진정을 수리하여 심리할 권한을 수
락하고 있을 뿐이다.
인권위원회가 진정을 수리하여 심의를 한 후 우호적인 해결을 시

도하여 합의에 이르게 되면 보고서를 작성하여 당사국에게 송부하고 또한 미주국가기구의 사무총장에게 보내 발간하도록 한다. 만약에 우호적 해결에 이르지 못할 경우 위원회는 권고를 포함한 보고서를 작성하여 당사국들에게 보낸다. 당사국 일방이 이 보고서에 동의하지 않을 경우에 보고서가 송부된 이후 3개월 이내에 국가나 인권위원회가 그 진정 건을 인권재판소로 가져갈 수 있다. 당사국 모두 동의할 경우 인권위원회는 그 보고서를 최종보고서로 한다.

미주인권위원회는 보고서에서 제시한 권고의 집행을 위해 몇 가지 이행기제를 발전시켜오고 있다. 구체적으로 미주인권위원회의 의사규칙 제46조에 의거하여 진정의 대상국에게 정보를 요청하고 위원회 권고의 이행을 평가하기 위한 공청회를 개최하는 것과 같은 과정을 개발하고 미주국가기구 총회의 지시에 따라 연례보고를 하고 후속정보를 제공하는 관행을 지속하고 있다.

③ 보고서 발간 등 기타 미주인권위원회의 이행기제

미주인권위원회는 개인진정 제도와 국가간진정 제도 이외에 미주인권협약에 근거하여 추가적인 이행기제로서 인권협약의 준수를 감시하고 특정 국가의 인권상황에 관한 국가보고서를 발간할 수 있다.[48] 미주지역 인권보장체제는 국가보고서 제도를 명시적으로 채택하고 있지 않는 대신에 미주인권위원회 자체가 국가의 인권상황에 대한 보고서를 작성하도록 하고 있다. 그러나 미주인권협약은 이에 대해 명백한 규정을 두고 있지 않아 이러한 보고서 발간 제도는 미주

---

48) 미주지역 인권보장체제는 국가보고서 제도를 이행기제로 규정하고 있지는 않지만, 미주인권헌장 제43조는 미주인권위원회에게 국가들로부터 보고서를 요청할 수 있는 권한을 부여하고 있다.

인권위원회가 고안해 낸 이행기제라고 볼 수 있다(Cerna 2004, 195).

위원회는 또한 개개 국가의 인권상황을 직접적으로 확인하기 위해 현장방문을 할 수 있다. 국가에 적절한 조치를 취하도록 권고할 수 있으며 미주인권협약의 당사국인가에 관계없이 예방적 조치를 취하도록 요청할 수 있다. 미주인권협약의 당사국이면서 미주인권재판소의 관할권을 수락한 국가에 대해서만 긴급한 경우에 미주인권재판소에게 잠정조치를 취하도록 요구할 수 있다.

(2) 미주인권재판소

미주인권재판소는 국제사법재판소(ICJ)와 마찬가지로 사법적 판결을 내리고 권고적 의견(advisory opinion)을 제시하는 두 가지 과업을 수행한다. 사법적 판결과 관련하여 미주인권재판소는 미주인권위원회와는 달리 미주국가기구헌장상의 기관이 아니기 때문에 제소할 수 있는 권한은 미주인권협약의 당사국과 미주인권위원회에게만 주어진다.

미주인권재판소는 개인에게는 제소권을 주지 않으며 이 때문에 개인은 미주인권위원회를 통해서 간접적으로 제소할 수 있을 뿐이다. 미주인권협약의 당사국이 제소할 경우 제소의 주체인 당사국은 물론 제소의 대상인 당사국 역시 재판소의 관할권을 인정하는 선언을 필요로 하며 미주인권위원회가 제소할 경우 제소의 대상 국가가 미주인권협약의 당사국이면서 재판소의 강제적 관할권을 수락한 국가여야 한다.

판결은 법적 구속력을 지니지만 이를 강제할 수단을 구비하고 있지 않다. 해당국이 판결을 따르지 않을 경우 미주인권재판소는 미주국가기구의 총회에 사실을 보고하고 권고안을 제시하도록 되어 있으나 총회가 어떠한 강제적 조치를 취할 수 있는가에 대한 규정이 마련되어 있지 않아 한계를 가진다. 따라서 판결의 집행이 미주국가기구 총회에 의한 정치적인 압력에 의존하고 있을 뿐이다(서철원 외 2013, 87).

미주인권재판소는 사법적 판결 이외에 미주인권협약이나 미주에서 인권 보호와 관련한 다른 국제협정을 해석하는 권고적 의견을 제시할 수 있다. 미주인권협약의 당사국, 모든 미주국가기구(OAS)의 회원국들, 미주인권위원회를 포함한 미주국가기구의 기관들이 권고적 의견을 요청할 수 있다.

2) 경제적·사회적·문화적 권리의 보호

미주인권협약 추가의정서가 가용한 자원이 허용하는 범주 내에서, 개개 국가의 발전의 정도를 고려하여, 점진적으로 실현할 권리로 규정지은 경제적·사회적·문화적 권리는 별도의 독립된 이행감기기구를 두고 있지 않다. 이행기제로는 다음과 같은 정기적인 국가보고서 제도와 개인진정 제도를 두고 있다. 그러나 시민적·정치적 권리와 비교하여 이러한 이행기제들은 실효적으로 작동하고 있지 않다(Rossi 2014.4.11).

(1) 국가보고서 제도

당사국이 작성한 국가보고서는 미주국가기구의 사무총장에게 제출되고 심사 후 총회에 제출되는 연례보고서를 통해 권고를 발할 수 있다. 당사국이 제출한 국가보고서는 사무총장에 의해 미주인권위원회에도 송부가 되며 미주인권위원회는 이를 수리하고 심사하여 권고를 발할 수 있다. 추가의정서는 이를 위해 제19조 7항에서 미주인권위원회가 당사국 일부나 전부에게 이 의정서에 규정된 경제적·사회적·문화적 권리의 상황에 관하여 적절하다고 생각되는 진술과 권고를 할 수 있고 이를 총회에 제출되는 연례보고서나 특별보고서 중 보다 적절하다고 판단하는 보고서에 포함시킬 수 있다고 규정하고 있다.

(2) 개인진정 제도

추가의정서는 국가보고서 제도와 더불어 개인진정 제도를 규정하고 있다. 의정서가 보장하고 있는 권리 모두에 대한 것이 아니라 제한된 권리의 침해 경우에 한하여 인정하고 있다. 구체적으로 추가의정서 제8조 a항에 규정된 노동조합권과 제13조의 교육에 대한 권리가 침해된 경우 미주인권위원회에 개인진정을 제기할 수 있으며 문제가 해결되지 않을 경우 미주인권위원회가 이 문제를 미주인권재판소로 가져갈 수 있다.[49]

4. 아프리카지역 인권보장체제

1981년에 아프리카단결기구(OAU)의 국가와 행정부 수반 회의에서 '아프리카인권헌장'이라고 약칭되는 인간과 인민의 권리에 관한 아프리카헌장(African Charter on Human and Peoples' Rights)이 채택되어 1986년에 효력을 발생했다. 당 헌장은 시민적·정치적 권리뿐만 아니라 경제적·사회적·문화적 권리를 포함하고 있다.

---

49) 미주인권협약 추가의정서 제19조.

아프리카인권헌장은 다음과 같은 특징을 가지고 있다. 아프리카 인권한장의 정식 명칭인 인간과 인민의 권리에 관한 아프리카헌장에 '인간과 인민의 권리'라는 말이 들어가 있는 것에서 알 수 있듯이 인간 개개인의 권리뿐 아니라 소위 제3의 권리라고 하는 집단의 권리(예컨대 안전과 평화, 연대, 건강한 환경, 개발에 관한 권리 등)가 포함되어 있다. 권리의 불가분성과 상호의존성을 강조하여 시민적·정치적 권리와 경제적·사회적·문화적 권리 그리고 개인의 권리와 공동체의 권리의 연계성을 강조한다. 아프리카인권헌장은 또한 권리와 의무를 동시에 강조한다(Think Africa Press, 2014. 4. 11). 더불어 인권헌장이 보장하는 다수의 시민적·정치적 권리가 국내법에 의해 제한되는 것을 허용하는 소위 '환수조항(claw-back clause)'을 가지고 있다.

아프리카지역 인권보장체제는 아프리카인권위원회와 아프리카인권재판소라는 두 기관에 의해 지지되고 있다. 아프리카의 인권체제를 시민적·정치적 권리의 보호와 사회적·경제적·문화적 권리의 보호로 구분하여 살펴보고자 한다.

1) 시민적·정치적 권리의 보호

(1) 아프리카인권위원회

아프리카인권헌장의 규정에 따라 아프리카단결기구 내에 '아프리카인권위원회'라고 약칭하는 인간과 인민의 권리에 관한 아프리카위원회(African Commission on Human and Peoples' Rights)가 아프리카인권헌장의 이행감시기구로서 1986년에 설치되었다. 이 위원회는 1년에 두 번 15일 동안 회합을 갖는 기구이다. 2004년 아프리카인권재판소가 설립되기 전까지 아프리카인권위원회만이 존재함으로써 실효적인 인권 보호를 위한 제도적 장치가 제대로 갖추어지지 않았다. 아프리카인권위원회의 이행기제를 살펴보면 다음과 같다.

① 개인진정 제도

아프리카인권헌장은 다음에 살펴볼 국가에 의한 진정과는 달리 개인을 포함한 국가 이외의 행위자에 의한 진정을 명백히 규정하고 있지 않다. 단지 '기타 진정(other communication)'이라는 제목하의 헌장 제55조를 통해 애매하게 규정하고 있을 뿐이다. 당 조항은 아프리카인권위원회가 헌장 당사국 이외의 행위자에 의한 진정을 단순다수결로 결정할 경우 심의할 수 있다고 규정하고 있어 개인뿐만 아니라 집단 혹은 NGO도 진정의 주체가 될 수 있다고 해석될 수 있다. 실제로 아프리카인권위원회는 이 부분과 관련하여 '개인과 조직'이라는 표현을 사용하고 있다(African Commission on Human and Peoples' Rights, 2014. 4. 11). 헌장 제56조는 진정의 수리(Admissibility of a Communication) 조건을 7개 언급하고 있는데 여기에 진정의 대상국이 진정을 접수하여 심의할 수 있는 위원회의 권한을 수락하는 특별선언을 하여야 한다는 규정을 두고 있지 않아 아프리카인권헌장의 당사국 모두를 대상으로 할 수 있다고 해석되며 실제의 관행도 이를 따르고 있다.

진정의 요건이 충족되어 수리가 되면 아프리카인권위원회는 당사자들로 하여금 우호적인 해결을 하도록 하며 이를 위해 주선(good office)을 제공한다. 이들 사이에 우호적인 해결에 이르지 못할 경우 위원회가 헌장규정의 위반여부를 심의한다. 위반이 있을 경우 준사법기관으로서의 위원회는 (법적 구속력이 없는) 권고를 발한다. 이러한 권고는 위원회의 연례활동보고서에 포함되어 국가와 정부의 수반으로 구성된 아프리카연합 총회(Assembly of Heads of State and Government)에 보내진다. 총회는 이러한 보고서를 공개할 것인가를 결정할 수 있는 권한을 가지고 있으며 결정한 경우에 한해 보고서가 발간되도록 하고 있다.[50] 즉 인권위원회의 모든 결정과 활동은 총회가 결정을 내리기 전까지 공개되어서는 안 된다.

그러나 국가들이 고위직 정부 인사를 위원회의 위원으로 임명함으로써 이들 국가로부터의 독립성을 확보하기 어려운 정치적인 기관인 총회에서 대개의 의사결정이 합의로 이루어지기 때문에 진정의 대상이 되는 국가가 반대할 경우 보고서의 발간 자체가 불가능하게 된다. 이러한 보고서가 발간된다고 해도 위원회는 집행상황을 감시하고 준수를 확보할 수 있는 장치(즉 위원회의 결정의 이행을 감시하는 이행기제)를 명확하게 규정하고 있지 않아 문제가 된다(Think Africa Press, 2014. 4. 11).

위원회는 이러한 제약을 다음과 같은 방식으로 보완하고자 하고 있다. 우선 위원회로부터 인권침해로 인해 조치를 권고 받은 국가는 매 2년마다 제출하는 보고서에 이러한 권고의 이행 여부에 대해 언급할 것을 요구받는다. 또한 2006년에 채택한 결의문을 통해 위원회가 아프리카연합 집행이사회(Executive Council)에 제출하는 연례보고서에 권고의 이행상황에 대한 현황을 부속서로 첨부하여 아프리카연합의 주의를 촉구할 것과 권고를 받은 국가는 90일 이내에 권고에 따라 취해진 조치와 권고를 이행하는 데 있어 장애사항을 적시하여 보고하도록 요구하고 있다(서철원 외 2013, 93). 마지막으로 사무국은 아프리카연합에 의해 위원회의 보고서가 채택되자마자 권고의 대

---

50) 아프리카인권헌장 제47조~54조와 제59조.

상이 된 국가에게 의무를 지킬 것을 요청하는 첫 번째 서한을 보내고 그 이후 필요에 따라 자주 서한을 보내는 일을 한다.

그러나 이러한 보완에도 불구하고 위원회는 여전히 국가들로 하여금 위원회의 권고를 따르도록 강제할 이행기제를 가지고 있지 않아 많은 것이 국가의 선의에 의존하고 있어 이행의 문제를 가지고 있다(African Commission on Human and Peoples' Rights, 2014. 4. 11). 이러한 문제에 대한 대안이 전혀 없는 것은 아니다. 구체적으로 위원회는 재판소설립의정서의 당사국이 개인의 진정 건에 대해 인권위원회가 내린 권고를 따르려고 하지 않을 경우 이것을 아프리카인권재판소로 가져갈 수 있다. 더불어 위원회가 진정을 심의하는 가운데 인권을 보호하기 위해 잠정적 조치를 권고했지만 관련 국가가 이를 준수하지 않을 경우에 인권재판소로 회부할 수 있고 위원회가 인권에 대한 중대하거나 대폭적인 위반을 포함한 상황에 주목하게 될 경우 이러한 상황을 먼저 검토할 필요 없이 인권재판소로 진정을 제출할 수 있다. 위원회는 필요하다고 생각하면 진정을 검토하는 동안 어느 때라도 진정 건을 인권재판소에 회부할 수 있다. 그러나 아프리카인권재판소의 설립을 가져온 재판소설립의정서는 위원회가 어떠한 절차와 과정을 거쳐 이러한 진정 건을 재판소에 가져갈 수 있는가에 대해 아무런 규정을 두고 있지 않으며 인권재판소의 판결 역시 다음에서 살펴보듯이 집행의 문제를 가지고 있다.

② 국가간진정 제도
아프리카인권헌장의 당사국 일방이 다른 당사국이 헌장의 규정을 위반했다는 진정을 제기할 수 있다. 이때 진정의 주체가 피해국이 아니어도 가능하며 진정의 대상국은 진정을 다룰 수 있는 아프리

카인권위원회의 권한을 수락하는 특별선언을 필요로 하지 않는다.

국가간진정절차는 위에서 살펴본 개인진정 절차와 차이가 존재한다. 헌장 제47조와 48조에 따르면 국가간진정의 경우 진정이 처음부터 위원회에 접수되어 심의되지 않으며 진정의 주체와 대상 국가 사이에 3개월의 기간 동안 양자협상이나 다른 평화적 절차를 통한 우호적 해결 절차를 밟은 후 해결에 이르지 못할 경우에 진정의 접수가 가능하도록 되어 있다.[51] 그러나 이러한 규정에도 불구하고 헌장은 제49조에서 당사국 일방이 다른 당사국이 헌장 규정을 위반하였다고 생각하는 경우 이러한 절차를 밟지 않고 위원회에 직접 진정을 제기할 수 있다고 규정하고 있어 국가는 두 가지 방식을 통해 위원회에 진정을 제기할 수 있도록 했다. 그러나 국가간진정이 이루어진 경우는 몇 건이 되지 않는다(Obisienunwo Orlu Nmehielle 2001, 203).

심의를 통해 인권헌장상의 위반이 있다고 판단하면 위원회는 사실관계 및 조사결과와 더불어 권고를 포함한 보고서를 준비하여 해당 국가와 더불어 국가와 정부의 수반으로 구성된 아프리카연합의 총회에 송부하도록 되어 있다. 송부 이후의 절차와 위원회의 보고서 집행의 문제는 위에서 살펴본 개인진정에 있어서의 문제와 동일하다.

③ 국가보고서 제도 등 기타 아프리카인권위원회의 이행기제

위에서 언급한 이행기제 이외에 위원회가 채택하고 있는 이행기제로서 국가보고서 제도가 있어 매 2년마다 당사국이 제출하는 국가보고서를 접수하여 심의한다.[52] 유럽지역 인권보장체제 및 미주지

---

51) 아프리카인권헌장 제47조와 48조.
52) 아프리카인권헌장 제62조.

역 인권보장체제와는 달리 아프리카지역 인권보장체제만이 명시적으로 국가보고서 제도를 채택하고 있다. 또한 자발적 직권조사 제도를 두어 위원회는 심각한 인권침해에 대한 정보를 가지게 되면 자발적인 조사가 가능하다.[53] 이와 더불어 위원회는 아프리카인권헌장에 대한 유권해석을 내릴 수 있다.[54]

(2) 아프리카인권재판소

사법적인 해결을 꺼리는 아프리카의 전통에 의해 1986년 이래로 아프리카인권위원회만이 존재하던 상황에서 1998년에 재판소설립의정서(Protocol to the African Charter on Human and Peoples' Rights on the Establishment of an African Court on Human and Peoples' Rights)가 채택되고 2004년에 발효하면서 동시에 '아프리카인권재판소'라고 약칭되는 아프리카 인간과 인민 권리재판소(ACHPR)가 설립되었다.

이와는 별도로 2003년에는 아프리카연합의 주요 사법기관으로서 AU조약의 해석을 둘러싼 분쟁을 평결하기 위해 아프리카사법재판소(ACJ)의 설립을 위한 아프리카연합사법재판소의정서(Protocol of the Court of Justice of the African Union)가 채택되고 2009년에 발효되었다. 그런데 아프리카사법재판소가 실제로 설립되지 않은 가운데 2008년에 비용을 줄이고 관할권의 중첩을 막기 위해 이미 설립된 아프리카인권재판소와 아프리카사법재판소를 하나로 통합하여 아프리카사법·인권재판소(ACJHR)'라는 새로운 재판소를 설립하자

---

53) 아프리카인권헌장 제46조.
54) 아프리카인권헌장 제45조 3항.

는 의정서가 채택되었다. 이 의정서의 발효요건이 충족되지 않아(발효를 위해 15개 국가의 비준이 필요한데 2018년 8월 현재 오직 6개 국가만이 비준을 함) 신설 통합재판소는 아직 설립이 되지 않고 있다. 따라서 현재 존재하고 있는 아프리카인권재판소에 대해 살펴보면 다음과 같다.

아프리카인권재판소는 아프리카인권위원회의 기능을 보완하고 강화하는 의미를 가진다. 재판소설립의정서 채택 이전에 아프리카인권헌장에 적시된 인권의 보호는 전적으로 준사법적 기관으로서 법적 구속력을 가지고 있지 않은 아프리카인권위원회에 달려 있었다. 위에서 이미 살펴보았듯이 아프리카인권헌장 아래 아프리카인권위원회는 개인과 집단 그리고 국가로부터의 진정의 심의, 국가보고서의 검토, 헌장 당사국·아프리카단결기구·아프리카단결기구에 의해 인정된 기구의 요청에 따른 헌장의 해석, 중대한 인권침해에 대한 자발적 직권조사에 관한 권한을 가지는 데에 그쳤다. 이러한 아프리카인권헌장의 이행기제의 미약함은 아프리카인권헌장이 만들어졌을 당시 인권의식을 가지고 있는 국가가 소수에 불과했다는 사실에 기인한다고 볼 수 있다. 1990년대 후반에 접어들면서 몇몇 아프리카 국가들에 있어서의 민주주의의 진전과 아프리카인권위원회의 미약한 인권 보호 기록이 좀 더 강한 인권보장의 필요성을 고조시켰으며 그 결과 아프리카인권재판소의 설립을 가져오게 되었던 것이다.

아프리카인권재판소는 이제까지 비록 극소수의 결정과 하나의 판결을 내렸을 뿐이지만 2008년 이후 사건을 맡을 수 있는 조건을 가지고 있다. 재판소는 11명의 판사로 구성되며 이들은 모두 아프리카연합의 회원국 국적의 사람들이다. 재판의 절차는 재판소규칙(Rules of Court)에 따르며 재판소의 결정은 당사자에게 구속력을 가진다. 재판소는 배상을 포함하여 특별한 구제책을 명령할 수 있는 권한을 가진다. 아프리카인권재판소의 권한을 사법적 판결과 권고적 의견의 제시로 나누어 살펴보면 다음과 같다.

아프리카인권재판소의 사법적 판결의 물적 관할 대상은 아프리카인권헌장, 아프리카인권재판소설립의정서, 그리고 관련 국가(들)에 의해 비준된 모든 인권장치와 관련하여 맡겨지는 모든 사건과 분쟁으로서 아주 광범위하게 인정되고 있다는 것을 특징으로 한다.[55] 아프리카인권재판소에 제소할 수 있는 주체 역시 아프리카인권위원회, 아프리카인권위원회에 진정을 한 당사국, 아프리카인권위원회에 진정의 대상이 된 당사국, 자신의 국민이 인권위반의 피해자가 된 당사국, 아프리카의 정부간기구, 아프리카인권위원회에 옵서버 지위를 가지고 있는 NGO, 그리고 개인에게까지 광범위하게 인정하고 있다.[56] 이들 가운데 개인과 아프리카인권위원회에 옵서버 지위를 가지고 있는 NGO의 제소는 재판소 관할권에 대한 제소 대상국의 수락선언을 전제로 하며 당사국, 인권위원회, 아프리카 정부간기구의 경우는 재판소 관할권에 대한 제소 대상국의 수락선언을 필요로 하지 않는다. 따라서 이러한 선언을 하지 않은 재판소설립의정서의 당사국에 의한 위반을 주장하는 제소의 주체들은 진정을 재판소에 회부할 권한을 가지고 있는 아프리카인권위원회에 진정을 하여야만 한다.

재판소설립의정서의 당사국은 자신이 당사자인 사건의 판결을 재판소가 정한 기간 내에 준수하고 그 집행을 보장해야 한다고 규정함으로써 아프리카인권재판소 판결의 구속력을 규정하고 있다.[57]

---

55) 아프리카인권재판소 설립의정서 제3조 1항.
56) 아프리카인권재판소 설립의정서 제5조 및 제34조 6항과 재판소규칙 33.

재판소의 판결은 당사국에게 통보될 뿐 아니라 아프리카연합의 회원국과 위원회(Commission)에게도 전달된다. 판결의 집행을 감시하기 위해 재판소의 판결은 총회(Assembly)를 대신하여 집행을 감시하는 집행이사회(Executive Council)에 통보되며 재판소는 총회의 매 정기 회기에 재판소의 판결이 준수되고 있지 않은 사건이 구체적으로 언급된 전년도의 활동에 관한 보고서를 제출하여야 한다.[58]

재판소는 이러한 사법적 판결과 더불어 권고적 의견을 낼 수 있는 권한을 가진다. 구체적으로 아프리카연합의 회원국, 아프리카연합의 모든 기구들, 아프리카연합에 의해 인정된 모든 아프리카기구들의 요청에 의해 아프리카인권헌장 및 다른 유관한 인권장치와 관계가 있는 모든 법률적 문제에 대해 권고적 의견을 제시할 수 있다. 단 권고적 의견의 대상 문제가 아프리카인권위원회에 의해 검토되고 있는 문제와 연결되어 있지 않아야 한다.

2) 사회적·경제적·문화적 권리의 보호

아프리카인권헌장이 시민적·정치적 권리보호와 더불어 사회적·경제적·문화적 권리 규정하고 있지만 후자는 전자와는 달리 아프리카인권위원회의 개인진정이나 국가 간 진정의 대상이 되지 않았다. 그러던 것이 2개의 NGO가 나이지리아의 오고니족을 대신하여, 석유회사인 로열 더치 쉘(Royal Dutch Shell)이 나이지리아의 오고니족의 주거지에서 발견된 석유를 개발하면서 이 지역의 환경과 보건을 훼손했고 나이지리아 정부가 이에 방조하고 나아가 동조했다는 진정

---

57) 재판소설립헌장 제30조.
58) 재판소설립헌장 제29조와 31조.

을 아프리카인권위원회에 제출하면서 사회적·경제적·문화적 권리가 진정의 대상이 될 수 있는가의 문제가 제기되었다.

아프리카인권위원회는 이 진정 건을 다루면서 아프리카인권헌장이 두 종류의 권리를 동시에 포함한 것은 이들 권리의 불가분성과 상호의존성을 의미한다고 강조하고 2001년 10월에 아프리카헌장상의 사회적·경제적·문화적 권리도 진정의 대상이 된다는 결정을 내렸다. 이를 계기로 사회적·경제적·문화적 권리도 아프리카권위원회의 진정의 대상이 되었다(Chirwa, 2014. 4. 11).

5. 지역 인권보장체제의 이행기제 비교

1) 인권협약의 권리와 이행감시기구의 구성

유럽지역 인권보장체제의 경우 시민적·정치적 권리가 경제적·사회적·문화적 권리와는 별도의 조약으로 분리되어 있으면서 각기 다른 기관인 유럽인권재판소와 유럽사회권위원회가 이행감시기구로서의 역할을 한다. 시민적·정치적 권리는 사법기관인 유럽인권재판소가 관할하고 경제적·사회적·문화적 권리는 준사법기관인 유럽사회권위원회가 관할한다. 미주지역 인권보장체제 역시 시민적·정치적 권리가 경제적·사회적·문화적 권리가 별도의 조약으로 구분되어 있으나 이행기구로서 미주인권위원회와 미주인권재판소를 공유하고 있다. 아프리카지역 인권보장체제의 경우는 두 종류의 권리가 하나의 조약에 규정되어 있으면서 아프리카인권위원회와 아프리카재판소라는 두 가지 이행감시기구를 두고 있다.

2) 인권위원회의 이행기제

유럽은 유럽인권위원회가 유럽재판소에 통합되어 존재하지 않기 때문에 비교의 대상이 되지 않는다. 개인진정 제도의 경우 미주인권위원회가 개인뿐 아니라 집단과 미주국가기구 회원국이 법적으로 인정한 NGO를 진정의 주체로 하고 있는 것과 비슷하게 아프리카인권위원회도 개인, 집단, NGO를 주체로 인정하고 있다. 또한 진정의 대상이 되고 있는 국가가 인권위원회의 관할권을 인정하는 선언을 필요로 하지 않는다는 점에서도 동일하다.

국가간진정 제도를 비교하면 미주인권위원회의 경우 진정이 제출되려면 진정의 주체국과 진정의 대상국 모두 위원회의 진정을 다룰 수 있는 권한을 수락하여야만 가능하다. 이와는 달리 아프리카인권위원회의 경우는 진정 대상국의 수락을 전제로 하지 않으며 진정의 주체국의 경우 피해국이 아니어도 된다.

3) 인권재판소의 제소 주체

우선 개인의 제소권을 비교하면 유럽인권재판소의 경우 개인은 재판소의 관할권을 수락하는 당사국의 선언 없이 직접 유럽인권재판소에 제소할 수 있다. 아프리카인권재판소의 경우는 당사국에 의한 재판소 관할권의 수락을 전제로 개인의 제소권을 인정한다. 미주인권재판소는 제소할 수 있는 권한을 미주인권위원회와 미주인권협약의 당사국에게만 주고 개인에게는 주지 않는다.

국가의 제소권을 비교하면 유럽인권재판소와 아프리카인권재판소 모두 재판소의 관할권을 수락하는 선언 없이 인권협약의 당사국 일방의 다른 당사국에 대한 제소가 가능하다. 이와는 달리 미주인권재판소의 경우 인권협약의 당사국 일방이 다른 당사국을 제소하려면 두 국가 모두 재판소의 관할권을 인정하는 선언이 있어야 한다.

인권위원회를 두고 있는 미주지역 인권보장체제와 아프리카지역 인권보장체제의 경우 인권위원회도 제소의 주체가 된다. 미주인권재판소의 경우 인권협약의 당사국을 제소하려면 재판소의 관할권에 대한 당사국의 수락 선언이 전제된다. 이와는 달리 아프리카인권재판소의 경우 당사국에 의한 관할권 수락을 필요로 하지 않는다.

NGO의 제소권을 비교하면 유럽인권재판소와 미주인권재판소의 경우 NGO의 제소권을 인정하지 않는다. 이와는 대조적으로 아프리카인권재판소만 유일하게 아프리카인권위원회 옵서버 자격이 있는 NGO의 제소권을 인권재판소 관할권에 대한 당사국의 수락을 전제로 인정한다.

정부간기구의 제소권을 비교하면 유럽인권재판소와 미주인권재판소의 경우 정부간기구의 제소권을 인정하지 않는다. 이와는 대조적으로 아프리카인권재판소만 유일하게 아프리카 정부간기구의 제소권을 인정하는데 이때 당사국의 재판소 관할권의 수락을 전제로 하지 않는다.

6. 지역 인권보장체제의 평가

지역 인권보장체제의 경우 국가들 간의 동질성을 일정한 정도 공유하고 있는 지역을 단위로 하고 있어 본질적으로 전 세계를 단위로 하는 인권보장체제보다는 국가들 간에 인권조약의 내용에 합의하는 것이 보다 용이하고 이로 인해 인권감시기구의 권고를 포함한 결정에 대한 이행이 보다 나을 수 있다.

이러한 지역 인권보장체제들의 특징과 변화를 잘 이해하기 위해서는 미주지역 인권보장체제와 아프리카지역 인권보장체제를 전통적인 지역 인권보장체제로 보고 유럽지역 인권보장체제를 새로운 지역 인권보장체제로 구분하여 분석하는 것이 필요하다고 생각된다. 왜냐하면 1990년대 후반에 유럽지역 인권보장체제가 인권위원회를 없애고 인권재판소만을 두는 인권보장체제로의 대대적인 개혁을 했기 때문이다. 이러한 구분을 통해 지역 인권보장체제의 지속성과 변화를 살펴볼 수 있을 것이다.

전통적인 지역 인권보장체제로서 미주지역 인권보장체제와 아프리카지역 인권보장체제는 인권위원회라는 준사법적인 기관과 인권재판소라는 사법적인 기관을 이원적으로 두고 있으면서 인권위원회를 통한 정치적 해결을 먼저 시도하고 나중에 인권재판소를 통한 사법적 해결을 추구하는 2단계 문제해결 방식을 가지고 있다. 더불어 인권위원회를 통한 문제해결 방식에 있어서도 먼저 당사자들 간에 우호적인 해결을 시도하도록 하고 해결이 어려울 경우 인권위원회가 개입하는 방식을 택하고 있다. 따라서 총체적으로 보아 3단계의 문제해결 단계를 두고 있다고 볼 수 있다. 이러한 단계적 문제해결 방식은 우호적인 관계를 유지할 필요성을 보다 더 가지고 있는 지역의 국가들 사이의 문제해결 방식으로 적합하다고 볼 수 있다.

이러한 단계적 접근이 성공하기 위해서는 단계마다의 절차가 명백하고 투명하여야 하며 상향 단계로의 이전이 용이해야 한다. 이는 조정절차와 재판절차를 두고 있는 국내의 가사사건의 재판과정과 유사해야 한다고 생각된다. 그러나 미주지역 인권보장체제와 아프리카지역 인권보장체제의 경우 단계마다의 절차가 명백하게 조약 등을 통해 규정되어 있지 않고 준사법적 단계로부터 사법적 단계로의 이전이 용이하지 않다는 문제점을 가지고 있다. 아프리카인권재판소의 경우는 당사국에 의한 재판소 관할권의 수락이 있어야만 개인이 제소할 수 있고 미주인권재판소의 경우는 아예 개인의 제소권을 인정하고 있지 않기 때문이다. 더불어 인권조약의 준수를 가져오기 위한 이행기제와 인원위원회와 인권재판소가 내린 권고나 판결의 준수를 가져오기 위한 후속적인 이행기제가 취약하다.

주목해야 할 전통적 지역 인권보장체제의 또 다른 특징은 사회적·경제적·문화적 권리의 보호와 시민적·정치적 권리의 보호를 위한 이행감시기구 및 그 이행기제가 분리되어 있지 않다는 점이다. 이 두 종류의 권리가 효율적으로 보호되기 위해서는 이러한 권리의 특성이 반영된 이행감시기구와 이행기제가 필요한데 구분이 되어 있지 않을 뿐 아니라 이들을 규정하는 법과 절차가 명백하고 투명하지 않다는 점이 문제의 하나로서 지적될 수 있다.

이러한 점에서 유럽지역 인권보장체제의 변화는 주목할 만하다. 우선 절차적인 측면에서 준사법적인 기관인 유럽인권위원회가 유럽인권재판소로 흡수됨으로써 이전의 이중적인 인권구제 절차가 단순화되고 유럽심의회의 각료위원회라는 정치적 성격의 기관의 개입이 없어지면서 사법적 해결을 통한 인권의 구제가 강화되었다. 특히 유럽인권재판소가 개인과 유럽인권협약의 당사국이 유럽재판소에 제소를 할 때 당사국에 의한 재판의 관할권을 인정하는 특별선언 없이 강제관할권을 자동적으로 가지도록 함으로써 개인의 인권의 구제절차가 수월하게 되었다.

또 다른 한편 규범적인 측면에서 유럽인권협약의 규정은 물론 유럽인권재판소의 판결은 일부 국가에게 국내법의 헌법이나 법률의 일부로 간주되며 그렇지 않은 국가의 경우 국내법을 유럽인권협약과 일치하도록 하는 조치를 취해야 한다. 2013년 영국 정부위원회는 범죄 유형에 관계없이 남은 형기가 6개월 이하이거나 형기가 1년 이하인 재소자에 한해 투표권을 허용하는 선거법 개정안을 제안했는데 이는 교도소 재소자에게 예외 없이 선거권을 부정한 영국 선거법이 자유로운 선거권을 규정한 유럽인권협약에 위반된다는 2005년 유럽연합인권재판소 판결에 따른 것인 것에서 알 수 있다.

유럽지역 인권보장체제는 사회적·경제적·문화적 권리의 보호를 시민적·정치적 권리와 분리하여 다른 구제절차를 적용하고 있다. 구체적으로 준사법기관인 유럽사회권위원회가 국가가 제출하는 보고서를 심사하고 집단이 개별적인 현상으로서의 인권침해가 아닌 일반적인 인권침해에 대해 제출한 진정을 심사하여 결정을 내리도록 하고 이러한 결정의 이행을 정치적 기관인 유럽심의회 각료위원회에 맡기는 이행기제를 택하고 있다. 이와 관련하여 개인 및 다른 당사국을 유럽사회권위원회의 진정의 주체로 인정하지 않고 집단에게만 인정하고 있는 점, 법적 구속력을 결하고 있는 위원회의 결정의 이행을 정치적 기관인 유럽심의회 각료위원회가 감시를 한다고 하지만 관련 국가가 필요한 조치를 취하지 않을 경우 위원회가 이를 구제하기 위해 인권재판소에 제소할 수 있는 권한을 가지고 있지 않다는 점이 한계로서 지적될 수 있을 것이다.

국제 사회에는 시민적·정치적 권리의 보호와 관련하여 여전히 준사법적인 절차에만 머물고 있는 보편적 인권조약 기반의 인권보장체제와 사법적 해결을 선호하는 지역적 특성과 더불어 사법절차만을 가지고 있는 유럽지역 인권보장체제 그리고 우호적 해결을 선호하는 지역적 특성과 더불어 빈약한 준사법절차와 사법절차를 모두 가지고 있는 미주지역과 아프리카지역의 인권보장체제가 공존하고 있다.

이러한 구분과 공존은 역사성을 가지고 있는 것으로서 당분간 쉽게 변화하지 않고 지속될 것으로 보이는데 이들 인권보장 장치들이 인권보장의 실효성을 가져오기 위해 어떠한 실험을 지속할지 지켜봐야 할 것이다.

참고문헌

박재영. 2009. "유엔 인권이사회의 보편적정례검토(UPR) 제도의 작동과 평가."『국제기구저널』제4집 1호, 117-140.

_____. 2015. "유엔기구와 인권: 조약 기반 인권체제와 지역인권체제." 박흥순·서창록·박재영·이신화 공저.『국제기구와 인권·난민·이주: UN 인권(헌장·협약·지역)기구·UNHCR·IOM』. 서울: 도서출판 오름, 143-194.

박찬운. 1999.『국제인권법』. 서울: 한울아카데미.

서철원 외 3인. 2013.「국제인권시스템 현황에 관한 연구: 2013년도 국가인권위원회 인권상황실태조사 연구용역보고서」. 국가인권위원회.

홍관표. 2009.「대한민국의 국가별 정례인권검토(UPR) 경험과 후속조치」. 효과적인 유엔 인권이사회를 확보하기 위한 방식에 관한 국제세미나 발표문.

Cerna, Christina M. 1997. "International Law and the Protection of Human Rights in the Inter-American System." _Houston Journal of International Law_, Vol.19, No.3, 731-760.

_____. 2004. "The Inter-American System for the Protection of Human Rights." _Florida Journal of International Law_, No.16, 195-212.

Drzewinski, Pia. 2002. _Report on NGO Participation in the Work of UN Human Rights Treaty Monitoring Bodies._

Galbraith, Jean. 2013. "Treaty Options: Towards a Behavioral Understanding of Treaty Design." _Virginia Journal of International Law_, Vol.53, No.2, 309-364.

Nmehielle, Vincent Obisienunwo Orlu. 2001. _The African Human Rights System: Its Laws, Practice, and Institutions Martinus._ The Hague and New York: Nijhoff Publishers.

O'Neill, William G., and Annette Lyth. 2008. "The International Human Rights System." In Norwegian Centre for Human Rights, ed. *Manual on Human Rights Monitoring: An Introduction for Human Rights Field Officers.* Oslo: Norwegian Centre for Human Rights.

Vengoechea-Barrios, Juliana. 2008. "The Universal Periodic Review: a New Hope for International Human Rights Law or a Reformulation of Errors of the Past?" *International Law: Revista Colombiana de Derecho Internacional*, No.12, 101-116.

〈인터넷 자료〉

African Commission on Human and Peoples' Rights. "Communications Procedure." http://www.achpr.org/communications/procedure/(검색일: 2014년 4월 11일).

Association for the Prevention of Torture. "NGO and NHRI Guide to Universal Periodic Review." http://www.apt.ch/region/unlegal/NGO_UPRen.pdf(검색일: 2014년 4월 11일).

Chirwa, Danwood Mzikenge. "Toward Revitalizing Economic, Social, and Cultural Rights in Africa: Social and Economic Rights Action Centre and the Center for Economic and Social Rights v. Nigeria." http://www.wcl.american.edu/hrbrief/10/1chirwa.pdf(검색일: 2014년 4월 11일).

International Justice Resource Center. "Committee on the Elimination of Racial Discrimination." http://ijrcenter.org/un-treaty-bodies/committee-on-the-elimination-of-racial-discrimination/(검색일: 2014년 4월 11일).

Ndiaye, Bacre Waly. 2009. Keynote Speech presented in the Seminar on Ways to ensure an effective UN Human Rights Council, Seoul, 20th November 2009.

NGO Group for the Convention on the Rights of the Child, "Universal

Periodic Review Toolkit," http://www.crin.org/docs/UPRtoolkit_summary.pdf(검색일: 2016년 5월 15일).

Rossi, Juileta. "The Inter-American System for the Protection of Human Rights and Rights." http://www1.umn.edu/humanrts/edumat/IHRIP/circle/modules/module30.htm(검색일: 2014년 4월 11일).

Think Africa Press. "Understanding The African Chart on Human and Peoples' Rights." http://thinkafricapress.com/international-law-af rica/african-charter-human-peoples-rights(검색일: 2014년 4월 11일).

United Nations. "Treaty Collection." https://treaties.un.org/Home.aspx? lang=en(검색일: 2014년 4월 11일).

국제인권조약

- Additional Protocol to the European Social Charter
- African Charter on Human and Peoples' Rights
- American Convention on Human Rights
- American Declaration on the Rights and Duties of Man
- Charter of the Organization of American States
- Convention against Torture and other Cruel, Inhuman or Degrading Treatment or Punishment
- Convention on Enforced Disappearance
- Convention on the Elimination of All Forms of Discrimination against Women
- Convention on the Rights of the Child
- Convention on the Rights of Persons with Disabilities
- European Convention for the Protection of Human Rights and Fundamental Freedoms
- European Social Chart
- First Optional Protocol to the Convention on the Rights of the Child
- First Optional Protocol to the International Covenant on Civil and Political Rights
- International Convention on the Elimination of All Forms of Racial Discrimination
- International Covenant on Civil and Political Rights
- International Covenant on Economic, Social and Cultural Rights

- International Convention on the Protection of the Rights of All Migrant Workers and Members of their Families

- Optional Protocol to the Convention Against Torture and Other Cruel, Inhuman or Degrading Treatment or Punishment

- Optional Protocol to the Convention on the Elimination of All Forms of Discrimination against Women

- Optional Protocol to Convention on the Rights of Persons with Disabilities

- Optional Protocol to the International Covenant on Economic, Social and Cultural Rights

- Protocol No. 11 to the Convention for the Protection of Human Rights and Fundamental Freedoms

- Protocol No. 14 to the Convention for the Protection of Human Rights and Fundamental Freedoms

- Protocol to the African Charter on Human and Peoples' Rights on the Establishment of an African Court on Human and Peoples' Rights

- Second Optional Protocol to the Convention on the Rights of the Child

- Second Optional Protocol to the International Covenant on Civil and Political Rights

- Third Optional Protocol to the Convention on the Rights of the Child

약어표

ACHPR	African Court of Human and Peoples' Rights 아프리카 인간과 인민 권리재판소
ACJ	African Court of Justice 아프리카사법재판소
ACJHR	African Court of Justice and Human Rights 아프리카사법·인권재판소
CAT	Convention against Torture and other Cruel, In- human or Degrading Treatment or Punishment 고문과 그 밖의 잔혹한·비인도적인 또는 굴욕적인 대우나 처벌의 방지에 관한 국제협약(고문방지협약)
CAT	Committee against Torture 고문방지위원회
CED	Convention on Enforced Disappearances 강제실종방지협약
CED	Committee on Enforced Disappearance 강제실종방지위원회
CEDAW	Committee on the Elimination of Discrimination against Women 여성차별철폐위원회
CEDAW	Convention on the Elimination of All Forms of Discrimination against Women 여성차별철폐협약
CERD	Committee on the Elimination of Racial Discri- mination 인종차별철폐위원회

CESCR	Committee on Economic, Social and Cultural Rights 경제적·사회적·문화적 권리에 관한 위원회
CHR	Commission on Human Rights 인권위원회(현재의 인권이사회의 전신)
CoE	Council of Europe 유럽심의회
CMW	Committee on Migrant Workers 이주노동자위원회
CRC	Convention on the Rights of the Child 아동권리협약
CRC	Committee on the Rights of the Child 아동권리위원회
CRPD	Convention on the Rights of Persons with Disabilities 장애인권리협약
CRPD	Committee on the Rights of Persons with Disabilities 장애인권리위원회
DAW	Division for the Advancement of Women (유엔) 여성지위향상부
ECOSOC	Economic and Social Council (유엔) 경제사회이사회
ECSR	European Committee of Social Rights 유럽사회권위원회
HRC	Human Rights Council (유엔) 인권이사회
HRC	Human Rights Committee 시민적·정치적 권리에 관한 국제규약의 위원회

HRCAC	Human Rights Council Advisory Committee
	인권이사회 자문위원회
ICC	International Criminal Court
	국제형사재판소
ICCPR	International Covenant on Civil and Political Rights
	시민적·정치적 권리에 관한 국제규약
ICERD	International Convention on the Elimination of All Forms of Racial Discrimination
	인종차별철폐협약
ICESCR	International Covenant on Economic, Social and Cultural Rights
	경제적·사회적·문화적 권리에 관한 국제협약
ICRMW	International Convention on the Protection of the Rights of All Migrant Workers and Members of their Families
	이주노동자와 가족권리 보호협약
NHRI	National Human Rights Institution
	국가인권기구
SC	Security Council
	안전보장이사회
SPT	Subcommittee on Prevention of Torture and other Cruel, Inhumane or Degrading Treatment or Punishment
	고문방지소위원회
UNHCHR	United Nations Office of the High Commissioner for Human Rights
	유엔인권최고대표사무소
UPR	Universal Periodic Review
	(인권이사회) 보편적정례검토

국가의 인권제도와 기구

홍성수

제 2 부 국가의 인권제도와 기구*

I. 세계화 시대의 국내 인권

'인권'이라고 하면 국제인권,

국제인권법, 국제인권기구를 떠올리곤 한다. 인권과 관련된 일을 한
다고 하면 국제무대에서 활약하는 모습이 자연스럽게 연상된다. '인

---

* 이 글은 다음 논문의 내용을 참고하여 재구성한 것임. 홍성수, "법에 의한 인
권 보호의 한계와 국가인권기구의 존립근거: '정규 국가기구'로서의 인권위의
기능과 위상," 『고려법학』 58호(2010), 151-194쪽; 홍성수, "국가인권위원회
조사·구제기능에 대한 평가와 과제: 출범 이후 10년간의 통계를 중심으로," 『법
학연구(전북대)』 34집(2011), 79-120쪽. S. S. Hong, "Regulatory Dilemmas

권', '인권법' 등의 표제를 달고 있는 논문이나 책을 들춰보면 국제인권, 국제인권기구, 국제인권법에 관한 내용이 들어 있는 경우가 대부분이다. 인권이 국적을 초월한 보편적 가치이고, 그 가치를 실현하기 위해 국제 사회는 많은 노력을 해왔으니 인권과 국제를 연결시키는 것은 당연한 일이다. 실제로 '국제'인권 규범이 제정됐고, 그것을 이행하기 위한 '국제'인권기구가 설치되어 왔으며, 국제 시민 사회라는 개념도 생겼다. 이러한 새로운 체제를 설명하기 위해, 유엔, 유엔관련 조직, 인권NGO, 인권 규범들로 구성된 '국제인권레짐'이라는 말도 등장했다(Donnelly 1986; 2003; Landmann 2005; Onuf and Peterson 1984).

하지만 이렇게 성장해온 국제인권레짐이 과연 실제로 인권을 보호하고 증진해왔는지에 대해서는 여러 가지 측면에서 의문이 제기되었다. 겉보기와는 달리 실속은 없었다는 뼈아픈 지적이 있었다. 아무리 국제인권규범과 국제인권기구가 발달했어도 강제적 효력은 없었고, 개별 국가에서 이를 무시하면 속수무책이었다. 대한민국만 해도 각종 국제인권조약에 가입하고 있지만, 조약기구나 특별기구의 권고를 무시한 경우가 한 두 번이 아니었다. 지역(region) 차원에서도 인권 규범과 기구들이 발전해 왔지만, 유럽연합처럼 구속력있는 결정과 집행체계를 갖추지 않는 한, '선언'에 불과한 수준을 넘어서지 못했다.

그래서 개별 국가들이 스스로 국내 인권을 증진하는 것이 궁극적 대안이라는 주장이 제기되었다. 결국 인권을 보호하고 증진하는 것

---

in Human Rights Protection: An Analysis of a National Human Rights Institution as a Solution," PhD Thesis, London School of Economics and Political Science (2008), 4~7장.

은 '국가' 단위에서 이루어져야 한다는 것이었다. 이를 위해 한편으로는 국제인권법의 규범력을 더욱 높이고 국제기구에게 강력한 권한을 부여하는 쪽으로 개혁이 추진되었다. 최근에는 보편적정례검토처럼 국가 상호간에 서로 견제하는 시스템이 도입되기도 했다. 다른 한편으로는 국제인권규범을 국내에서 이행하기 위한 '국가기구'를 설치해야 한다는 목소리도 커졌는데, 그것이 바로 국가인권기구(national human rights institutions)이다. 국제인권규범을 국내에서 이행하기 위한 국가인권기구를 각 국가에 설치해야 한다는 구상이었다. 그런 점에서 국가인권기구는 "국제규범의 국내적 이행을 위한 것"(Carndenas 2003, 23)이며, "국제법의 대리인"(Carver 2010) 또는 "인권영역에서 유엔의 활동을 위한"(UNCHR 1995, 39단락) 국가기구로 상정된 것이다.[1]

다른 측면에서 보면 국가인권기구는 일국 내에서 전통적인 국가기구가 가지고 있는 한계 때문에 제시된 것이기도 했다. 기존의 입법, 사법, 행정기구가 인권을 보장하는 데 있어 일정한 한계가 있다는 지적이 계속되어 왔고, 국가인권기구는 그 '틈새'를 메우기 위한 기구로서 제안되었다. 모든 국가기구는 그 자체로 인권의 보호와 증진이라는 목표를 갖고 있지만, 그럼에도 불구하고 인권을 전담하는 새로운 기구가 필요하다는 것이다. 실제로 민주주의가 충분히 성숙하지 않은 나라뿐만 아니라 성숙한 민주적 법치국가에서도 국가인권기구가 설립되어왔다. 이제 국가인권기구가 어느 나라에서나 필요한 기구로 자리를 잡게 된 것이다.[2]

---

1) 한국 인권위 스스로도 인권위의 위상을 국제인권규범의 국내적 실행을 담당하는 '준국제기구'로 명시한 바 있다(국가인권위원회 2003, 17).

다음에서는 이렇게 인권 규범과 기구의 발전에 따라 국가 차원의 인권제도와 기구가 어떻게 발전해 왔고 현재 어떤 기능을 수행하고 있는지를 살펴보려고 한다. 먼저 한국의 국가 인권제도와 기구를 개관하고(II), 세계적 차원에서 발전해온 국가인권기구의 발전사와 위상, 기능 등을 소개한 뒤(III), 한국 국가인권위원회의 위상과 기능을 소개해보도록 하겠다.

II. 한국의 국가 인권제도와 기구

1. 헌법, 법령, 국가기구의 인권보장

사실 국가의 모든 법과 제도는 인권을 위해 존재한다고 해도 과언이 아니다. 대한민국 헌법은 "모든 국민은 인간으로서의 존엄과 가치를 가지"고 있으며, "국가는 개인이 가지는 불가침의 기본적 인권을 확인하고 이를 보장할 의무"가 있음을 명확히 밝히고 있다(11조). 국가 원수인 대통령도 취임 시 "국민의 자유와 복리의 증진"을 위해 노력할 것을 선서한다(69조). 따라서 헌법뿐만 아니라 국가의 모든

---

2) 국가인권기구를 크게 선진국형, 후진국형, 이행기형으로 각각 구분하기도 한다(곽노현 1999, 88). 후진국형 국가인권기구는(아직 취약한) 정부와 사법부의 인권 보호기능을 일부 대체하는 조사-구제 기능을 주로 수행하고, 선진국형 국가인권기구는 정책자문이나 교육-홍보 기능에 상대적으로 더 초점이 맞춰져 있다는 점이 다를 뿐, 국가인권기구는 민주헌정국가에 보편적으로 요구되는 기구라는 점이 중요하다.

법령들은 인권의 목표를 실현해야 하며, 모든 국가기구들은 인권보장을 위해 복무해야 한다는 점에 대해서는 이견의 여지가 있을 수 없다.

2. 법무부

모든 국가기구가 인권의 보호와 증진을 위해 기능해야 하지만, 국가기구 중에서 특별히 인권업무를 다루는 부서도 필요하다. 한국 정부부처 중에서는 법무부가 그런 역할을 부여받고 있다. 모든 국가기구가 인권의 향상을 위해 일해야 하지만, 인권정책수립이나 인권 관련 각 부처 간 협력, 국제인권규약에 따른 정부보고서와 답변서의 작성, 인권침해사건의 조사 등의 업무를 법무부 인권국에서 총괄하고 있는 것이다. 법무부 인권국은 1962년 검찰국 인권옹호과에서 출발하여, 1975년 법무실 인권과, 2006년 인권국으로 확대개편되면서, 인권침해사건 조사뿐만 아니라, 인권정책 전반을 다루는 부서로 자리를 잡았다. 현재에는 인권정책과, 인권구조과, 인권조사과, 여성아동인권과 등 4개의 과가 있으며 각 과의 업무 분장은 다음 〈표 2-1〉과 같다.

법무부 인권국이 국가 인권업무를 총괄하고 있는 것일 뿐, 인권업무를 전담하는 것은 아님에 유의할 필요가 있다. 예를 들어 국가인권기본계획의 수립이나 국제인권규약에 다른 정부보고서 작성은 관련 부서가 각각 해야 할 일이며, 법무부 인권국은 이를 총괄하는 역할을 맡고 있는 것이다. 이 점은 국가인권정책기본계획(NAP)의 수립과 이행 과정에서도 잘 드러난다. 국가인권정책기본계획은 5년 단

인권정책과	법무부 내 인권 관련 정책수립에 관한 조정·총괄 인권옹호에 관한 각 부처 간의 협력에 관한 사항 인권 관련 국제조약·법령에 관한 조사·연구 및 의견의 작성 인권옹호에 관한 종합정책의 수립 및 시행 국가인권위원회와의 협력 등에 관한 사항 국제인권규약에 따른 정부보고서 및 답변서의 작성 인권옹호단체에 관한 사항 인권 관련 행사 및 홍보에 관한 사항 준법정신의 계도 기타 국내 다른 과의 주관에 속하지 아니하는 사항
인권구조과	범죄피해자의 보호·지원에 관한 사항 범죄피해자 보호를 위한 종합계획 및 연도별 시행계획의 수립 범죄피해자지원법인의 등록·지도·감독 및 지원 법률구조증진에 관한 사항 법률구조법인의 지도·감독
인권조사과	수사·교정·보호·출입국관리 등 법무행정 분야의 인권침해 예방과 제도개선에 관한 사항 법무행정 관련 인권침해 사건의 자체 조사 및 개선에 관한 사항
여성아동인권과	법무부 내 여성·아동 관련 정책의 수립·시행 여성·아동 관련 법무부 소관 법제 개선 피해자 국선변호사 운영 및 진술조력인 양성 양성평등(다양성관리)교육, 성희롱 고충상담센터

위로 국가 차원에서 수행해야 할 인권 관련 정책을 담은 계획인데, 이 계획을 수립하는 것은 주무부서인 법무부 인권국의 주요 업무 중 하나이지만, 그 수립과 이행에는 여러 정부 부처들이 관여하게 된다. 실제로 국가인권정책기본계획의 수립을 위해서는 '국가인권정책협의회'를 설치하도록 되어 있는데, 이 협의회 의장은 법무부 장관이며,

---

3) 법무부 인권국 홈페이지(http://www.hr.go.kr/HP/HUM/hum_01/hum_10
40.jsp) 참조.

기획재정부, 교육과학기술부, 외교통상부, 통일부, 법무부, 국방부, 행정안전부, 문화체육관광부, 농림수산식품부, 지식경제부, 보건복지가족부, 환경부, 노동부, 여성부, 국토해양부, 국무총리실의 차관(또는 차관급 공무원)이 위원으로 되어 있다(국가인권정책협의회 규정 3조).

한편, 법무부 인권국 인권조사과에서 인권침해사건의 상담·조사를 담당하고 있는데, 법무행정 관련 수사, 교정, 보호, 출입국 등에 관련된 인권침해 사건과, 법무부 소속 공무원의 성희롱 고충 사건에 한한다. 전자의 경우 인권 문제에 취약할 수 있는 영역에서 별도의 사건조사 절차를 둔 것으로 이해될 수 있다. 법무부 인권국에서는 장애인차별시정명령 업무도 수행하는데 이것은 '장애인차별금지 및 권리구제 등에 관한 법률'에 따른 것이다. 이 법에 따른 차별행위 판단은 국가인권위원회가 한다. 인권위가 차별행위로 판단하여 권고한 경우에는 법무부장관에게 통보하여야 하며(장애인차별금지 및 권리구제 등에 관한 법률 42조), 만약 권고를 받은 자가 정당한 사유 없이 권고를 이행하지 않고, 피해자가 다수이거나 반복적이거나 고의적으로 불이행하는 등의 문제로 그 피해 정도가 심각하고 공익에 미치는 영향이 중대한 경우에는 피해자의 신청 또는 법무부 장관 직권으로 시정명령을 할 수 있다(동법 43조).

3. 국가인권위원회

국가인권위원회는 인권의 보호와 향상을 목적으로 하는 독립적 국가기구로서 지난 2001년 설립되었다. 뒤에서 자세히 살펴보겠지만, 국제 사회의 요청이었던 국가인권기구의 설립이 국내 차원에서 이행된 것이라고 할 수 있다. 국가인권기구는 개별 국가마다 그 형태와 기능은 차이가 있지만, 그 주된 기능은 자문(인권정책), 조사(인권침해사건의 조사·구제), 교육(인권증진을 위한 교육, 홍보 등) 등이어야 한다는 것이 국제 사회의 요구이다. 다음에서는 항목을 바꿔서 국가인권기구의 기능과 역할을 자세히 논해보도록 하겠다.

III. 국가인권기구의 의의와 기능

1. 국가인권기구의 기원과 발전

1) 국가인권기구의 기원

1948년 세계인권선언 이후, 인권 관련 규범과 기구들은 비약적으로 발전해왔다. 인권 문제가 세계적으로 가장 중심적인 가치임은 의심이 없다. 유엔헌장 1장 1조에도 "인종, 성, 언어, 종교의 차이 없이 모두를 위한 인권과 기본적 자유의 존중을 증진하고 고취하는 데 있어 국제협력을 성취하는 것"이 그 주된 목적임이 명시되어 있다. 이러한 목적에서 유엔과 그 산하기구, 지역별 인권기구, 국제/국내 시민 사회 단체, 각국 정부 등은 인권의 보호·증진을 위해 나름의 역할을 하고 있다. 그리고 이것이 국제인권레짐을 이루고 있다. 이러한 성과가 국제공동체의 끊임없는 노력에 의해서 가능하긴 했지만, 국제인권기준의 이행을 위해 가장 중요하고 직접적인 책임이 있는 것은 여전히 개별 국가들이다(Marie 2003, 257-258; Burdekin and

Gallagher 2001, 815; Smith 2007, 227; Galligan and Sandler 2004, 48). 따라서 국제인권기준의 이행을 위해서는 국제기구들의 집행력을 높이는 것도 중요하지만, 개별 국가에서 국제인권기준 이행을 위한 체계를 갖추는 것도 중요하다고 할 수 있다. 이런 중간 고리 역할을 할 수 있는 기구를 각 국가 내에 설치하는 게 필요하다는 주장이 설득력을 얻게 되었고, 세계 여러 국가에 국가인권기구가 설치되기 시작했다.

국가의 주된 의무는 인권의 보호와 증진이며, 모든 국가기구는 직접적 또는 간접적으로 인권의 보호·증진을 위해 자기 역할을 한다. 대부분의 민주주의 국가들의 헌법은 국가의 권력구조의 목표가 인권의 보호·증진임을 규정하고 있다. 예컨대, 독일 헌법에는 "인간 존엄은 불가침이며, 이러한 인간 존엄을 존중하고 보호하는 것이 국가의 의무이다"(1조)라고 규정되어 있고, 한국 헌법에도 "국가는 개인이 가지는 불가침의 기본적 인권을 확인하고 이를 보장할 의무를 진다"는 규정이 있다(10조). 그러나 기존의 국가기구들인, 입법부, 사법부, 행정부 등으로는 인권보장에 있어 일정한 한계가 있음이 지적되어왔다. 따라서 국가인권기구라는 인권 전담 국가기구를 설치하여 다른 국가기구들의 한계를 보완하는 역할을 맡겨야 한다는 주장이 제기된 것이다.

국가인권기구는 다음과 같은 역사적 기원을 가지고 있다(UNCHR 1995, 20-35단락; Smith 2005). 국가인권기구의 설립과 발전은 유엔, 비정부기구 및 기타 국제·지역 조직들과 같은 초국가행위자들이 중요한 역할을 했다. 1946년 유엔 경제사회이사회가 유엔 회원국에 정보그룹 또는 지역 국가인권위원회를 만들어 유엔 인권위원회와 협력하라고 권고한 것이 국가인권기구 설립 논의의 시초다. 1960년 인권의 보호·증진을 위해 국가인권기구가 필요하다는 문제의식이 재조명을 받았고, 실제로 회원국들에게 각 국가 단위에서 국가인권기구를 설립하도록 권고되었다. 그 후 유엔은 지속적으로 국가인권기구에 관심을 갖게 되었고, 그 결과 1978년에 인권의 보호·증진을 위한 국가/지방 기구에 관한 세미나⁴⁾가 열리게 되었다. 이 세미나에서 최초로 '국가기구의 구조와 기능에 관한 지침'이 채택되었고, 이것은 나중에 유엔 인권위와 총회에서 승인을 받는다. 이 국가기구는 '시민적, 정치적 권리에 관한 국제규약'과 '경제적, 사회적, 문화적 권리에 관한 국제규약'을 국가 단위에서 이행하는 기구로서 제안되었다(UNCHR 1995, 22단락). 이 지침에 따르면, 국가인권기구의 기능은 1) 인권에 관한 정보·교육의 제공을 제공, 2) 정부에 권고나 조언, 3) 인권 문제 연구 등이며, 그 구조는 한 국가 내의 다양성을 반영해야 한다. 이 지침은 국가인권기구를 설립하고자 하는 국가들에게 가장 기본적인 지침으로서 기능했고, 실제로 1980년대에 이 지침에 따라 세계 각국에 국가인권기구가 설립되었다(UNCHR 1995, 24단락).

2) 국가인권기구의 발전

국가인권기구의 기원은 1946년으로 거슬러 올라가지만, 국가인권기구가 본격적으로 등장한 것은 최근의 일이다. 실제로 1990년만 해도 세계적으로 국가인권기구는 불과 8개 밖에 없었다. 하지만 그 이후 그 숫자는 기하급수적으로 늘어나서, 소위 '파리원칙'에 부합하

---

4) 1978년 18일부터 29일까지 스위스 제네바에서 열린 세미나(Seminar on National and Local Institutions for the Promotion and Protection of Human Rights)를 말하며, 여기서 국가인권기구에 관한 중요한 지침(Guidelines for the Structures and Functioning of National Institutions)이 채택되었다.

는 국가인권기구는 대략 70여 개 정도가 된다.[5] 이렇게 국가인권기구의 설치가 늘어나게 된 것은 인권과 민주주의의 발전과도 관련이 있다. 1990년 이후 60개가 넘는 나라들이 민주화가 되었으나, 인권이 국가적 가치로 완전히 자리 잡은 것은 아니었다. 민주화 초기의 인권과 민주주의의 불균형이 문제가 되자, 국제공동체가 이러한 간극을 매우기 위해 국가인권기구의 설립 요구에 더욱 박차를 가하게 된 것이다(Kjaerum 2003, 5). 이것은 당시에 특히 아프리카, 아시아, 동유럽, 중부유럽에서 국가인권기구가 집중적으로 설립된 이유이기도 하다.

1990년대에 들어 유엔은 세계 여러 나라에 국가인권기구를 보급하고자 다양한 시도를 했고, 그 결과, '파리원칙'이라는 중요한 국제기준이 마련된다.[6] 이것은 1991년 10월 7일부터 9일까지 열렸던 인권의 증진·보호를 위한 국가기구에 관한 국제 워크숍의 결론으로 제안된 것이며, 1992년에는 유엔 인권위원회에 의해, 1993년에는 유엔총회에 의해 승인되었다. 또 다른 중요한 계기는 '1993년 비엔나 세계인권회의'였다. 이 회의에서는 '비엔나 선언과 행동계획'이 채택되었는데, 여기에는 인권의 증진·보호를 위한 국가인권기구의 "중요하고 건설적인 역할"을 재확인하고, 각국 정부에 파리원칙에

---

5) National Human Rights Institutions Forum, "Chart of the Status of National Institutions: Accredited by the International Coordinating Committee of National Institutions for the Promotion and Protection of Human Rights," 2007(https://www.ohchr.org/Documents/Countries/NHRI/Chart_Status_NIs.pdf, 검색일: 2018년 8월 12일).

6) United Nations, "Principles relating to the status and functioning of national institutions for protection and promotion of human rights," adopted by the UN General Assembly in resolution 48/134 on 20 December 1993(*Paris Principles*).

따른 국가인권기구를 설립하고 강화할 것을 권고하는 내용이 담겨 있다(36단락). 특히 선언의 2부(85, 86단락)에는 유엔이 국가인권기구의 설립·강화를 지원하고, 국가인권기구 간의 협력을 권고하는 내용이 담겨 있다. 이 외에도 유엔, 지역기구, 국가인권기구대표들 사이의 정보 및 경험의 교류 필요성이 언급되어 있다.

비엔나 세계인권회의 이후 국가인권기구의 설립과 강화는 국제인권공동체의 가장 중요한 의제 중 하나가 되었고, 인권의 증진·보호를 위한 국가기구에 관한 국제워크숍, 2차, 3차, 4차 회의가 연달아 열렸다. 또한 1993년 출범한 유엔인권최고대표실이 국가인권기구 설립에 주요한 역할을 했고, 세계 국가인권기구들을 대표하는 국가인권기구 국제조정위원회가 출범하여 국가인권기구 간의 협력이 더욱 강화되었다. 특히, 여기에서는 파리원칙에 맞는 기구들을 승인하는 제도를 운영함으로써, 세계 국가인권기구들이 일정한 기준을 갖추는데 기여하기도 했다. 이외에도 영연방 사무국, 국제 옴부즈맨 기구, 국가인권기구 아태 포럼 등이 국가인권기구의 설립과 강화에 중요한 역할을 했다.

2. 국가인권기구의 유형

국가인권기구는 흔히 다음의 세 가지 유형으로 나뉜다(UNCHR 1995, para. 41-62단락). 최근에는 인권위원회 형태로 설립하는 경우가 많고, 한국의 경우에도 '국가인권위원회'라는 위원회형 국가인권기구를 갖고 있지만, 다른 유형의 기구들도 상당수가 있다.

1) 인권위원회

가장 일반적인 유형은 위원회형 국가인권기구다. 위원회형 국가인권기구는 대개 '인권위원회'라는 이름으로 설립된다. 주로 호주, 캐나다, 남아프리카, 한국 등 아시아-태평양지역 국가들, 아프리카 지역 국가들과 영연방국가들이 위원회형 국가인권기구를 설립했다. 조직이 2명 이상의 인권위원들로 구성된다는 특징을 가지며, 인권에 관해 비교적 넓은 범위의 관할권을 갖는다. 보통 자문기능, 교육기능, 조사기능의 3대 기능을 갖고 있으나, 조사기능 없이 자문위원회의 위상을 갖는 경우도 일부 있다. 그리스, 프랑스, 모로코 등 아프리카 지역 구프랑스 식민지 국가들이 후자에 해당한다. 한편 덴마크, 독일, 노르웨이 등에는 주로 연구와 자문 기능에 초점을 맞춘 국가인권(연구)센터가 설립되어 있기도 하다.

2) 차별시정기구

몇몇 나라들은 차별 문제에 관련한 전문기구를 두고 있다. 보통, 여성, 장애, 노동에 관한 차별 문제를 다루는 전문기구를 두고 있는데, 종교평등위원회, 장애권리위원회, 평등기회위원회를 두고 있었던 영국이 대표적이다. 특별한 분야를 전담하는 기구를 두고 있다는 점을 제외하면 일반적으로 위원회형 국가인권기구와 유사한 기능을 갖고 있다. 하지만 최근에는 하나의 기구로 통합하는 경우가 많아졌다. 차별 문제가 복합적이라 하나의 기구에서 처리하는 것이 더욱 효과적이고, 조직 효율성 면에서도 단일기구로 두는 것이 낫다고 보았기 때문이다. 여러 차별시정기구들을 통합하고 일반적인 인권침해 문제도 관할하게 하는 경우도 있다.

3) 인권옴부즈맨

또 다른 형태로 인권옴부즈맨이 있다. 원래 옴부즈맨은 공익을 대표하여, 행정기관의 부당하고 불법적인 조치에 대한 진정을 처리하는 기구이다. 그런데 이러한 옴부즈맨 중에 차별, 경찰, 교도소 등 특별한 분야만 담당하는 옴부즈맨이 있다. 장애, 소비자, 아동 등에 관한 특별옴부즈맨이 있는 스웨덴이 대표적이다. 옴부즈맨의 기본 기능이 행정기관에 맞서 개인의 권리를 보장하는 것이기 때문에 국가인권기구의 기능을 일부 수행한다고 할 수 있는 것이다.

다만, 대개의 옴부즈맨은 조사기능만을 가지고 있고, 행정기관의 인권침해만 다룬다는 점에서 일반적인 국가인권기구와는 차이가 있다. 또한 위원회형 국가인권기구가 다양성을 반영하기 위해 다양한 배경을 가진 사람들로 위원회를 구성하는 것과는 달리, 옴부즈맨은 대개 의회가 지명한 한 명의 옴부즈맨이 조직을 총괄한다는 특징이 있다. 또한 옴부즈맨은 국제인권기준보다는 실정법 위반의 문제만을 다루는 경우가 대부분이다.

4) 기타

하지만 국가인권기구 중에는 위와 같은 분류에 따라서 분류하기 어려운 경우도 있다. 예를 들어, 몇몇 국가들은 옴부즈맨만 설치되어 있고, 어떤 나라는 옴부즈맨뿐만 아니라, 인권위원회 또는 복수의 차별시정기구가 설치되어 있기도 하다. 실제로 영국은 차별시정기구들도 있었지만 동시에 북아일랜드 옴부즈만, 감옥·보호관찰 옴부즈맨, 경찰고충처리위원회와 같이 사실상 국가인권기구와 역할이 겹치는 기구들을 다수 보유하고 있다. 각 기구에 부여된 임무도 제각각이다. 대부분의 옴부즈맨은 조사기능만 가지고 있지만, 아르헨티나 국가옴부즈맨 같은 경우는 자문기능과 교육기능을 가지고 있으며, 이러한 기구를 '하이브리드 기구'라고 부르기도 한다(Cardenas 2001, 13-14). 실제로 이러한 하이브리드 기구들은 전형적인 국가인권기구들과 거의 비슷한 기능을 수행한다. 또한 몇몇 국가들은 페루, 콜롬비아, 파라과이 등 라틴 아메리카에 있는 국민옴부즈맨이나 덴마크 인권기구처럼 이름만으로는 국가인권기구처럼 보이지 않는 경우도 있다.

그래서 더 세부적인 분류가 제안되기도 한다. 예컨대, 국가옴부즈맨, 의회인권기구, 국제인도법을 위한 국가기구, 국가인권위원회, 하이브리드 기구 등으로 분류하거나(Cardenas 2001, 11-16), 자문위원회, 사법기능을 가진 위원회, 국가인권센터, 사법적 기능을 가진 인권옴부즈맨/위원회 등으로 구분하자는 견해도 있다(Kjaerum 2003, 8-9). 그래서 사실 국가인권기구가 세계에 몇 개가 설치되어 있는지를 헤아리는 것도 쉽지 않다. 국가인권기구 국제조정위원회가 파리원칙에 부합하는 국가기구에 A등급을 부여하고 있는데, 기구들이 70여 개 정도 되지만,[7] 다른 기준을 적용하면, 280개에 이른다는 분석도 있다(Cardenas, 2001, 11-16). 따라서 국가인권기구를 특정한 유형에 따라 분류하는 것은 한계가 있으며, 그 '기능'에 따라 분류하는 것이 더욱 적절하다고 할 수 있다(UNCHR 1995, 45단락). 즉, 국가인

---

7) 다음 조사에 따르면, 2017년 5월 현재 A등급 국가인권기구는 78개, B등급 국가인권기구는 33개이다. NHRIF(National Human Rights Institutions Forum), "Chart of the Status of National Institutions: Accredited by the International Coordinating Committee of National Institutions for the Promotion and Protection of Human Rights"(https://www.ohchr.org/Documents/Countries/NHRI/Chart_Status_NIs.pdf, 검색일: 2018년 8월 12일).

권기구는 어떤 형태의 기구이든, 자문기능, 교육기능, 조사기능 등 3대 기능을 가진 기구를 뜻하는 것으로 정의하는 것이다.

3. 국가인권기구의 기능

유엔인권센터는 국가인권기구를 "헌법이나 법령에 의해 정부가 설립한 기구로서, 특별히 인권을 증진하고 보호하는 기능을 가지고 있는 것"이라고 정의한다(UNCHR 1995, 39단락). 그러나 이러한 정의로는 불충분하다. 왜냐하면 거의 모든 국가기구들이 인권의 증진과 보호라는 목적을 가지고 있기 때문이다(UNCHR 1995, 36단락). 비엔나 인권선언과 행동계획은 "개별 국가들은 국가 수준에서의 특별한 필요에 가장 잘 맞는 틀을 선택할 권리를 가지고 있다"라고 확인한 바 있다(UNCHR 1995, 36단락; Burdekin 2001, 803). 이는 각각의 국가들이 자신의 정치, 사회, 문화, 경제적 상황에 가장 적합한 형태의 국가인권기구를 발전시켜나갈 수 있다는 것을 뜻한다. 하지만 그럼에도 불구하고 국가인권기구가 무엇이고 어떤 기능을 수행해야 하는지에 관한 최소한의 기준은 필요하다. 다음은 1995년 유엔 핸드북에 나오는 국제 가이드라인을 줄기로 삼아 국가인권기구의 기본적인 기능을 대략적으로 정리해본 것이다(UNCHR 1995, 139-297단락).

1) 자문기능
우선 국가인권기구는 '자문기능(advisory function)'을 갖는다. 이 기능은 유엔 핸드북에, "정부에 조언을 하거나 돕는 일"이라고 정의

되어 있다(UNCHR 1995, 181-215단락). 여기서 정부는 넓은 의미에서 입법, 사법, 행정부를 모두 포괄하는 뜻으로 사용된다. 실제로 대부분의 국가인권기구는 인권의 증진과 보호에 있어서, 이러한 국가기구에 자문하거나 돕는 임무를 갖고 있다. 국가인권기구가 정부의 기존 기구가 하던 역할을 '대체'하는 것은 아니다(UNCHR 1995, 190단락). 기존의 국가기구는 여전히 기존의 인권 관련 업무를 수행하는 것이며, 국가인권기구는 그럼에도 불구하고 기존 국가기구가 할 수 없는 틈새를 메우는 역할을 한다고 할 수 있다.

이러한 자문기능은 크게 두 가지로 분류될 수 있다. 하나는 정부에 자문을 하거나 권고를 하는 것이고 또 하나는 정부로 하여금 국제인권규범을 비준하고 이행하도록 유도하는 일이다. 일단 국가인권기구의 지원은 행정부, 입법부, 사법부가 그 대상이며 사적 기구도 포함될 수 있다(UNCHR 1995, 295-297단락). 옴부즈맨은 보통 행정부만을 대상으로 한다. 행정부에 관한한, 국가인권기구는 인권과 관련있는 각종 규정, 실무, 정책 등을 검토하고, 그 검토를 바탕으로, 적절한 입안, 수정, 폐지 등을 권고한다. 입법부에 관해서는 인권에 영향을 주는 현행 법(안)을 검토하고, 법(안)의 수정이나 폐지 등을 권고하며, 새로운 입법을 추진하도록 자문할 수도 있다.

문제는 피권고기관이 국가인권기구의 권고를 따르지 않는 경우가 생길 수 있다는 것이다. 이것은 국가인권기구가 원칙적으로 '강제집행 권한'을 가지고 있지 않기 때문에 벌어지는 일이다. 따라서 국가인권기구가 강제력이 아닌 다른 수단을 활용하여 그 권고가 받아들여지도록 압력을 가하는 것이 매우 중요하며, 실제로 국가인권기구는 압력을 가할 수 있는 수단을 최대한 동원해야 한다(UNCHR 1995, 18단락; Amnesty International 2001, 18). 이때 가장 중요한 것은 시민 사회의 힘을 활용하는 것이다. 국가인권기구는 언론이나 기타 홍보 수단을 활용하여 권고의 취지를 설득력 있게 설명하여 시민 사회의 광범위한 지지를 얻고, 그럼으로써 정부가 그 권고를 거부할 수 없게 만든다. 이때 유엔 인권기구나 지역별 인권기구, 국제NGO의 의견이나 지원도 시민 사회에서 힘을 얻기 위한 중요한 자원으로 활용될 수 있다(Amnesty International 2001, 18). 정부가 국제공동체의 압력에 노출되도록 하는 것이다. 한국의 경우에는 국가인권위원회의 권고는 공표되어야 하며, 피권고기관이 이행을 거부할 경우 그 이유를 문서로서 통지하도록 되어 있는데(국가인권위원회법 25조 4, 5항), 이것 역시 권고가 쉽게 무시되지 않도록 하는 하나의 제도적 장치라고 할 수 있다.

또한 자문기능은 국제인권의 국내 이행의 차원에서도 이해될 수 있다. 이러한 의미에서 국가인권기구는 "국제규범의 레토릭을 현실화"하는 데 기여하거나(Commonwealth Secretariat 2001, 3), "국제규범을 국내에서 이행하는"(Cardenas 2003, 23) 역할을 수행한다. 그래서 국가인권기구는 유엔이나 지역 기구들과 긴밀히 협력해야 하는 것이기도 하다. 실제로 국가인권기구는 국제기구에 국내 인권상황을 보고하고, 정부가 인권 관련 보고서를 작성하는 것을 지원하고, 국제인권의 이행을 감시하고, 국제인권규범에 관해 교육하거나 정보를 제공하며, 인권기구에 진정을 제기하려는 개인을 돕는다(Kjaerum 2003, 18-19). 또한 정부가 국제인권규범을 비준하고 이행하도록 지원하고 설득하는 것도 국가인권기구의 몫이다.

2) 교육기능

국가인권기구는 인권을 증진하기 위한 방법으로서 '교육기능(educational function)'도 가지고 있다. 국가인권기구는 자문기능과 조사기능을 통해 파악하게 된 인권 문제를 활용하여 인권에 관한 다양한 교육과 홍보를 제공한다. 교육은 다른 기능에 비해 미래지향적이고 사전예방적이며 문제를 근본적으로 해결할 수 있는 기반을 만드는 데 기여할 수 있다.

교육기능은 크게 두 가지로 나뉜다. 먼저 교육을 직접 수행하거나 교육프로그램을 개발하고 제공하는 것이다. 특히 법관, 검사, 경찰, 교도관 등 인권에 관련된 공무원에 대한 교육이 중요하며, 사적 기관 종사자들도 교육 대상이 될 수 있다. 또한 학교에 인권강의를 개설하도록 지원하거나 인권이 커리큘럼에 포함되도록 지원하는 역할도 할 수 있다.

인권에 대한 인식 수준을 제고하는 것도 교육기능 중 하나다. 인권에 관한 정보를 수집하고 정리하거나 생산하여 유통함으로써 인권에 관한 인식 수준을 높이는 것이다. 한국 인권위처럼 온라인/오프라인에 인권도서관/자료실을 운영하거나, 인권 관련 회의/세미나를 주최하거나 지원하는 것, 인권 관련 논문 공모, 홍보포스터 대회, 각종 홍보캠페인, 인권의날 기념, 인권상 수여 등도 인권에 관한 의식 수준을 높이기 위한 방법들이다.

3) 조사기능

또 다른 기능은 '조사기능(investigatory function)'이다. 이것은 국가인권기구가 인권 보호를 위해 가지고 있는 가장 중요하고 강력한 기능으로서, 옴부즈맨형 인권기구에는 이러한 조사기능만 가지고 있는 경우도 있다. 이것은 개인으로부터 인권침해진정을 상담하고 접수하여, 조사를 한 뒤, 적절한 구제를 제공하는 것으로 이루어진다.

(1) 진정 접수

첫 번째 절차는 인권 진정을 접수받는 것이다. 국가인권기구는 물리적, 심리적 거리가 모든 사람들에게 가까워야 한다. 이러한 이유에서 국가인권기구는 지역사무소를 설치하여, 진정 접수 등이 용이하게 해야 한다. 진정은 간략한 절차에 의해 사회적 약자들이 쉽게 활용할 수 있도록 시스템을 갖춰놓아야 한다. 진정의 상대방은 국가인권기구가 부여받은 권한에 따라서 다르다. 행정부를 향해서만 인권진정이 가능한 경우도 있고, 행정부를 비롯한 모든 공공기관인 경우도 있다. 하지만 최근에는 사적 기관에 의한 인권침해 문제가 심각해지면서 그 대상범위를 확대하는 경향이 있다. 어떤 인권이 진정 대상이 될 수 있는가도 문제다. 시민적, 정치적 권리가 국가인권기구에 의해 다뤄줘야 한다는 점에 대해서는 이견이 없으나(UNCHR 1995, 234단락), 경제적·사회적·문화적 권리가 진정 대상이 될 수 있는지에 대해서는 논란의 여지가 있다.

보통 사법절차에서는 법적 권한이 있는 당사만 소송을 제기할 수 있지만, 국가인권기구는 시민권이 없거나, 난민이거나 제3자도 진정을 제기할 수 있게 해놓은 경우가 많다. 집단을 대표해서 진정을 제기하거나 제3자 또는 시민 사회 단체가 피해자를 대신해서 진정을 제기할 수 있게 해놓은 경우도 있다(Burdekin 2001, 824-825).

(2) 대체적 분쟁해결 절차

대부분의 국가인권기구는 소위 '대체적 분쟁해결(ADR)' 절차를 인권침해사건을 해결하는 방법 중 하나로 제공한다. 대체적 분쟁해결 절차는 중재(arbitration), 알선(conciliation), 조정(mediation)으로 구성된다. 절차를 관할하는 제3자의 역할에 따라 각각 구분되는 것인데, 중재에서는 제3자가 구속력 있는 결정을 내릴 수 있지만, 알선과 조정에서는 그러한 권한이 없다. 대신, 알선에서 제3자는 권고 등으로 영향을 미칠 수 있고, 조정에서 제3자는 권고 등으로 영향을 미칠 수 없고 편견 없이 절차를 통제하기만 한다. 이 중 국가인권기구가 주로 활용하는 것은 알선이나 조정이다.

(3) 조사

국가인권기구는 조정 등으로 문제를 해결하기도 하지만, 조사를 하고 인권침해 여부를 직접 결정하기도 한다. 조사는 보통 진정에서 의해서 제기되지만, 몇몇 국가인권기구들은 진정이 없더라도 인권침해가 의심되면 조사에 착수할 수 있는 권한이 있다.[8] 조사는 인권침해의 사실을 확인하고 누구에게 책임이 있는지를 밝히는 것이다. 이러한 조사에서 국가인권기구는 조사권과 결정권을 갖는다. 예컨대, 필요한 정보에 접근할 권한, 당사자가 증인을 소환할 권한 등이 중요하다(UNCHR 1995, 259단락). 몇몇 국가들은 아예 체포영장 청구 권한이 부여되어 있기도 하다.[9]

국가인권기구의 조사절차가 진정 제기 없이 개시될 수 있도록 하는 경우도 있는데, 이것은 특히 취약한 피해자들이 쉽게 진정을 제기할 수 없음을 고려할 때 더욱 필요한 것이다.

---

8) 캐나다의 경우, Canadian Human Rights Commission Act, art. 40[3]; 호주의 경우, Human Rights and Equal Opportunity Commission Act, art. 20[1]; Racial Discrimination Act, art. 24; Sex Discrimination Act, art. 52 참조.

9) 캐나다의 경우, Canadian Human Rights Act, art. 43; 남아프리카공화국의 경우, Human Rights Commission Act, art. 10 참조. 하지만 국가인권기구가 이러한 강제권한을 갖는 것이 바람직한지에 대해서는 논란의 여지가 있다.

(4) 인권침해의 구제

인권침해의 구제는 나라마다 다르지만, 국가인권기구는 다양한 구제 방법을 활용하는 것이 특징이다. 이러한 조치는 선별적으로, 순차적으로, 또는 동시에 활용된다. 일반적으로 국가인권기구는 신속하고 저렴하고 효과적인 인권구제를 위해 다양한 수단을 구비할 것이 요청된다(Bailey 1993, 275-277).

우선, 대부분의 국가인권기구는 인권침해에 연루된 기관이나 개인에 대해 '권고'할 수 있는 권한이 있다. 인권을 침해하거나 그럴 가능성이 있는 정책이나 관행을 바꾸라고 권고를 하는 것이다. 예를 들어 호주 인권·기회평등 위원회는 손해배상을 포함한 피해자의 손해를 보상하라는 권고를 할 수 있다.10) 이러한 권고는 보통 법적인 구속력을 가지고 있지는 않으며 피권고자의 자발적인 수용에 달려 있다. 그러나 예외적으로 몇몇 국가인권기구들은 불이행 시 해명할 의무를 부과할 수 있다. 예컨대, 한국 국가인권위원회의 권고를 받은 기관이 그 권고의 이행을 거부할 경우 그 이유를 문서로 통지해야 한다. 우즈베키스탄에서는 옴부즈맨의 결정을 통지받은 기관이나 공직자는 한 달 내에 답변을 하도록 되어 있다.11) 슬로베니아에서는 인권옴부즈맨의 제안, 의견, 비판, 권고를 받은 기관은 30일 이내에 어떤 조치를 취했는지 답해야 한다.12)

두 번째로, 국가인권기구는 해결되지 않은 사건을 재판소(tri-

---

10) Australia: Human Rights and Equal Opportunity Commission Act 1986, arts. 29, 35.
11) Law of the Republic of Uzbekistan on the Authorized Person of the Oliy Majlis for Human Rights [Ombudsman], art. 16.
12) Human Rights Ombudsman Act of Slovenia, art. 40.

bunal), 의회, 사법부, 검찰 등 다른 기관에 보내기도 한다. 이러한 조치는 권고가 최종적으로 법적인 강제력을 갖게 하는 하나의 방법이기도 하다. 권고 이후의 후속, 보충적 조치로 활용되기도 한다(UNCHR 1995, 274단락).

국가인권기구가 단지 법원이나 수사기관에 사건을 보내는 것에 그치지 않고, 법률비용을 지원하거나 직접 소송을 수행하거나 소송 과정에서 의견을 내는 경우도 있다(Dickson 2003, 280-282). 특히 몇몇 국가의 국가인권기구는 당사자를 대신해서 소송을 직접 제기하기도 한다. 예컨대, 남아프리카공화국 인권위원회는 개인이나 단체를 대신해서 또는 직권으로 소송을 제기할 수 있다.[13] 몇몇 국가에는 특별재판소(special tribunal)가 설치되어 있어서 국가인권기구의 결정에 법적 강제성을 부여하기도 한다. 캐나다 인권재판소와 뉴질랜드 인권재판소가 대표적인 예이다.

세 번째로 몇몇 국가인권기구는 피권고자가 반드시 따라야 하는 명령을 내릴 권한이 있다(UNCHR 1995, 279단락). 이는 국가인권기구가 법적인 강제력을 갖는 결정을 내릴 수 있다는 것을 의미한다. 이에 따라 국가인권기구의 결정은 효율적이고 신속하게 집행되지만, 이것은 일종의 '행정처분'이 되어 나중에 소송에 의해 그 정당성이 다퉈질 수가 있다. 또한 이렇게 강제력을 가질 경우 절차가 소송과 유사해질 수밖에 없고, 향후에 소송에서 다시 다퉈진다는 점을 의식하여 소극적으로 대처하는 경향이 생길 수도 있다. 미래지향적이고 도전적인 결정이 내려질 가능성이 줄어든다는 얘기다. 그래서 구속력 있는 결정을 내릴 수 있는 권한이 오히려 국가인권기구의 특징적

13) Human Rights Commission Act, arts. 7[1][e].

인 기능에 해악적이라는 견해도 있다(Bailey 1993, 270). 또한 국가인권기구가 임시조치를 취할 권한을 갖고 있는 경우도 있다(UNCHR 1995, 278단락). 이것은 즉각적인 조치가 취해지지 않으면 회복할 수 없는 손해가 발생하는 경우에 적용된다.

(5) 공표

일반적으로 국가인권기구는 권고나 조사구제 결과의 내용을 공표한다(UNCHR 1995, 280단락). 책임성, 투명성, 신뢰성을 높이기 위한 것도 있겠지만, 공표 자체가 피권고자에게 영향을 미치는 하나의 수단이 될 수 있기 때문이다. 또한 공표를 하는 것이 시민 사회에 인권에 대한 관심을 불러일으키고 공적 토론을 촉발하는 기능을 하기도 한다(UNCHR 1995, 281, 290단락).

IV. 국가 중심적 인권 보호의 한계와
국가인권기구의 등장

위에서 국가인권기구의 발전사와 개념을 간단히 소개했다. 그런데 국가인권기구의 발전을 유엔의 권고에 따른 이행, 또는 국제인권의 국내화라는 차원에서만 이해하는 것은 지나치게 일면적이다. 국가 내재적으로 볼 때는 기존의 국가 중심적 인권 보호, 더 정확하게는 행정부와 사법부가 담당했던 인권 보호가 한계에 부딪혔기 때문이다.

1. 국가와 법에 의한 인권 보호의 한계

1) 근대국가의 인권 보호

근대인권은 시민들이 국가에 맞서 자신들의 권리를 보호하는 과정에서 발전했다. 시민들은 '문서'로써 자신의 권리를 약속받았고, 권력이 집중되고 남용되는 것을 막고자 여러 헌법적 원리들을 발전시켰다. 여기서 '법'은 권력을 집행하는 수단이 아니라, 시민의 권리를 보호하는 도구로써 그 의미를 새롭게 부여받게 된다. 시민들은 자신들의 권리를 '법'으로 명문화함으로써, 권리가 침해될 때 근거규범으로 활용할 수 있게 된 것이다. 이렇게 권리를 입법화하여 국가의 강력한 보호 아래 두는 것은 근대 이후 인권의 보호와 증진을 위한 가장 보편적인 방법으로 자리 잡았다.

이로써 근대국가는 시민의 권리 보장을 그 기본적 이념으로 삼게 되었다. 한국 헌법 10조는 국가의 기본권 보장의무를 규정하고 있고, 독일 기본법도 1조에 인간 존엄의 존중과 보호를 국가권력의 의무라고 명시하고 있다. 또한 헌법의 기본원리인 법치주의의 가장 본질적인 내용은 기본권의 보장이고, 법치주의는 모든 국가권력을 구속한다는 점에서, 법치국가의 모든 통치질서는 직간접적으로 기본권의 보장에 지향되어 있다. 헌법이론에서 '기본권의 이중성'이라고 해서, 기본권을 개인의 '주관적 권리'일 뿐만 아니라 "공동체의 객관적 질서의 기본요소" 또는 "객관적 가치질서"로서 간주하는 것도 같은 맥락이다(Hesse 2001; 홍성방 2009, 283-282).

2) 현대국가의 법적 규제와 사회이론의 비판

하지만 국가가 법을 이용하여 인권을 보호·증진시키는 것에는 많은 한계와 문제점이 지적되어 왔다. 그 일반적인 비판은 여러 현대사회이론에서 찾아볼 수 있다. 먼저 하버마스(Jürgen Habermas)는 시민의 실질적인 권리를 보장하기 위한 사회복지국가의 법적 개입이 오히려 시민의 자유를 박탈하는 속성을 가지고 있음을 날카롭게 지적한다(이하는 Habermas 2007, 549 이하; 홍성수 2015). 하버마스는 경제체계와 행정체계의 절대명령이, 상호이해를 통해 조정되고 의사소통행위를 통해 재생산되는 생활세계를 식민화하는 경향이 있다고 보면서, 이를 현대 사회복지국가의 병리적 현상으로 진단한다. 그에 따르면, 사회복지국가의 법제화는 실질적 자유와 평등의 보장을 목표로 했으나 동시에 자유를 박탈하는 이중적 성격을 가지고 있다. 사회복지국가의 법제화는—그 선한 의도에도 불구하고—그 수혜자이자 고객인 개인의 자율성 훼손 문제에 충분히 민감하지 못했고, 그 결과 시민들의 삶이 국가와 법에 의해 재단되고 자율성을 상실하게 되었다는 것이다. 국가의 관료적 개입은 시민들이 자유롭고 평등하게 공론영역에 참여할 수 있는 권리를 훼손시키고, 국가로부터 수동적으로 정해진 권리를 부여받는 후견적 존재로 전락한다. 하버마스는 이를 "복지국가 후견주의"라고 표제화하며, 이러한 문제가 특히 복지, 가족, 교육, 여성관련법의 영역에서 자주 발생한다고 지적한다.

　루만(Niklas Luhmann)은 기능적으로 분화된 현대사회에서 국가가 중심이 되어서 다른 체계를 조종하려는 것 자체가 바람직하지 않을 뿐만 아니라 불가능하다고 본다. 그에 따르면 경제, 정치, 과학, 종교, 교육, 법 등의 각 부분체계는 각각 분화되고 전문화되어 독자적인 기능체계를 형성하게 된다(Luhmann 1984). 이렇게 기능적으로 분화된 사회에서 문제가 발생하면, 각 부분체계의 고유의 논리에 따라 그 문제를 각각 판단하고 대처한다. 예컨대, 불법적인 야간시위가 확대되는 것에 대해서, 인권체계는 그것을 표현의 자유에 대한 국제인권규범의 시각에서 판단하지만, 법에서는 그 불법성과 헌법합치성 등 법적 코드의 관점에서 파악하고, 경제체계는 시위로 인한 경제적 이익과 손실의 관점에서 이를 파악한다. 이렇게 기능적으로 분화된 사회에서는 문제를 해결하는 중앙기관은 존재하지 않는다. 국가도 국가 고유의 업무를 처리하는 하나의 부분체계로서 그 기능을 수행할 뿐이다. 사회적 통일성은 하나의 중심체계가 담당하는 것이 아니라, 제각기 그 나름의 부분체계-주변세계 차이를 통해 반응하는 다수의 부분체계들 자체에 위임되어 있는 것이며, 그런 점에서 현대사회는 "초질서적 심급"이 없는(Luhmann 1996, 222), 즉 "정점과 중심이 없는 사회"라고 할 수 있다(Luhmann 2001, 29; 김종길 1996, 81).

3) 명령통제식 규제와 국가에 의한 인권 보호의 한계

이와 같은 사회이론의 비판은 결국 국가 중심적인 해법에 회의적인 것인데, 이것은 1980년대 이후 이른바 규제학을 통해 좀 더 체계적이고 정교하게 발전된다(이하는 홍성수 2008). 많은 규제연구들은 현대 국가가 경제를 조정하고, 사회적 약자를 보호하기 위해 취했던 여러 가지 법적 규제들이 실패했음을 지적한다. 국가규제의 가장 전통적이고 널리 사용되어온 형태는 '명령-통제식 규제'였다. 명령-통제식 규제에서는 국가가 독점적인 명령-통제권을 가지고, 단일 규제자로서 행위한다는 점에서 '국가중심적 규제'라는 특징을 갖는다. 그동안 이러한 명령-통제식 규제가 광범위하게 활용되어 왔지만, 그 한계 또한 여러 각도에서 지적되어 왔다. 먼저 현대의 다원화 사회에서 국가는 규제대상에 대한 충분한 정보와 지식을 가지고 있지 않다는 문제, '법'이라는 규제도구는 규제대상의 복잡성에 반응하게 충분히 유연하지 못하고, 이 때문에 규제가 사실상 실패로 돌아가거나 규제자가 규제대상자에게 오히려 포섭되는 문제 등이 그것이었다.

현대국가가 법을 통해 인권을 보호하려고 했던 시도 역시 '규제'에 해당한다면, 국가가 인권의 보호와 증진을 위해 동원한 방법 역시 명령-통제식 규제와 유사한 것이었다고 할 수 있다. 국가는 여성, 노동자, 장애인 등 사회적 약자의 권리보호를 위해 이들의 권리를 법제화하였다. 이것은 아주 효과적인 수단이기도 했지만, 명령-통제식 규제가 갖는 한계를 고스란히 가지고 있었다. 이 문제 특히 노령, 고용, 보건, 등 주요 사회권 이슈들에서 더욱 분명하게 드러난다. '경제적·사회적·문화적 권리에 관한 국제규약' 2조는 "이 규약에서 인정된 권리의 완전한 실현을 점진적으로 달성하기 위하여", "개별적으로 또한 특히 경제적, 기술적인 국제지원과 국제협력을 통하여", "자국의 가용 자원이 허용하는 최대한도까지"라고 규정하고 있는데, 이것은 사실상 사회권이 당장 실현될 수 없는 현실적 조건이 있다면(예컨대 가용자원이 충분치 않을 경우) 그 완전한 실현이 유보될 수도 있음을 전제한 것이라고 할 수 있다. 한국 헌법 34조 1항 "모든 국민은 인간다운 생활을 할 권리"의 해석에 대해서 헌법재판소는 "국가가 재정형편 등 여러 가지 상황들을 종합적으로 감안하여 법률을 통하여 구체화할 때 비로소 인정되는 법률적 권리라고 할 것"이라고 해석한 바 있다(헌법재판소 1995.7.21 93헌가14 결정). 이것은 자유권과는 달리 사회권은 그 기준이 상대적으로 모호할 수밖에 없으며, 일정한 자원이 확보되지 않으면 그 실현이 불가능하다는 특징을 잘 보여준다. 헌법이론에서 사회적 기본권의 법적 성질과 사법구제가능성을 두고 다양한 의견대립이 있는 것도 이 때문이다(계희열 2002, 643 이하; 장영수 2011, 788 이하).

이러한 사회권을 법제화하는 것은 여러 가지 문제를 낳는다.[14] 국가는 사회보장의 법적 기준을 사전에 정해야 하는데, 그 결정에 이르는 복잡한 과정에서 주권자인 시민들의 참여 대신 관료주의적인 절차가 주도권을 행사한다. 여기에서 가장 중요한 것은 공정한 법적 기준을 정하는 것인데, 관료적 집행은 무엇이 평등이고 불평등한 것인지를 과도하게 일반화하는 경향이 있다. 만약 이 기준이 너무 세부적으로 정해지면, 이 기준에 정확하게 부합하지 않는 당사자들의 개별적이고 구체적인 사정에 탄력적으로 대응할 수 없게 된다. 반대로 이 기준이 너무 일반적으로 규정되면, 집행과정에서 행정관료들의 재량이 지나치게 커진다는 부작용이 생긴다. 어떤 경우에서나 시민들의 생활세계에서 나오는 다원적이고 복잡한 요구들을 국가기구가 관료적으로 수용하기에 국가는 충분한 지식을 가지고 있지도 못하고, 법은 그것을 담기에 충분히 민감하지 못한 도구라고 할 수 있다. 따라서 비법적인 방법, 비강제적인 방법으로 인권 문제를 해결해나갈 필요성이 대두되는 것이다.

4) 사법적 권리구제의 한계

한편, 법을 통한 인권 보호는 최종적으로 '사법적 구제'에 의존하게 된다. 즉, 법으로 보장된 인권이 침해되면 사법절차에 따라 그

---

14) 여기서 사회권이 자유권에 비해 열등하다거나 권리성을 부인하는 사회권/자유권 이분법을 옹호하고자 하는 것은 결코 아니다. 하지만 사회권의 법적 정당화와 법적 실현에서 자유권과는 다른 어려움이 있다는 점은 분명하다(장은주 2007, 286-293).

구제가 진행된다. 하지만 이러한 사법적 권리구제는 다양한 맥락에서 그 한계가 지적되어 왔다(Niven 2008, 49-51; Burdekin 2001, 817-818; Roberts and Palmer 2005, ch. 2; Tarnopolsky 1985, 167-169; Maslow and Rovison 1953, 363 이하). 우선, 소송에 대한 가장 전형적인 비판으로 소송이 비용과 시간의 측면에서 소모적이라는 점이 지적된다. 둘째, 사법부의 고유한 보수성으로 말미암아 법원의 판결은 기존의 법리, 판례, 관행에서 크게 벗어나지 못한다.[15] 셋째, 소송은 대립적인 두 당사자 사이에서 승자와 패자라는 이분법적 결론을 내리는 대립적 구조를 취하고 있기 때문에, 충돌하는 두 이해관계를 지양하는 생산적인 결과가 도출되기 어렵다. 넷째, 소송은 사후구제적 조치이기 때문에 이미 벌어진 문제를 구제하는 것에 한정되며, 해당 사건의 구제 이외에 근본적인 대안이나 미래지향적 결론을 내릴 수 없다는 한계가 있다. 다섯째, 최근에 많이 지적되고 있는 문제로, 선출되지 않은 권력인 사법부가 인권을 다루는 것 자체가 문제라는 것이다(Freeman 2006, 49; Gearty 2006, 78). 특히 사회권이나 차별의 문제의 경우 그 문제양상이 매우 복잡해서, 법에 자세히 그 기준을 나열해 놓으면 탄력성이 떨어지고, 반대로 일반적인 기준을 정해놓으면 법관의 재량권이 지나치게 커져서 결과적으로 인권을 탈정치화한다는 것이다.[16]

---

15) 심지어 헌법 제6조 1항이 "헌법에 의하여 체결, 공포된 조약과 일반적으로 승인된 국제법규는 국내법과 같은 효력을 가진다."고 하여, 국제인권조약이 국내소송의 법원(法源)임을 분명히 하고 있음에도 불구하고, 실제 실무에서 국제인권조약의 조항들이 적용되는 경우는 거의 없었다(정경수 2006; 2008).
16) 같은 취지에서, 성희롱 문제에 있어서 사법적 구제의 한계가 지적되기도 한다(홍성수 2010).

또한 사법적 판단이 구체적인 인권 문제에 개입하는 경우에 각 부분체계의 자율성을 침해할 수 있다. 이것은 사법절차가 사회권에 결부되어 있는 현실적 조건을 고려하기에는 적절하지 못하기 때문이다. 예컨대, 승강기가 설치되어 있지 않은 빌딩이 휠체어 이용자의 이동권을 침해하는지의 여부에 대해서 사법부는 그 불법성을 사전에 마련되어 있는 법적 기준에 따라 판단할 뿐, 승강기 설치와 연관되어 있는 경제적, 행정적 조건들을 고려하기는 어렵다. 만약 이러한 조건들을 무시하고 인권침해라는 법적 명령을 내리면, 그 명령을 수행할 능력이 없는 경제체계의 고유의 합리성이나, 나름의 이행계획과 예산계획을 가지고 있는 행정체계의 자율성이 침해될 수 있다. 이것은 사회권의 문제가 법으로 풀어야 할 문제인지, 정치와 정책의 문제인지에 대한 근본적인 의문을 제기하는 것이기도 하다.17) 하지만 이러한 난점이 있다고 해서 국가가 사회권 보장 의무를 소홀히 하거나, 사법부가 사회권의 해석에 소극적으로 나선다면, 사회권을 국가의 법적 개입으로 보장하려고 했던 사회복지국가의 기획은 실패로 돌아가게 된다.

2. 국가인권기구를 통한 새로운 인권 보호의 방법

1) 새로운 규제방법의 등장
지금까지 인권에 대한 법적 보호가 가지고 있는 한계를 현대사회

---

17) 그런 이유에서, 사회적 기본조건의 현실적 실현조건을 법적 평가의 대상으로 삼는 것이 쉽지 않은 문제라면서, 민주적 정치과정을 통해 해결되는 것이 더 합리적이라는 지적도 있다(장영수 2011, 798).

이론과 규제학의 이론적 성과를 활용하여 조망해 보았다. 인권에 대한 법적 개입 자체를 포기할 수 없다면, 우리는 새로운 인권 보호의 방법을 생각해보지 않을 수 없다. 이에 대한 착안점을 우리는 규제학에서 발전시킨 '새로운 규제전략'에서 찾아볼 수 있다. 이 전략은 어떤 청사진과 프로그램을 가지고 있다기보다는 실무와 이론에서 발전시킨 다양한 대안들의 총합이며 어떤 경향성에 불과하지만, 대략 다음과 같은 공통점을 찾아볼 수 있다(홍성수 2008, 7-13; Morgan and Yeung 2007).

첫 번째, 새로운 규제전략은 국가를 단일한 규제자로 설정하지 않으며, 다양한 사회적 행위자들이 규제에 함께 참여한다는 것을 전제한다. 전통적인 규제가 규제자인 국가와 피규제자와의 관계에 기반한다면, 새로운 규제는 NGO, 집단조직, 각종 위원회, 전문가조직, 회사, 공동체, 평가기구, 계약당사자 등 다양한 형태의 제3의 규제자들 사이의 복잡한 상호작용과 상호의존에 의존한다. 피규제자는 이제 단순한 규제 대상이 아니고, 규제자와 피규제자는 더 이상 적대적인 관계가 아니며, 여기서 규제는 규제자와 피규제자의 적극적인 상호작용의 결과물로서 구성된다.

두 번째, 새로운 규제전략은 사회적 행위자들의 자율성을 존중한다. 즉, 국가가 모든 것을 권위적으로 문제에 개입하는 대신, 사회적 행위자들이 스스로의 자율성에 기반하여 규제를 발전시켜나갈 수 있게 한다. 여기서 국가는 복잡한 사회 문제를 직접 조종하는 대신, 당사자들이 스스로 문제를 해결해나갈 수 있는 메커니즘만을 간접적으로 규율한다.

세 번째, 이와 동시에 다양한 규제방법이 활용된다. 법적 규제에 의한 직접적인 개입에 의존하는 명령통제식 규제와는 달리, 새로운 규제전략은 간접적이고 유연한 다양한 방법들을 활용한다. 여기서 규제대상자의 자율성은 존중되며, 그들의 행위는 단지 간접적으로만 규제된다. 그 구체적인 방법으로는 보다 유연하고 간접적인 방식인, 강제된 자율규제, 상호규제와 협력적 교육, 설득, 인센티브에 근거한 메커니즘, 시장을 이용한 통제, 공시에 대한 규제, (정부에 의한) 직접적 조치, 권리, 책임, 공적 보상, 보험-체제, 기준에 대한 승인 등이 있다. 새로운 규제전략은 이러한 규제방법 중 어느 하나가 배타적으로 선택되어야 한다는 것이 아니라, 다양한 방식의 규제가 어떻게 동시에 또는 순차적, 보충적으로 활용될 수 있는지에 초점을 맞춘다.

2) 국가인권기구의 인권 보호·증진 방법과 새로운 규제전략

이러한 새로운 규제전략의 구상은 국가인권기구의 새로운 인권 보호 메커니즘을 이해하는 데 도움이 될 수 있다. 국가인권기구의 기능은 보통 세 가지로 나뉜다(UNCHR 1995, III, IV, V). 첫 번째는 권고기능으로서, 국가기구나 사적 기관에 대해 인권의 관점에서 그 업무가 수행되도록 가이드라인을 제시하고 권고 또는 자문하는 것이다. 두 번째는 조사-구제기능으로서, 인권침해를 당한 당사자로서부터 진정을 접수받고, 문제를 해결해주는 기능이다. 이것은 사법기관이 하는 일과 유사하지만, 조정 등 대체적 분쟁해결 절차를 활용한다는 점에서 차이가 있기 때문에 흔히 '준사법적 구제'(UNCHR 1995, 92, 220단락; Lindholt and Kerrigan 2001) 또는 '비사법적 구제'[18]라고 부른다. 마지막으로 교육-홍보기능은 잠재적인 인권침해자에 대

---

18) 한국에서 비사법적 권리구제 방법을 사용하는 기관으로 국민고충처리위원회 (현 국민권익위원회), 국가인권위원회, 언론중재위원회, 환경분쟁조정위원회를 들고 있는 이경주(2006) 참조.

해서 인권 교육을 실시하고, 인권의식의 고양을 위해 인권 교육, 인권홍보 활동을 하는 것을 말한다. 국가인권기구가 이러한 세 가지 기능을 수행하는 방법은, 이른바 '새로운 규제전략'과 많은 유사점을 가지고 있다(Hong 2008, Ch. VII).

(1) 다양한 행위자들의 협력적 인권관계와 촉진자로서의 국가인권 기구

새로운 규제전략에서는 국가에 의한 일방적인 규제를 국가 이외의 다양한 행위자들의 상호작용에 의한 규제로 변화시킴으로써, 명령통제식 규제의 한계를 극복하고자 한다. 국가인권기구 역시 관련자들의 협력적 상호작용으로 인권분쟁을 해결하고자 한다. 무엇보다 국가인권기구의 분쟁해결방법에는 '조정'이나 '화해'의 방법이 적극 활용된다. 검사와 피고인 또는 원고와 피고가 대립하는 법정과는 달리 국가인권기구의 조정절차는 당사자들이 협력적 관계를 맺고 합의를 도출하는 과정이다. 이것은 국가인권기구가 인권침해분쟁을 ─ 적대적인 당사자를 전제하는 사법절차와는 달리 ─ "화해의 원리"에 기반을 둔 설득과 합의의 과정으로 해결하고 있다는 점을 보여준다(Burdekin 1998, 522; 한상희 2002, 104-107). 여기에서 가해자와 피해자의 관계는 반드시 대립하고 적대하는 것이 아니라 상호이해가 가능한 협력적 관계로 파악되며(한상희 2002, 104-107), 국가인권기구는 여기서 일종의 '촉진자' 역할을 한다(Beco 2007, 341, 370).

국가가 인권 보호를 위해 개입하는 방법을 '법적 방법 vs. 자발적·협력적 방법'(Morgan and Yeung 2007, 321) 또는 '억압적 모델 vs. 반성적 모델'(Hertogh 1999, 69; Rief 2000, 30; Rief 2004, 18-19)로 나누기도 하는데, 국가인권기구가 다른 관련기관들과 관계하는 방법은 후자에 해당한다고 할 수 있다. 억압적 모델의 방법이 위계적이고 수직적인 관계 속에서 권위적으로 결정된 명령을 강제하는 식으로 문제를 해결한다면, 반성적 모델은 수평적 관계 속에서 협력적으로 문제를 해결한다. 예컨대 국가인권기구의 정부에 대한 권고는 상급기관이 하급기관에 내리는 권력적인 명령이 아니라, 인권전문기구로서 '인권'의 중요성을 강조하고 설득하여 협력을 이끌어내는 과정으로 이해할 수 있다.

(2) 행위자 자율성을 존중하는 인권의 이행
국가인권기구가 인권을 이행하는 방법은(잠재적) 가해자를 처벌하거나 명령하는 방식이 아니라, 그들의 자율성을 존중하는 가운데 인권의 가치를 확산시키는 것이다. 국가인권기구는 다른 기관과 관계하는 방식은 독특하다. 세계의 대부분의 국가인권기구들은 구속력 있는 결정을 내릴 수 없고, 다만 권고를 할 수 있을 뿐이다. 이 권고는 피권고자에게 일정한 영향력을 행사하지만, 그 이행 여부에 대한 최종적인 결정은 여전히 피권고자에게 달려 있다. 위에서 살펴본 규제이론에 따르면, 기능적으로 분화된 현대사회에서 어떤 한 체계가 다른 체계에 대한 정보를 온전하게 파악하는 것은 거의 불가능하며, 따라서 어떤 한 체계가 다른 체계에 직접적인 영향력을 행사하는 것은 위험한 일이다. 마찬가지로, 인권은 중요한 가치이지만, 모든 종류의 인권이 어떤 가치보다 언제나 절대적으로 우위에 있다고 보기는 어렵다. 그럼에도 불구하고, 국가가 법을 통해 인권을 다른 가치들보다 우위에 놓는 것은, 다른 가치를 무력화시키고 다른 체계들의 자율성을 훼손할 수 있다.
실제로, 국가 정책에서 인권은 중요한 가치지만 몇몇 권리들은 국가의 발전 수준에 비추어 당장의 이행이 어려운 경우가 있을 수 있다. 예를 들어, 경제발전 수준에 따라 '문화생활을 할 권리'나 '쾌적한 환경에서 살 권리' 같은 경우, 그 즉각적인 보장이 어려운 경우가 있을 수 있다. 이런 상황에서 법원이 이들 권리의 실현을 명령한다면, 자칫 경제 정책 자체가 혼선을 빚어서 중장기적으로는 오히려 권리 보장이 어렵게 될 수도 있을 것이다. 하지만 그렇다고 아무런 조치를 취하지 않는다면 인권은 매번 후순위로 밀리게 될 것이다. 그래서 국가인권기구는 소홀하게 대접받기 쉬운 인권의 중요성을 강조하고 그 의미를 '증폭'시켜서 대상기관에 전달함으로써 사회적 영향력을 갖게 한다.[19] 국가인권기구는 이렇게 다양한 가치들의 존재를 인정하고 피권고기관의 자율성을 존중하면서도, 일정한 영향을 끼쳐서 그들이 스스로 인권의 중요성을 내면화할 수 있도록 하는 것이다(Fredman 2009, 343 이하).

루만의 이론을 빌리자면, 인권이 국가인권기구를 통해 피권고기관을 자극(irritation, perturbation)하면서 상호진화한다고 할 수 있다(Luhmann 2004, 383, 422; Teubner 1992; 1993).[20] 국가인권기구의 권고를 통해 자극을 받은 피권고기관은 그것을 바로 수용하기도 하

---

19) 따라서 인권위가 경제적 관점이나 정치적 현실을 고려하지 못한다는 비판은 적절치 않다. 물론 권고의 설득력을 높이기 위해 경제나 정치의 관점을 일부 수용하는 것은 가능하지만, 국가인권기구는 기본적으로 '인권'의 관점에서 사유하는 것이고, 그 관점이 다른 관점과 교차하도록 그것을 강조하는 기관이다.

20) 필자는 이러한 국가인권기구의 기능을 인권과 다른 체계의 '구조적 연결 테제(the coupling thesis),' 다른 체계에 대한 '자극 테제(the irritation thesis),' 다른 체계를 직접 조종하기보다는 그 자율성을 존중함으로써 직접규제의 충격을 완화하는 '충격흡수 테제(the shock-absorbing thesis)'로 설명한 바 있다(Hong 2008, Ch. V).

지만, 때로는 권고의 취지를 살리는 다른 방법을 모색하거나, 중장기 계획에 권고의 내용을 반영하기도 한다. 예를 들어, '문화생활을 할 권리'의 보장이 당장 힘든 상황이라면, 일단 최소한의 임시조치를 취하고 중장기 계획을 세워 권리를 점진적으로 보장하라고 권고할 수 있다. 이렇게 국가인권기구의 권고는 명령하거나 조종하는 것이 아니라 자극하고 설득을 하여 변화를 유도하는 것이다.

이렇게 국가인권기구의 권고가 이행되는 과정을 대화와 설득의 과정으로 이해할 수 있다. 현행 국가인권위원회법 25조 3항에 따르면, 인권위의 권고에 대하여 피권고기관의 장이 권고를 이행하지 않을 경우 그 이유를 문서로 설명하도록 되어 있고, 그 과정은 공개적으로 진행될 수 있다. "권고 → 피권고기관의 불이행에 대한 설명 → 재권고"로 이어지는 일련의 과정을 통해 관련기관에서 소홀히 다뤄졌던 인권의 가치가 강조되고, 공개적으로 토론되고, 공감을 얻어냄으로써 최종적으로 피권고기관에 의해 수용될 수 있는 것이다.[21] 시민 사회와 공론영역에서 형성된 의사소통적 권력이 적절한 절차와 법을 통해 행정권력으로 이행되어 간다는 하버마스의 이론틀을 차용하자면, 국가인권기구는 인권에 관한 "공유된 믿음"의 "동기력"에서 나온 "의사소통적 권력"을 형성하고 활성화하여 "행정권력"으로 이행시켜주는 역할을 하는 것이라고 이해할 수 있다.[22]

요컨대, 국가인권기구는 권고 권한만을 가지고 있고, 그것을 수용하여 이행하는 것은 피권고기관의 자율성에 달려 있다. 이것은 법

---

[21] 이 과정이 투명하게 공개되는 것도 권고의 실효성과 신뢰성을 높이는 데 중요한 역할을 한다(국가인권위원회 혁신위원회 2008, 85-94).
[22] 그런 점에서 국가인권기구의 인권구제의 특징을 "의사소통적 방식의 구제"라고 이름 붙일 수도 있다(이상돈 2005, 214 이하).

원이나 행정부의 구속력 있는 '판결'이나 '명령'과 구분되는 국가인권기구만의 방법이다.[23] 국가인권기구의 권고가 수용되는 이유로 국가인권기구가 "국가의 양심"(Dickson 2003, 284)으로서의 도덕적 권위와 국민의 자발적 지지를 이끌어 내는 '매력'(곽노현 2006, 180; 2007, 118), 결정이 근거하고 있는 증거와 논증의 설득력, 공정하고 정당하며 투명한 절차, 시민 사회의 지지, 국제 사회의 압력, (국가인권기구가 근거하고 있는) 국제인권규범이 가지고 있는 통합력과 권위 등이 언급된다(Oosting 1995, 11-12; Johnson 2001, 787; Reif 2000, 28-30).[24] 국가인권기구는 이렇게 "권력적 방식"이 아니라 "의사소통적 방식"의 비권력적 힘을 통해 인권을 실현하는 기구이며(이상돈 2005, 206),[25] 그런 점에서 "연성권력(soft power)"기구라고 할 수 있다(곽노현 2007, 118; 2006, 180).

---

23) 실제로 국가인권기구의 권고가 무기력한 것은 결코 아니다. 예컨대 한국 국가인권위원회의 진정사건 권고수용률은 2017년 97.5%, 2016년 95.6%, 인권정책 권고수용률은 2016년 83.8%에서 2017년 84.8%였다(국가인권위원회 2018).

24) 이것은 국가인권기구가 적절한 독립성 유지, 시민 사회와의 협력, 책임성과 효율성의 확보, 적절한 권한을 가져야 하는 주된 이유이기도 하다(UNCHR 1995, 63-68단락).

25) 또한 그런 점에서 국가인권기구는 실정화된 인권을 이행할 뿐만 아니라 인권공론을 형성하고 활성화시켜 국가기관들 사이의 법적 대화를 촉진시키는 "의사소통촉매기능"을 수행한다(이상돈 2005, 241 참조); 필자는 이러한 국가인권기구의 기능을 국가인권기구가 인권논의를 활성에 기여한다는 '촉진 테제(the facilitation thesis)'와 국가인권기구가 인권의 이념을 관련기관들에게 전달한다는 '전달 테제(the transmission thesis)'로 설명한 바 있다(Hong 2008, Ch. VI).

(3) 국가인권기구의 다양한 인권 보호·증진 방법

국가인권기구는 새로운 규제전략에서처럼 다양한 인권 보호·증진 방법을 활용한다. 실제로 법령, 제도, 정책, 관행에 대한 자문과 권고, 진정사건에 대한 조사와 구제, 인권기준의 제시, 인권 교육, 인권의식 제고를 위한 여러 가지 사업 등 인권의 보호와 증진을 위한 다양한 방법이 활용된다. 무엇보다 국가인권기구는 진정을 해결하는 방법으로 조정이나 중재 등의 대체적 분쟁해결(ADR)기법을 활용하는 것이 특징이다(UNCHR 1995, 220단락; Commonwealth Secretariat, 2001, 30). 한국 인권위법에도 인권위가 합의를 권고할 수 있고(40조), 당사자 신청이나 위원회 직권으로 조정절차를 시작할 수 있게 하고 있다(42조). 사법적 구제가 대립하는 양당사자 중 어느 일방의 손을 들어주는 '승자독식' 또는 '전부 아니면 전무(all or nothing)'식으로 문제를 해결하는 것이라면, 대체적 분쟁해결은 두 당사자가 서로 협력적 관점에서 문제를 빠르고 효과적으로 해결하는 방법이다.

조정절차가 개시되지 않거나,[26] 조정에 실패한 경우, 국가인권기구는 구제조치를 권고하게 된다. 여기에는 가해자에 대한 처벌, 인권침해·차별행위의 중지, 원상회복·손해배상 등 직접적인 구제조치뿐만 아니라, 재발 방지를 위하여 해당기관이나 상급-감독기관에 법령·제도·정책·관행의 시정·개선, 전 직원 인권 교육 등을 권고하여, 문제를 보다 근본적으로 해결하고 예방할 수 있는 조치들을 함께 권고한다(Burdekin 2001, 818; 임지봉 2006, 21). 또한 진정을 기다리기만 하는 것이 아니라 적극적으로 문제를 발굴하고 직권으로

---

26) 한국 인권위법 42조에 따르면, 조정은 당사자의 신청이나 위원회 직권으로 시작된다.

표 2-2   새로운 규제전략과 국가인권기구의 인권 보호·증진 방법

	명령통제식 규제	국가(법)에 의한 인권 보호·구제	새로운 규제 전략	국가인권기구의 인권 보호·구제
행위자	규제자(국가)와 규제대상자	국가(검경, 행정부, 법원)와 가해자	다양한 행위자	국가인권기구, 피해자, 가해자, 제3자
행위자 사이의 관계	단선적, 일방적		협력적, 상호의존적, 상호작용적	
규제의 특징	강제적, 억압적, 권력적, 권위적		맥락적, 촉진적, 설득적, 반성적, 대화적 (규제대상 스스로의 변화 유도-설득)	
	과거지향적, 사후구제적		미래지향적	
	개별 사안에 대한 구제		정책지향, 근본적 대안 마련	
규제 테크닉	국가(법)의 명령(command) 규제대상자의 강제적 준수(control)		자율규제, 합동 규제, 설득, 정보-기준 제공, 권고, 인센티브 규제, 시장을 이용한 규제 등	권고기능: 설득, 자율규제, 정보 제공, 권고 교육기능: 교육, 교육지원, 홍보 조사기능: 조정 과 합의권고
집행 수단	일방적이고 부과된 법적 의무의 강제적 집행		사회적 행위자들의 자발적인 (반강제적) 협력 도덕적 설득력과 대중의 지지를 통한 집행력 확보	
장점	효과적이고 효율적인 강제조사/ 수사 구속력 있는 결정		신속, 간편, 무료 다양한 구제수단 활용 정책적 권고 가능 엄격한 증거법칙 불필요	
한계	엄격한 절차·요건·증거법칙 복잡하고 느린 절차 당해사건 구제에 한정		강제조사/수사 불가 결정의 구속력 없음	
결정 근거	현행법과 판례가 인정하는 인권		헌법, 법률, 국제관습법상 인정되는 국제인권규범	

조사를 하기도 하고, 그동안 제기되었던 여러 진정사건들의 흐름을 파악하여 관계기관에 권고를 하기도 한다. 이렇게 국가인권기구는 인권침해를 사후에 구제하는 것이 그치지 않고, "인권옹호자"로서 적극적으로 문제를 해결하는 역할을 하는 것이다(곽노현 2002, 19-20). 〈표 2-2〉는 이러한 국가인권기구의 새로운 인권 보호·구제 방법을 기존의 명령통제식 규제와 새로운 규제전략과의 비교를 연동시켜서 정리해본 것이다.

(4) 사법적 권리구제와 비사법적 권리구제

위에서 설명한 국가인권기구의 새로운 인권 보호 증진 방법이 가장 분명하게 드러나는 것은 인권침해 사건에 대한 권리구제이다. 민주적 법치국가에서 침해된 인권을 구제받는 가장 기본적인 방법은 '사법적 권리구제'이다. 사법적 권리구제란 민사소송, 형사소송, 행정구제, 헌법재판 등의 사법절차를 통해 권리를 구제받는 것을 말한다(서경석 2006). 하지만 사법적 권리구제는 시간과 비용이 많이 소요되고, 수사기관이 정치편향적일 수 있으며, 현행법의 법리적 한계를 벗어나지 못한다는 점에서 그 한계가 지적된다.[27] 그 외에도 권리침해의 사회적, 정치적 조건을 개선하는 조치를 취할 수 없고, 대립하는 이해관계를 지양하는 생산적인 결론을 도출할 수 없다는 문제를 안고 있다.

이러한 사법적 권리구제의 한계를 보완하기 위하여 '비사법적 권리구제'의 방법이 필요하다는 의견이 제기되었고, 국제 사회가 각 국

---

[27] 일반적으로 법에 의한 인권 보호의 한계와 문제점에 대해서는 홍성수(2010, 156 이하) 참조.

에 국가인권기구를 설립하도록 권고한 이유 중 하나도 바로 비사법적 권리구제의 필요성 때문이었다. 즉, 인권위의 조사·구제기능은 사법적 권리구제의 한계를 보완하는 추가적이고 보충적인 권리구제 메커니즘이라고 할 수 있다(Amnesty International 2001, 15; UNCHR 1995, 220단락; Commonwealth Secretariat 2001, 30).

이러한 국가인권기구의 비사법적 인권구제는 크게 다섯 가지 특징을 갖고 있다. 먼저 '접근성'과 '신속성'이다. 국가인권기구의 권리구제기능은 사법적 권리구제 비해 쉽게 이용가능하고 비용이 들지 않으며, 신속하게 처리된다는 특징을 갖고 있다. 둘째, '독립성'이다. 인권위는 정치권력의 영향을 받지 않고 독립적으로 인권침해를 조사한다. 세 번째, 국가인권기구는 실정법뿐만 아니라 넓은 의미의 '인권적 관점'에서 문제를 해결한다. 실제로 국가인권기구는 국제인권기준의 근거하여 국내실정법의 기준보다 더 인권 친화적인 기준으로 문제를 해결해나간다. 네 번째는 '설득적/협력적 구제'이다. 인권위는 적대적 대립이 아닌 설득적, 협력적 인권구제를 제공한다. 사법적 구제가 대립하는 양 당사자 중 어느 일방의 손을 들어주는 방식으로 문제를 해결하는 것이라면, 대체적 분쟁해결은 두 당사자가 서로 협력적 관점에서 서로에게 이득이 되는 방향으로 문제를 빠르고 효과적으로 해결하는 방법이다. 즉, 국가인권기구의 조정절차는—검사와 피고인 또는 원고와 피고가 적대적으로 대립하는 법정과는 달리—양 당사자가 협력적으로 문제를 해결하도록 하는 것이며 국가인권기구를 이러한 문제해결을 촉진하는 역할을 한다.[28] 인권위

---

28) 국가의 규제를 '법적 방법 vs. 자발적·협력적 방법' 또는 '억압적 모델(repressive model) vs. 반성적 모델(reflexive model)'로 구분하기도 하는데, 인

가 조사 이후 결정을 내리는 방법 역시 설득적이고 협력적이다. 인권위는 구속력있는 결정을 내릴 수 없고, 다만 구속력 없는 '권고'를 할 수 있을 뿐이다. 인권위의 권고는 피권고기관을 대상으로 인권의 중요성을 강조하고 설득하여 자발적인 협력을 이끌어 낸다. 국가인권기구는 당해 사건의 구제뿐만 아니라, 해당 인권침해사건을 발생하게 한 구조적인 문제에 대한 해법도 제시한다. 이것은 당해 사건에 대한 구제를 목표로 하는 사법적 권리구제와 대조되는 점이기도 하다. 사법적 권리구제의 방법인 가해자 처벌, 인권침해행위의 중지, 원상회복, 손해배상 등의 방법 등은 모두 당해 사건의 해결을 목표로 하는 반면, 국가인권기구는 당해 사건 해결을 위한 조치뿐만 아니라, 보다 근본적인 문제해결방법과 재발방지를 위한 대책을 동시에 권고할 수 있다. 이것은 하나의 기구가 인권침해 구제 기능뿐만 아니라 자문기능과 교육기능을 모두 가지고 있기 때문에 가능한 것이다. 이런 기능을 통해 국가인권기구는 앞서 이야기한 바대로 소극적이고 사후적인 인권구제를 넘어 적극적으로 인권을 보호하고 증진하는 '인권옹호자'가 될 수 있다.

그리고 이러한 특징을 사법적 권리구제와 비교해서 일목요연하게 정리해 보면 다음의 〈표 2-3〉과 같다.[29]

권위의 인권구제는 후자에 해당한다. 억압적 모델이 위계적으로 명령을 내리는 방식에 의존한다면, 반성적 모델은 수평적 관계 속에서 협력적인 문제해결을 모색한다.

29) 같은 방법으로 '국민권익위원회'와도 비교해 볼 수 있다. 권익위는 기본적으로 행정기관의 불법/부당한 처분에 의해 국민의 권리가 침해되었을 때, 간편하고 신속한 절차로 그 민원을 처리해주는 기관이다. 접근성이 좋고, 독립적이며, 설득적/협력적 방법에 의해 문제를 해결한다는 점에서 인권위의 인권구제와 유사한 면이 있지만, 근거규범이 실정법이며, 근본적인 문제해결의

　사법적 권리구제와 인권위의 인권구제의 비교

	사법적 권리구제	인권위의 인권구제
접근성	불편, 느림, 고비용	편리, 신속, 저비용
독립성	수사기관의 정치적 중립성이 문제될 수 있음	독립기관으로서 독립적 인권구제를 제공
근거규범	헌법, 법률	헌법, 법률, 국제인권규범
구제의 성격	권력적, 강제적, 하향적(top-down), 단선적, 일방적	촉진적, 설득적, 대화적, 협력적, 상호작용적
구제의 특징	개별 사건에 대한 구제 (가해자 처벌, 인권침해 중지, 원상회복, 손해배상 등을 명령) 과거지향적, 사후구제적	구조적 문제에 대한 해법도 함께 제시 (법령/제도/정책/관행의 개선, 인권교육 등을 권고) 미래지향적, 사전예방적

V. 국가인권위원회의 기능과 역할

2001년 12월에 설립된 한국의 국가인권위원회도 앞에서 설명한 국가인권기구의 위상과 기능을 그대로 갖고 있다. 먼저 국가인권위원회는 독립기구이다. 소속 없는 국가기구가 가능한지에 관한 논란이 있었지만, 정부조직도에도 국가인권위원회는 특별한 소속이 없는 것으로 표시된다. 국가인권위원회법에 따르면, 인권위는 "이 법(국가인권위원회법)이 정하는 인권의 보호와 향상을 위한 업무를 수행"하는 것을 목적으로 설치된 것으로서, "그 권한에 속하는 업무를 독립하여 수행한다"고 명시되어 있다(3조). 물론 국가기구이기 때문에 공

해법을 제시하는 기관은 아니라는 점에서 인권위와는 차이가 있다.

1. 인권에 관한 법령(입법과정 중에 있는 법령안을 포함한다)·제도·정책·관행의
   조사와 연구 및 그 개선이 필요한 사항에 관한 권고 또는 의견의 표명
2. 인권침해행위에 대한 조사와 구제
3. 차별행위에 대한 조사와 구제
4. 인권상황에 대한 실태 조사
5. 인권에 관한 교육 및 홍보
6. 인권침해의 유형, 판단 기준 및 그 예방 조치 등에 관한 지침의 제시 및
   권고
7. 국제인권조약 가입 및 그 조약의 이행에 관한 연구와 권고 또는 의견의
   표명
8. 인권의 옹호와 신장을 위하여 활동하는 단체 및 개인과의 협력
9. 인권과 관련된 국제기구 및 외국 인권기구와의 교류·협력
10. 그 밖에 인권의 보장과 향상을 위하여 필요하다고 인정하는 사항

무원이 인권위의 업무를 수행하며, 위원과 사무총장, 5급 이상 공무
원 또는 고위 공무원단에 속하는 일반적 공무원은 대통령이 임명한
다(5조, 16조 2항, 3항).[30]

　국가인권위원회법에는 인권위의 업무를 다음 〈표 2-4〉의 10가
지로 제시하고 있다(19조).

　이를 국가인권기구의 세 가지 기능에 따라 재분류하면, 1번, 4번,
7번이 '자문기능'에, 2번, 3번, 6번이 '조사·구제기능'에 5번, 8번, 9
번이 교육·홍보·협력기능에 각각 해당하는 것으로 볼 수 있다. 그
런 점에서 한국의 국가인권위원회는 국제 사회가 요구하는 국가인권
기구의 3대 기능을 온전하게 보유하고 있다고 할 수 있는 것이다.

---

30) 6급 이하 공무원은 국가인권위원장이 임명한다(16조 3항).

1. 자문기능

자문기능은 좁은 의미에서 정부에 인권에 관해 자문하고 권고하는 것이지만, 넓게 보면 정부뿐만 아니라 사법부나 입법부에 대한 자문, 권고 기능까지 포괄한다. 국가인권위원회법에 따르면, 인권위는 국가기관, 지방자치단체, 그밖의 공사단체에 협의를 요청할 수 있고, 이들 기관들은 이에 협조해야 한다(20조). 국제인권규약에 따른 정부보고서 작성 시에는 위원회의 의견을 들어야 한다는 규정도 있다(21조). 또한 인권위는 인권의 보호·향상을 위하여 관계기관에 정책과 관행의 개선 또는 시정을 권고하거나 의견을 표명할 수 있다(25조 1항). 권고를 받은 관계기관의 장은 권고사항을 존중하고 이행하기 위해 노력할 의무가 있으며(2항) 그 권고사항의 이행계획을 위원회에 통지해야 하며(3항), 권고를 이행하지 않을 경우 그 이유를 위원회에 통지해야 하기 때문에(4항), 권고가 직접적인 강제력을 갖고 있진 않지만 상당한 정도의 사실상의 효력을 갖고 있다고 할 수 있다. 또한 인권위는 법원과 헌법재판소에 대해서도 인권의 보호와 향상에 중대한 영향을 미치는 재판에 대해 의견을 제출할 수 있다(28조). 이런 식으로 인권위는 정부, 지자체, 사법부 등에 인권의 관점에서 일정한 영향을 미칠 수 있는 것이다.

2. 조사·구제기능

1) 개요

인권위의 조사·구제 기능은 인권침해사건을 조사하고 적절한 구제책을 제시하는 기능을 말한다. 인권위는 인권위가 다루는 인권침해의 유형을 '인권침해'와 '차별행위'로 구분하고 있다. 인권침해는 헌법 10조부터 22조까지의 규정에서 보장된 인권이 침해된 것을 뜻한다(30조 1항). 해당 헌법 조문에는 행복추구권, 평등권, 신체의 자유, 거주, 이전의 자유, 직업선택의 자유, 주거의 자유, 사생활권, 양심의 자유, 종교의 자유, 언론출판의 자유, 집회결사의 자유, 학문/예술의 자유 등이 규정되어 있어 사실상 '자유권'에 해당하는 권리의 침해를 말하는 것이라고 할 수 있다. 즉, 사회권에 해당하는 권리의 침해는 진정 대상에서 제외되어 있다.

인권침해의 경우 국가기관, 지방자치단체, 각급 학교, 공직유관단체, 구금보호시설의 업무수행과 관련하여 발생했을 경우에만 적용된다는 것에 유의할 필요가 있다. 즉, 인권위는 넓은 의미의 공공기관의 자유권 침해를 관할로 한다. 거꾸로 해석하면, 국회 입법, 법원과 헌법재판소의 재판, 법인, 단체 또는 사인으로부터의 인권침해는 인권위의 관할 대상이 아니다.

차별행위는 "합리적인 이유 없이 성별, 종교, 장애, 나이, 사회적 신분, 출신 지역(출생지, 등록기준지, 성년이 되기 전의 주된 거주지 등을 말한다), 출신 국가, 출신 민족, 용모 등 신체 조건, 기혼·미혼·별거·이혼·사별·재혼·사실혼 등 혼인 여부, 임신 또는 출산, 가족 형태 또는 가족 상황, 인종, 피부색, 사상 또는 정치적 의견, 형의 효력이 실효된 전과(前科), 성적(性的) 지향, 학력, 병력(病歷) 등을 이유"로, 고용,[31] 서비스,[32] 교육[33]과 관련하여 "특정한 사람을 우대·배제·

---

31) 모집, 채용, 교육, 배치, 승진, 임금 및 임금 외의 금품 지급, 자금의 융자, 정년, 퇴직, 해고 등.

구별하거나 불리하게 대우하는 행위"를 말한다(2조, 30조). 차별행위는 인권침해와는 달리 공공기관의 업무와 관련된 차별행위뿐만 아니라 법인, 단체, 사인으로부터의 차별행위를 모두 다룰 수 있도록 되어 있다(30조).

2) 조사·구제 절차

(1) 진정 주체

인권위법은 대한민국 국민과 대한민국의 영역에 있는 외국인에 대하여 적용된다(4조). 따라서 대한민국 국민 또는 대한민국 영역 안에 있는 외국인이 진정 주체가 될 수 있다. 국내에 있는 외국인이 적용 대상이 된다는 점은 국제인권규범의 국내 이행을 담당하는 준국제기구로서의 인권위 위상을 잘 보여주는 대목이다.

(2) 진정 방법

진정 방법은 방문, 전화, 우편, 팩스, 홈페이지, 이메일 등을 통해서 가능하다(국가인권위원회규칙 제98호: 인권침해 및 차별행위 조사구제규칙). 이외에도 인권위 조사관이 구금·보호 시설에 방문했을 때에 그 조사관에게 진정을 직접 제기할 수도 있다. 인권위법상 '구금·보호시설'은 교도소·소년교도소·구치소 및 그 지소, 보호감호소, 치료감호시설, 소년원 및 소년분류심사원, 경찰서 유치장 및 사법경찰관리가 직무 수행을 위하여 사람을 조사하고 유치(留置)하거나 수

---

32) 재화·용역·교통수단·상업시설·토지·주거시설의 공급이나 이용.
33) 교육시설이나 직업훈련기관에서의 교육·훈련이나 그 이용.

용하는 데에 사용하는 시설, 군 교도소(지소·미결수용실 및 헌병대 영
창을 포함), 외국인 보호소, 다수인 보호시설(많은 사람을 보호하고 수
용하는 시설로서 대통령령으로 정하는 시설)을 뜻한다(인권위법 2조 2호).

(3) 조사 개시와 방법

진정이 제기되면 조사가 시작된다. 인권침해나 차별행위가 있다
고 판단될 때에는 인권위가 스스로 직권조사를 할 수 있다(인권위법
30조 3항). 담당 조사관이 배정되고, 관계자 출석 요구, 관계기관 등
에 대한 자료 제출 요구, 기타 현장조사, 감정, 정보 조회, 질문, 검
사 등의 방법으로 조사가 진행된다(36조).

(4) 조정

진정된 사건은 당사자의 신청 또는 직권에 의해 조정절차로 회부
될 수 있다(41~43조). 조정을 위해 조정위원회가 설치될 수 있으며,
조정이 성립하면 재판상 화해와 같은 효력을 갖는다.

(5) 구제방법

조사 결과에 따라 다음과 같은 조치가 취해진다. 먼저 합의 권고
다. 인권위는 사건의 공정한 해결을 위해 필요한 구제조치를 제시하
고 당사자 간 합의를 권고할 수 있다(40조).

조사 결과에 인권침해나 차별행위가 있었다고 판단한 경우에는
피진정인, 그 소속 기관·단체 또는 감독기관에게 조사대상 인권침
해나 차별행위의 중지, 원상회복, 손해배상, 그 밖에 필요한 구제조
치, 동일하거나 유사한 인권침해 또는 차별행위의 재발을 방지하기
위하여 필요한 조치, 법령·제도·정책·관행의 시정 또는 개선 등을

권고할 수 있다(44조).

조사 결과 범죄행위에 해당하여 형사처벌이 필요하다고 인정되면 검찰총장에게 고발조치할 수 있고, 인권침해나 차별행위가 있었다고 인정되면 관련자를 징계할 것을 소속기관 등의 장에게 권고할 수도 있다(45조).

진정에 관한 위원회의 조사, 증거의 확보 또는 피해자의 권리 구제를 위하여 필요한 경우에는 피해자를 위하여 대한법률구조공단 또는 그 밖의 기관에 법률구조를 요청할 수도 있다(47조).

진정 접수 후 인권침해나 차별행위가 계속되고 있다는 상당한 개연성이 있고, 방치할 경우 회복하기 어려운 피해가 발생할 우려가 있다고 인정된 경우에는 진정인/피해자 신청 또는 직권으로 긴급구제조치를 권고할 수 있다(48조). 긴급구제조치에는 의료, 급식, 의복 등의 제공, 장소, 시설, 자료 등에 대한 현장조사 및 감정 또는 다른 기관이 하는 검증 및 감정에 대한 참여, 시설수용자의 구금 또는 수용 장소의 변경, 인권침해나 차별행위의 중지, 인권침해나 차별행위를 하고 있다고 판단되는 공무원 등을 그 직무에서 배제하는 조치, 그 밖에 피해자의 생명, 신체의 안전을 위하여 필요한 사항 등이 포함될 수 있다.

(6) 권고의 이행

위에서 언급한 구제조치는 강제적 집행력을 가지고 있지 않은 '권고'이다. 권고가 무력해지지 않도록 다음의 절차를 두고 있다. 권고를 받은 피진정인의 소속 기관·단체 또는 감독기관은 다음과 같은 조치를 취해야 한다(44조 2항). 먼저 권고사항을 존중하고 이행하기 위하여 노력해야 하고, 권고일로부터 90일 이내에 권고사항의 이행계획을 인권위에 통지해야 하며, 만약 권고내용을 이행하지 아니하는 경우에는 그 이유를 인권위에 통지해야 한다. 이러한 권고와 피권고기관의 권고불이행 이유 등은 공표할 수 있는데, 이것은 권고 이행을 하도록 압력을 넣는 수단 중 하나라고 할 수 있다. 인권위 권고가 강제력은 없지만, 이러한 과정을 통해 수용하도록 압박이 가해진다고 할 수 있다.

3) 인권위 조사·구제기능의 특징
한국 인권위는 국가인권기구의 조사·구제 기능의 특징적 요소들을 대부분 가지고 있다.

(1) 접근성과 신속성
인권위의 조사·구제는 사법적 권리구제에 비해 쉽게 이용가능하고, 비용이 들지 않으며, 신속하게 처리된다. 먼저, 인권위에 인권침해를 근거로 진정을 제기하는 것은 매우 간단하다. 우선 인권침해를 당한 피해자뿐만 아니라, 그 사실을 알고 있는 사람이나 단체가 진정의 주체가 될 수 있다(인권위법 30조). 진정의 접수는 우편, FAX, 인터넷 등을 통해 문서로서 가능할 뿐만 아니라, 구술 또는 전화로도 가능하다(인권침해 및 차별행위 조사구제 규칙 제6조). 진정서 작성 역시 기재 내용이 간단하고, 특히 인권침해사실에 대해서는 인권침해의 시기, 장소, 내용 정도를 적으면 충분하다. 인권위에 진정을 할 때에는 소송을 제기하거나 고발/고소장을 접수할 때처럼 법무사나 변호사에 의존할 필요가 없다. 또한 시설수용자가 진정을 제기하기 어려운 상황에 있을 수 있기 때문에, 인권위가 구금·보호시설을 직접 방문하여 진정을 받기도 하고(인권위법 24조, 31조), 인권침해가

있다고 믿을 만한 상당한 근거가 있고, 그 내용이 중대하다고 판단
되면 진정이 제기되지 않아도, 인권위 직권으로 조사할 수 있다(인권
위법 30조 3항).[34] 이외에도 인권위는 부산, 광주, 대구에 각각 지역
사무소를 설치하여 접근성을 높이고 있다(국가인권위원회와 그 소속기
관 직제 2조, 4장).

진정이 접수되면, 인권위는 원칙적으로 이를 3개월 내에 처리하
도록 되어 있다(인권침해 및 차별행위 조사구제 규칙 제4조). 인권위의
권리구제 결정은 단심으로 3개월 내에 이루어지므로, 사법적 권리구
제에 비해 빠르게 처리된다. 또한 인권위는 '긴급구제조치'도 권고할
수 있다. 진정이 접수된 후에도 인권침해가 계속되고 있다는 상당한
개연성이 있고, 이를 방치할 경우 회복하기 어려운 피해가 발생할
수 있다고 판단되면, 인권위는 긴급구제조치를 권고하여 신속한 문
제해결을 모색한다(인권위법 제48조).

(2) 독립성

독립성은 국가인권기구가 충족시켜야 할 가장 중요한 요건이며,
인권위법에도 인권위는 "그 권한에 속하는 업무를 독립하여 수행한
다"고 명시되어 있다(제3조). 인권위의 조사·구제 업무에 있어서도
독립성은 매우 중요하다. 수사기관은 행정부의 일부이기 때문에 정
치적으로 중립성을 유지하지 못하는 경우가 있는 반면, 독립기관인
인권위는 정치권력의 영향력으로 자유롭게 독립적으로 조사를 수행

---

34) 다른 나라의 인권위도 마찬가지이다. UNCHR 1995, para. 283-294; Canada:
Canadian Human Rights Commission Act, art. 40[3]; Australia: Human
Rights and Equal Opportunity Commission Act, art. 20[1]; Racial Discri-
mination Act, art. 24; Sex Discrimination Act, art. 52 참조.

하고 결정을 내릴 수 있다. 실제로 인권위는 강세수사권한이 있는 수사기관이 밝혀내지 못한 인권침해 사건을 규명해낸 경우가 적지 않은데, 그것은 대개 인권위의 독립성 덕분이다.

(3) 인권 관점에 근거한 구제

인권위의 인권구제의 근거는 실정법에 제한되지 않는 넓은 의미의 '인권'이다. 여기서 '인권'은 "대한민국 헌법 및 법률에서 보장하거나 대한민국이 가입·비준한 국제인권조약 및 국제관습법에서 인정하는 인간으로서의 존엄과 가치 및 자유와 권리"를 말한다(인권위법 2조). 따라서 인권위가 근거로 삼는 인권은 헌법이 보장하는 기본권보다 넓은 개념범위를 포괄한다(한상희 2002, 95-101).[35] 이 점은 국제인권법과 해당 국가의 실정법/관행 사이의 불일치를 해소하기 위해 인권위가 설립되었다는 점을 생각하면 당연한 것이기도 하다. 차별행위의 경우에도 인권위법에는 성별, 종교, 나이 등 다양한 차별사유를 언급하고 있는데(인권위법 2조 사항), 이러한 차별금지사유는 헌법 11조의 평등규정뿐만 아니라, 법률, 국제인권규약, 국제관습법상의 모든 차별금지사유를 포괄하는 개념으로 폭넓게 해석된다(조홍석 2002, 379).

---

35) 특히, 이때 '국제관습법'은 조약뿐만 아니라, UN인권위원회의 권고나 그것이 사실상 이행되는 관행 등까지 포괄하는 광의의 개념으로 해석되어야 한다. 한편, 절차 면에서도 소송은 증거법칙 등 엄격한 형식요건을 충족시켜야 하지만, 인권위의 구제절차는 보다 유연한 규칙이 적용된다(Commonwealth Secretariat 2001, 22; Marie 2003, 270).

(4) 설득적/협력적 인권구제

인권위의 인권구제는 설득과 협력에 기반을 둔 비권력적 방식에 의존한다. 먼저, 인권위와 같은 국가인권기구는 대부분 진정을 해결하는 방법으로 조정이나 중재 등의 대체적 분쟁해결 방법을 활용한다. 현행 인권위법에도 인권위가 합의를 권고할 수 있고(40조), 당사자 신청이나 위원회 직권으로 조정절차를 시작할 수 있도록 되어 있다(42조). 인권위가 조사 이후 결정을 내리는 방법 역시 설득적이고 협력적이다. 인권위는 구속력있는 결정을 내릴 수 없고, 다만 구속력 없는 '권고'를 할 수 있을 뿐이다. 인권위의 권고는 피권고기관을 대상으로 인권의 중요성을 강조하고 설득하여 자발적인 협력을 이끌어낸다. 권고가 내려지고 최종적으로 이행되는 과정은 대화와 설득의 과정이라고 할 수 있다. 인권위의 권고를 피권고기관이 수용하지 않을 경우, 피권고기관은 그 이유를 문서로 설명해야 하고(인권위법 25조 제3항), 인권위는 이에 대해 다시 재권고를 할 수 있다. 이러한 과정을 통해 인권의 가치가 공적으로 토론되고 사회적인 합의로 나아갈 수 있도록 인권위가 촉진자의 역할을 하게 되는 것이다.

(5) 근본적 문제해결방법 제시

인권위는 당해 사건의 구제뿐만 아니라, 해당 인권침해사건을 발생하게 한 구조적인 문제에 대한 해법도 제시한다. 이것은 당해 사건에 대한 구제를 목표로 하는 사법적 권리구제와 대조되는 점이기도 하다. 사법적 권리구제의 방법인 가해자 처벌, 인권침해행위의 중지, 원상회복, 손해배상 등의 방법 등은 모두 당해 사건의 해결을 목표로 하는 반면, 인권위는 당해 사건 해결을 위한 조치뿐만 아니라, 보다 근본적인 문제해결방법과 재발방지를 위한 대책을 동시에 권고하기도 한다. 실제로 인권위는 위하여 해당기관이나 상급-감독 기관에 법령·제도·정책·관행의 시정·개선, 직원 인권 교육 등의 조치를 권고할 수 있다. 그런 점에서 인권위는 소극적이고 사후적인 인권구제를 넘어서, 적극적으로 인권의 보호/증진을 위해 노력하는 "인권옹호자"로서 역할을 하는 것이다(곽노현 2002, 19-20).

3. 교육·홍보·협력기능

인권위는 교육, 홍보, 협력기능도 보유하고 있다. 인권위법에는 인권에 관한 교육 및 홍보, 그리고 인권의 옹호와 신장을 위하여 활동하는 단체·개인, 인권과 관련된 국제기구 및 외국 인권기구 등과 교류와 협력을 할 수 있음이 규정되어 있다(19조). 특히 인권 관련 교육과 관련하여 교육부 장관, 학교장, 국가기관 및 지자체장과 협의할 수 있다(26조). 인권도서관의 운영(27조) 등도 교육·홍보·협력기능의 일부라고 할 수 있다.

참고문헌

계희열. 2002. 『헌법학(中)』. 박영사.

곽노현. 1999. "법무부 인권법안의 국가인권기구 이해 및 설계에 대한 분석과 비판: 틈새기구론과 특수법인론을 중심으로."『가톨릭사회과학연구』 11호, 85-108.

_____. 2002. "국가인권위원회의 법과 현실: 운영 첫해의 경험을 중심으로." 『헌법학 연구』 8권 4호, 9-34.

_____. 2006. "국가인권위원회의 비전과 진로."『공법연구』 35집 2호 2권, 177-188.

_____. 2007. "곽노현 전 국가인권위원회 사무총장과의 서면인터뷰."『민주 법학』 제33호, 115-134.

국가인권위원회. 2003. 「국가인권위원회 연간보고서 2002」.

_____. 2018. 『2017 국가인권위원회 통계』.

국가인권위원회 혁신위원회. 2018. 「국가인권위원회 혁신위원회 활동결과 보 고서」.

김종길. 1996. "니클라스 루만: 중심없는 사회."『현대사회의 구조와 변동』. 사회비평사.

서경석. 2006. "사법제도에 의한 인권구제." 인권법교재발간위원회 편. 『인권 법』. 아카넷.

이경주. 2006. "비사법적 구제." 인권법교재발간위원회 편. 『인권법』. 아카넷.

이상돈. 2005. 『인권법』. 세창출판사.

임지봉. 2006. "한국사회와 국가인권위원회."『공법연구』 35집 2호 2권, 1-29.

장영수. 2011. 『헌법학』 제6판. 홍문사.

장은주. 2007. 『생존에서 존엄으로: 비판이론의 민주주의이론적 전개와 우리 현실』. 나남.

정경수. 2006. "국제인권법의 국내 적용에 대한 비판적 분석: 한국의 국가관행을 대상으로." 『헌법학연구』 8집 4호, 35-66.

_____. 2008. "국제법의 국내적용에 과한 한국 법체계와 경험." 『국제법평론』 28호, 95-125.

조홍석. 2002. "국가인권위원회법 제30조 제2항의 사회적 신분의 범위." 『공법연구』 31집 1호, 369-382.

한상희. 2002. "국가인권위원회법 제30조의 해석론: 시민권으로서의 인권과 민주적 기본질서." 『헌법학연구』 8권 4호, 89-120.

홍성방. 2009. 『헌법학』. 현암사.

홍성수. 2008. "규제학: 개념, 역사, 전망." 『안암법학』 26호, 1-28.

_____. 2010. "소송을 통한 사회변동전략에 대한 비판적 접근: 미국의 성희롱소송을 중심으로." 『법과 사회』 38호, 209-232.

_____. 2015. "복지국가에서 법에 의한 자유의 보장과 박탈: 하버마스의 비판과 대안." 『법철학연구』 18권 1호, 157-186.

Amnesty International. 2001. *National Human Rights Institutions: Amnesty International's Recommendations for Effective Protection and Promotion of Human Rights.* London: Amnesty International.

Bailey, Peter. 1993. "Human Rights Commissions: Reflections on the Australian Experience." In J. Chan and Y. Ghai, eds. *The Hong Kong Bill of Rights: A Comparative Approach.* Hong Kong: Butterworths Asia.

Beco, de Gauthier. 2007. "National Human Rights Institutions in Europe." *Human Rights Law Review* 7(2), 331-370.

Burdekin, Brian. 2001. "Human Rights Commissions." In K. Hossain, L. Besselink, H. S. G. Selassie and E. Volker, eds. *Human Rights Commissions and Ombudsman Offices: National Experiences throughout the World, The Hague.* Boston: Kluwer Law International.

Burdekin, Brian, and Anne Gallagher. 2001. "The United Nations and National Human Rights Institutions." In G. Alfredsson, J.

Grimheden, B. G. Ramcharan and A. de Zayas, eds. *International Human Rights Monitoring Mechanisms: Essays in Honour of Jakob Th. Möller.* The Hague: Kluwer Law International.

Cardenas, Sonia. 2001. "Adaptive States: the Proliferation of National Human Rights Institutions." *Carr Center for Human Rights Policy Working Paper T-01-04.*

_____. 2003. "Emerging Global Actors: the United Nations and National Human Rights Institutions." *Global Governance* 9(1), 23-42.

Carver, Richard. 2010. "A New Answer to an Old Question: National Human Rights Institutions and the Domestication of International Law." *Human Rights Law Review* 10(1), 1-32.

Commonwealth Secretariat. 2001. *National Human Rights Institutions: Best Practice.* London: Commonwealth Secretariat.

Dickson, Brice. 2003. "The Contribution of Human Rights Commissions to the Protection of Human Rights." *Public Law,* 272-285.

Donnelly, Jack. 1986. "International Human Rights: A Regime Analysis." *International Organization* 40(3), 599-642.

_____. 2003. *Universal Human Rights in Theory & Practice.* 2nd ed., Ithaca & London: Cornell University Press.

Fredman, Sandra, 조효제 역. 2009. 『인권의 대전환: 인권 공화국을 위한 법과 국가의 역할』. 교양인.

Freeman, Michael. 2006. "Putting Law in its Place: An Interdisciplinary Evaluation of National Amnesty Law." In S. Meckled-Garcia and B. Cali, eds. *The Legalization of Human Rights: Multidisciplinary Perspectives on Human Rights and Human Rights Law.* London and New York: Routledge.

Galligan, Denis, and Deborah Sandler. 2004. "Implementing Human Rights." In S. Halliday and P. Schmidt, eds. *Human Rights Brought Home: Socio-Legal Perspectives on Human Rights in the National Context.* Oxford: Hart Publishing.

Gearty, Conor. 2006. *Can Human Rights Survive?* Cambridge: Cambridge University Press.

Habermas, Jürgen, 한상진·박영도 역. 2007. 『사실성과 타당성』 재판. 나남.

Hertogh, Marc. 1999. "The Policy Impact of the Ombudsman and the Administrative Courts: A Heuristic Model." In International Ombudsman Institute and L. C. Rief, eds. *International Ombudsman Yearbook 2: 1998.* Leiden: Brill Academic Publishers.

Hesse, Konrad, 계희열 역. 2001. 『통일 독일헌법원론』. 박영사.

Hong, Sung Soo. 2008. "Regulatory Dilemmas in Human Rights Protection: An Analysis of a National Human Rights Institution as a Solution." PhD Thesis, London School of Economics and Political Science.

Johnson, Harley. 2001. "Ombudsman—Essential Elements." In K. Hossain, L. Besselink, H. S. G. Selassie and E. Volker, eds. *Human Rights Commissions and Ombudsman Offices: National Experiences throughout the World.* The Hague; Boston: Kluwer Law International.

Kjaerum, Morten. 2003. *National Human Rights Institutions: Implementing Human Rights.* Copenhagen: The Danish Institute for Human Rights.

Landman, Todd. 2005. *Protecting Human Rights: A Comparative Study.* Washington, D.C.: Georgetown University Press.

Lindholt, Lone, and Fergus Kerrigan. 2001. "General Aspects of Quasi-judicial Competence of National Human Rights Institutions." In B. Lindsnaes, L. Lindholt and K. Yigen, eds. *National Human Rights Institutions: Articles and Working Papers.* 1st revised ed. Copenhagen: The Danish Centre for Human Rights.

Luhmann, Niklas. 1984. *Soziale Systeme.* Frankfurt/M: Suhrkamp.

_____. 1996. *Ökologische Kommunikation.* Opladen: Westdeutcher Verlag.

_____. 2004. *Law as a Social System.* K. A. Ziegert, trans. F. Kastner, R. Nobles, D. Schiff and R. Ziegert, eds. Oxford: Oxford University Press.

Luhmann, Niklas, 김종길 역. 2001. 『복지국가의 정치이론』. 일신사.

Marie, Jean-Bernard. 2003. "National Systems for the Protection of Human Rights." In J. Symonides, ed. *Human Rights: International Protection, Monitoring, Enforcement.* Aldershot; Burlington, VT: Ashgate.

Maslow, Wil, and Joseph. B. Rovison. 1953. "Civil Rights Legislation and the Fight for Equality, 1862-1952." *University of Chicago Law Review* 203, 363-413.

Morgan, Bronwen, and Karen Yeung. 2007. *An Introduction to Law and Regulation.* Cambridge: Cambridge University Press.

Onuf, Nicholas G., and V. Spike Peterson. 1984. "Human Rights from an International Regimes Perspective." *Journal of International Affairs* 37(2), 329-342.

Oosting, Marten. 1995. "The Ombudsman and his Environment: A Global View." *International Ombudsman Journal* 13, 1-13.

Reif, Linda C. 2000. "Building Democratic Institutions: The Role of National Human Rights Institutions in Good Governance and Human Rights Protection." *Harvard Human Rights Journal* 13, 1-69.

_____. 2004. "Introduction." In L. C. Rief. *The Ombudsman, Good Governance and the International Human Rights System.* Leiden; Boston, Martinus Nijhoff Publishers.

Roberts, Simon, and Michael Palmer. 2005. *Dispute Processes: ADR and the Primary Forms of Decision-Making.* 2nd ed. Cambridge: Cambridge University Press.

Smith, Rohna K. M. 2005. "National Institutions on Human Rights." In R. K. M. Smith and C. van den Anker, eds. *The Essentials of Human Rights.* London: Hodder Arnold.

Smith, Rhona K. M. 2007. *Texts & Materials on International Human Rights.* London; New York: Routledge-Cavendish.

Tarnopolsky, Walter. 1985. "Race Relations Commissions in Canada,

Australia, New Zealand, the United Kingdom and the United States." *Human Rights Law Journal* 6(1), 145-178.

Teubner, Gunther. 1993. *Law as an Autopoietic System.* A. Bankowska and R. Adler, trans. Z. Bankowski, ed. Oxford and Cambridge, Mass.: Blackwell Publishers.

Teubner, Guther. 1992. "The Two Faces of Janus: Rethinking Legal Pluralism." *Cardozo Law Review* 13(5), 1443-1462.

UN Centre for Human Rights (UNCRH). 1995. "National Human Rights Institutions: a Handbook on the Establishment and Strengthening of National Institutions for the Promotion and Protection of Human Rights." Professional Training Series no. 4. Geneva: United Nations.

용어

1993 비엔나 세계인권회의 (Vienna World Conference on Human Rights 1993)

경제사회이사회 (ECOSOC, Economic and Social Council)

국가인권기구 국제조정위원회 (International Coordination Committee of National Institutions)

국가인권기구 아태 포럼 (Asia Pacific Forum of National Human Rights Institutions)

국가인권기구 (national human rights institution)

국가인권정책기본계획 (NAP: National Action Plan for Human Rights)

국가중심적 규제 (state-centred regulation)

국민옴부즈맨 사무소 (Defensoria del Pueblo)

국제 옴부즈맨기구 (International Ombudsman Institute)

국제인권레짐 (international human rights regime)

규제학 (regulatory studies)

뉴질랜드 인권재판소 (Human Rights Review Tribunal)

대체적 분쟁해결 (ADR: Alternative Dispute Resolution)

덴마크 인권기구 (Danish Institute for Human Rights)

명령-통제식 규제 (command and control regulation)

반성적 모델 (reflexive model)

보편적정례검토 (Universal Periodic Review)

북아일랜드 옴부즈맨 (Northern Ireland Ombudsman)

비사법적 (non-judicial) 구제

비엔나 선언과 행동계획 (Vienna Declaration and Programme of Action)

새로운 규제전략 (new regulatory strategies)

아르헨티나 국가옴부즈맨 (National Ombudsman of Argentina)

억압적 모델 (repressive model)

영국 감옥·보호관찰 옴부즈맨 (Prisons and Probation Ombudsman for England and Wales)

영국 경찰고충처리위원회 (Independent Police Complaints Commission)

영국 평등인권위원회 (UK Equality and Human Rights Commission)

영연방 사무국 (Commonwealth Secretariat)

유엔 인권위원회 (UN Commission on Human Rights)

유엔 헌장 (Charter of the United Nations)

유엔인권센터 (UN Centre for Human Rights)

유엔인권최고대표사무소 (UNHCHR: United Nations Office of the High Commissioner for Human Rights)

인권옴부즈맨 (human rights ombudsmen)

인권위원회 (human rights commission)

준사법적 (quasi-judicial) 구제

초국가행위자 (global actors)

캐나다 인권재판소 (Canadian Human Rights Tribunal)

제3부

지역 사회의 인권 제도, 기구, 정책

◆

김중섭

I. 인권의 지역화

인권 존중은 모든 사람이 인간 존엄과 안녕 복리를 누릴 기본 권리가 있다는 것을 인식하고 실행하는 것이다. 인류 사회는 오랫동안 인권 존중의 가치를 확산시키고, 인권 보호와 증진을 위한 체제를 구축해 왔다. 앞서 살펴본 것처럼, 국제 사회는 유엔 중심으로 세계인권선언을 채택하고, 국제인권협약을 체결하고 감시하는 활동을 전개해 왔다. 또 일부 권역에서는 독자적인 인권보장체제를 만들어서 인권 증진에 힘써왔다. 그리고 각 나라는 헌법과 법률, 또 국가인권위원회 같은 인권 기구 등 다양한 형태의 인권보장체계를 구축하여 국민의 인권 보호와 증진을 도모해 왔다.

전 지구적 차원의 표준적인 인권 가치와 규범을 확립하고 인권 보장과 증진을 위한 국제 사회와 국가 차원의 노력이 지속되어 왔지만, 인권 침해는 여전히 갖가지 형태로 끊임없이 일어나고 있다. 전쟁, 종족 분쟁 같은 국제 사회의 갈등에서 비롯된 대규모 인권 침해가 세계 곳곳에서 빈번하게 일어나고 있다. 국가 기관의 조직적인 인권 침해가 일어나기도 한다. 또 여러 유형의 인권 침해가 사람들이 살아가는 일상생활 속에서 벌어지고 있다.

이 장에서는 지역 사회 차원의 인권 보호와 증진을 위한 제도적 방안을 논의하고자 한다. 일상생활에서 일어나는 다양한 형태의 인권 침해는 사람들의 인권을 위협하고 있다. 국제 사회나 국가 차원에서 채택하고 시행하는 인권 선언, 협약, 법령 등에서 규정하는 인권 내용이 일상생활에서 보장되어야 한다. 이것을 실행하는 인권의 지역화와 지역 사회 차원의 인권보장체제 구축이 필요하다(김중섭 2016). 예컨대, 지역 사회 차원의 법적 장치를 마련하고 주민 인권을 보장하고 증진하는 정책과 사업을 수립 시행하는 것이 중요하다. 지역 차원의 인권보장체제 구축은 사회 전반의 인권 증진에 이바지할 것이다. 이런 점을 고려하여 보편적 인권의 가치와 규범이 지역 사회 차원에서 실행되는 인권보장체제 방안을 논의하려는 것이다.

인권의 지역화와 지역의 인권보장체제 구축에 가장 효과적인 방안 가운데 하나가 지방자치단체(지자체로 줄임) 차원의 인권제도를 수립하여 운용하는 것이다. 특히, 인권 가치와 규범을 실현하려는 지자체의 행정은 주민의 인권 보호와 증진에 이바지할 것이다. 지자체 행정의 규범, 조직 및 기구, 정책 및 사업, 인권 이행 및 감시체계

등이 인권 가치와 규범의 토대 위에서 운용되는 것은 주민들의 인권 증진과 직결되어 있다. 이런 맥락에서 지역의 인권 규범 제도화, 지자체의 인권 조직 및 기구, 인권 정책 및 사업 등을 논의하며 개선 방안을 모색하고자 한다.

II. 지자체의 인권 규범 설정과 제도화

　지역 사회 차원의 인권 보장 체제를 구축하기 위해서는 지역 사회 구성원들의 개별적 인권 이해를 높이고 인권 규범과 가치를 확산시키는 것이 중요하다. 이런 점에서 지자체의 인권 규범 설정과 제도화를 논의하고자 한다. 지역 사회의 인권 규범은 국제 사회가 약속하고 있는 세계인권선언과 국제인권협약, 그리고 국가 차원의 인권 실행 규정인 헌법의 기본권 조항, 국가인권위원회법, 장애인차별금지 및 권리구제, 사회보장기본법 같은 인권 관련 법령에서 제시하고 있는 보편적 인권 규범과 가치에 부합되어야 한다. 그런데 실상은 그렇지 못하다. 그렇기 때문에 지역 사회의 인권 인식이 보편적 인권 규범과 가치에 부합되도록 바꾸는 것은 지역 차원의 인권보장 체제를 구축하는 데 토대가 될 것이다.

　지역 사회의 인권 인식은 개인적인 인권 이해뿐만 아니라 사회 전반의 관습, 규범, 가치에 반영되어 나타난다. 지역 사회의 올바른 인권 인식과 실천은 인권제도의 구축을 촉진하고, 제대로 운용하도록 요구하게 된다. 인권 규범과 가치가 지역 사회에 널리 확산될 때 지자체의 인권 행정에 대한 기대가 커지게 되고, 또 인권 규범에 기초한 행정 집행을 요구하게 된다. 그에 따라 주민의 인권 보호와 증진은 지자체 행정의 핵심 과제가 되고, 이를 위해서 지자체 조직과 기구가 설치되고, 정책 및 사업이 수립 집행된다. 이와 같이 인권이 지자체 행정의 기초가 되면 국제 사회의 인권 규범과 가치, 헌법이나 법률의 인권 규정이 지역 사회에서 제대로 실행될 가능성이 커지게 된다.

요컨대, 사회 구성원들의 인권 인식과 인권 규범 및 가치의 확립은 인권 증진의 핵심 요소이다. 인권 규범과 가치가 확산되면서 지역 사회는 인권에 기초하여 운용되고, 지자체는 주민의 인권 보호와 증진을 위한 인권 행정을 펴게 된다. 그러면서 인권 중심의 행정은 인권 규범과 가치의 확립에 이바지한다. 이와 같이 인권 규범 및 가치의 확립과 인권 행정은 함께 발전하게 되며, 서로 상보적으로 상승 작용하게 된다. 이렇듯이 인권 규범과 가치의 확립은 인권보장체제 운용의 기반이 되며, 인권 증진을 위한 제도의 핵심축이 될 것이다.

지역 사회 차원에서 인권 규범과 가치를 확립하기 위해서는 지역 사회 구성원들의 노력이 요구된다. 주민, 당사자 집단, 시민 단체, 인권 단체, 지방정부 또는 지방자치단체 등은 이러한 노력의 주체가 되어야 한다. 특히, 주민 인권 보호와 증진의 책무가 있는 지자체는 다양한 방안을 활용하게 된다. 그 가운데 널리 활용되는 방안으로 인권선언, 인권헌장, 인권행정강령 등을 채택하고 인권제도의 법적 근거가 되는 인권조례를 제정하게 된다.

1. 지자체의 인권선언

인권선언은 인권 확립과 실천을 대내외적으로 밝히는 문건이다. 우리나라에서는 2005년 12월 10일 세계인권선언일을 맞이하여 경남 진주의 시민 단체들이 '인권도시 진주선언문'을 처음 채택하였다 (김중섭 2016, 174). 이 선언문은 임진왜란, 농민항쟁, 형평운동 같은 인권 발전에 이바지한 지역 역사를 자랑스럽게 여기며 그 정신에 따라 인권 존중의 지역 공동체를 만들 것을 천명하고 있다. 그러나 진주시 집행부나 시의회가 협조하지 않아 이 문건은 효력을 발휘하지 못하였다. 그 이후 각 지역에서 인권선언에 대한 관심이 확산되었다.

지자체의 집행부나 지방의회는 지역 사회 차원에서 인권 실행 의지를 담은 '인권선언'이나 '인권도시선언'을 채택하였다. 국제인권선언, 인권협약, 헌법, 국가인권위원회법 등에 규정된 인권에 기초하여 지역 사회를 만들어가겠다는 의지를 선언의 양식을 통하여 표방한 것이다. 그리고 그에 따라 주민의 인권 보호와 증진을 지자체의 주요 과제로 설정하고 인권 증진 정책과 사업을 추진하겠다는 것이다.

대표적으로, 서울시, 광주시, 충남도 등 광역 지자체와, 울산시 동구, 서울시 성북구, 경기도 성남시와 고양시 등 기초 지자체가 인권선언을 채택하였다(국가인권위원회 2016, 72). 서울시는 박원순 시장의 공약에 따라 인권을 정책의 핵심 과제로 선정한 뒤 2011년 10월에 '서울시민 권리선언'을 채택 발표하였다. 이 선언은 전문을 포함한 총 10개 조항으로 서울시 행정의 목적이 시민들이 존엄하고 행복한 삶을 누릴 수 있는 권리 보장에 있다는 것을 표명하였다. 또 정보와 표현, 도시서비스, 안전, 이동, 환경, 노동, 교육, 문화, 건강 등 각 분야의 권리 내용을 통하여 시민 인권이 광범위한 영역에 걸쳐있다는 것을 밝혔다. 그리고 광주시는 2012년 5월에 '광주 인권도시 선언'을 채택하여 인권도시 지향을 공식적으로 표방하였고, 충남도는 2014년 10월에 '충남 도민 인권선언문'을 선포하였다. 6개 장과 21개 조항으로 구성된 충남도의 선언은 인권 보장의 기본원칙, 인간답게 살 권리, 안전하게 살 권리, 일과 권리, 약자 및 소수자의 권리, 인권선언의 이행 등 지역 거주민의 인권 보장을 다각적으로 강조하였다.

주민의 인권 보호를 지향하는 기초 지자체의 인권선언도 제각기 특색 있는 내용을 담고 있다. 2013년 지자체 단체장의 주도로 채택된 울산시 동구의 '인권도시선언'은 공단에서 일하는 노동자 주민이 많다는 점을 반영하여 노동인권을 강조하고 있다. 또 2013년 12월에 선포한 21개 조항의 서울시 성북구의 '성북주민 인권선언'은 평등, 민주와 참여, 건강, 안전, 아동과 청소년, 여성, 장애인, 어르신 등 다양한 영역의 인권증진을 표방하고 있다(한국인권재단 2014, 18-19). 그리고 2016년 8월에 선포된 총 10개 조항의 경기도 고양시의 '평화·인권선언'은 휴전선과 가까운 지역의 특성을 반영하여 한반도 평화 정착과 당시의 사회적 쟁점인 위안부 문제에 대한 일본의 사죄 요구를 담고 있다.

인권에 기초한 지역 사회를 만들어가겠다는 의지를 천명하는 지자체의 인권헌장은 주민들의 권리 내용뿐만 아니라 지역의 특수성이나 관심 영역을 반영하고 있는 것이 하나의 특징이었다. 예컨대, 진주시나 광주시는 지역의 역사적 특성을 언급하였고, 서울시는 '시민권리'를, 광주시는 '인권도시'를, 충남도는 '도민인권'을 내세웠다. 기초 지자체인 울산시 동구는 노동자 권리를, 서울시 성북구는 '주민인권'을, 경기도 고양시는 평화와 인권을 강조하였다.

인권선언 채택은 대개 지자체의 단체장이나 지방의회가 주도하여 이루어진다. 그러나 인권선언의 채택이 일회적 성격의 행사에 멈추지 않고, 인권선언의 취지대로 실행되기 위해서는 지자체 집행부와 지방의회의 협력이 중요하다. 특히, 후속적인 정책과 사업이 수립 추진되어 인권 증진으로 이어질 때 인권선언의 취지대로 파급력을 갖게 된다. 지자체의 집행부와 지방의회가 협력하는 사례로서 일본 오사카부 사카이시의 경우를 보면(김중섭 2016, 223-224), 1980년에 시의회가 '인권옹호도시 선언에 관한 결의안'을 채택하자, 시장은 이에 부응하여 인권옹호도시를 선포하고 그에 기초한 시정 방침을 수립 추진하여 실행력을 높여갔다. 그 뒤에 시의회는 지역의 역사적 특성을 강조하면서 비핵평화도시 선언을 결의하고, '평화와 인권을 존중하는 마을만들기' 조례를 제정하여 평화와 인권의 연계를 도모하자, 집행부는 시의회와 협조하며 인권 정책과 사업을 수립 실행해 나갔다. 그러면서 인권과 평화도시라는 사카이시의 정체성이 구축되었다. 곧, 선언 결의와 선포, 조례 제정, 정책 수립과 사업 추진 등이 체계적이며 유기적으로 연계되어 도시의 정체성 확립과 인권제도 구축이 이루어졌던 것이다.

요컨대, 인권선언은 인권 인식이나 규범, 가치의 확인과 확산에 이바지하지만, 효력을 갖기 위해서는 인권제도의 발전과 연계되는 것이 중요하다. 특히, 인권선언 내용이 인권조례, 인권기본계획 등에 반영되고, 정책과 사업으로 추진되는 것이 필요하다.

2. 지자체의 인권헌장

인권헌장은 지자체와 주민들이 지역 사회를 인권에 기초한 공동체로 만들어가겠다는 청사진과 실천 규범을 담은 사회적 합의문이다. 인권선언이 지역 사회를 인권에 기초하여 운용하겠다는 구성원들의 의지를 천명하는 것이라면, 인권헌장은 인권 공동체를 실현하기 위한 이념과 실천 사항을 규정한 것이다.

대개 지역의 역사적·정치적 배경을 담은 전문, 실질적인 권리를 기술한 본문, 헌장의 이행을 위해 실천 주체와 범위, 이행 의무 등으로 구성된 인권헌장은 주민의 권리와 책임, 지자체의 책무 등을 규정하게 된다(한국인권재단 2014, 17). 인권 발전에 필요한 제도적 장치의 이념과 가치를 담은 인권헌장은 지역 사회의 인권을 증진하는 토대로 활용된다. 따라서 지자체가 인권헌장을 제정하는 것은 인권제도를 구축하는 출발점을 의미한다. 그리고 관련 사항의 법적 조치, 후속적인 정책이나 사업의 수립과 이행 등이 시행될 때 인권헌장은 더욱 효용성을 갖게 될 것이다. 그렇기 때문에 곳에 따라서는 인권선언을 채택하여 지자체의 정치적 의지를 천명하지만, 아울러 실행 방안을 포함하면서 '인권헌장'의 성격을 갖기도 한다(한국인권재단 2014, 18).

우리나라에서는 서울시, 광주시, 충북도, 제주도 등 4곳의 광역 지자체가 인권헌장에 관한 사항을 인권조례에 규정하고 있다. 그리고 전남도가 인권선언에 관한 규정을 두고 있다. 반면에, 인권헌장이나 인권선언 제정에 관한 사항을 인권조례에 규정한 기초 지자체는 한 곳도 없다. 이렇듯이 인권헌장의 제정 상황이나 방식은 지자체마다 다를 수밖에 없다.

인권헌장의 제정 과정에 인권 분야 전문가들의 도움을 받아 내용을 충실히 하고, 지역 사회 구성원들과 협력하여 인권헌장의 지향성과 가치의 공유가 필요하다. 특히, 사회적 합의의 효용성을 높이기 위해서는 제정 과정에 구성원들과의 소통이 중요하다. 전문가들의 협력을 구하면서 지역 사회 구성원들과의 소통을 통하여 인권헌장을 제정한 광주시의 사례와 준비위원들의 갈등으로 시민인권헌장의 최종 채택에 실패한 서울시의 사례는 시사하는 바가 적지 않다. 이 두 사례의 인권헌장 제정 과정과 내용을 살펴보고자 한다.

1) 광주광역시 인권헌장

1980년 군부 독재에 항거한 5.18 민주화운동을 벌인 광주광역시는 그 역사적 유산의 실현을 시정 목표로 삼으면서 인권도시를 지향하고 있다. 이러한 정책의 일환으로 시민들의 합의에 기초한 광주인권헌장의 제정을 추진하였다(김중섭 2016, 138-143). 인권헌장은 지역 사회의 인권보장체제를 구축하는 토대가 되며, 인권도시의 궁극적인 목표인 주민의 인권 증진에 이바지할 것이라고 판단한 것이다.

광주시는 2011년 4월 각계각층의 전문가와 인사로 구성된 인권헌장 제정위원회를 발족하였다. 이 제정위원회는 광주시 인권담당관실의 행정 지원을 받으면서 인권헌장 제정을 추진하였다. 이 과정에 관계기관, 전문가, 지역 인권 단체, 주민 등과 협력하며 헌장 내용을 논의하면서 합의를 이끌어내고자 하였다. 그 바탕에는 인권도시 광주에 대한 구성원들과의 소통을 활성화하려는 의도가 깔려 있었다. 이러한 과정을 통하여 만들어진 광주인권헌장은 2012년 5월에 각계각층의 주민들이 참여한 가운데 선포되었다.

전문(前文), 5장 18조로 구성된 광주인권헌장의 주요 내용은 〈표

3-1〉과 같다.

우선, 전문은 헌장 제정의 역사적 연원과 취지, 인권의 근본적 가치, 헌장 제정의 민주적 과정과 다짐을 밝히고 있다. 곧, "인류의 보편적 가치인 인간 존엄성과 자유, 평등, 연대의 원칙을 실현하는 인권도시"를 지향하며, "이 도시에 사는 모든 사람들이 인종, 성별,

● 표 3-1 　　　　　　　　　　광주인권헌장 구성 체계

구분		주요 내용
전문		광주의 역사적 전통과 정신, 제정목적, 실천내용과 다짐 민주적 제정과정과 참여 주체, 국내외 협력과 연대의 의지 등
본문	제1장 자유롭게 소통하고 참여하는 도시	• 사상과 의사 표현의 자유와 소통의 기회 보장 • 참여와 정보공유를 통한 시민자치 실현 • 인권 문화와 민주시민 의식함양
	제2장 행복한 삶을 실현하는 도시	• 노동을 통한 자기실현과 노동자의 권리 보장 • 질병의 공포로부터 벗어난 건강한 생활 보장 • 적절한 주거와 쾌적한 생활환경 보장 • 학대와 폭력, 방임이 없는 가정, 학교, 직장 실현
	제3장 사회적 약자와 함께 하는 따뜻한 도시	• 인간다운 삶을 누릴 수 있는 최저생활 보장 • 성평등 및 여성의 권리 보장 • 아동·청소년 노인이 적절한 돌봄을 받을 권리 보장 • 차별 없이 살아갈 수 있는 장애인 권리 보장 • 다양한 문화와 정체성이 존중되는 도시 실현
	제4장 쾌적하고 안전한 도시	• 쾌적한 환경과 여가시설을 공유할 권리 보장 • 시민 모두에게 장벽 없는 편리한 도시 조성 • 범죄, 교통사고, 재해·화재·유해식품·약품으로 　부터 안전한 도시 조성
	제5장 문화를 창조하고 연대하는 도시	• 교육의 다양성 추구 및 자유롭고 창의적인 학습권 　실현 • 문화·예술을 창조하고 누릴 자유로운 권리 보장 • 국내외 인권 증진에 노력하고 기여하는 도시
헌장의 이행		헌장의 실천 주체와 범위, 정책과 제도를 통한 이행의무, 헌장의 개정

출처: 국가인권위원회(2016, 69)

연령, 종교, 장애, 국적, 출신 지역, 경제적 지위 및 사회적 신분 등 어떠한 이유로도 차별받지 않고 정치·경제·사회·문화·환경 등 폭넓은 영역에서 자유롭고 인간다운 공동체의 주인으로 살아갈 권리가 있다"고 천명하였다. 요컨대, 광주인권헌장의 전문은 5.18 광주민주화운동을 비롯한 인권도시 광주의 역사성을 강조하며 광주의 정체성에 대한 자부심과 인권의 보편성 실현을 추구한다는 의지를 보여주고자 하였다(김중섭 2016, 141-142).

그리고 5개 장의 본문에 구체적 실행 사항을 담고자 하였다. 제1장은 자유로운 소통과 참여를 강조하며, 사상 의사 표현의 자유, 소통의 기회 보장, 참여와 정보 공유, 타인의 존중과 배려, 민주적이며 인간화된 공동체 건설, 인권 문화 환경 조성과 인권 교육 등을 규정하였다. 제2장은 행복한 삶의 실현을 위하여 경제권, 건강권, 주거권, 환경권, 안전한 생활권을 규정하고, 제3장은 사회적 약자의 기본 권리를 위하여 최저 생활 보장, 성 평등, 아동, 청소년, 노동 등에 대한 돌봄, 장애인 권리 보장, 다양한 문화 존중 등을 규정하였다. 제4장은 환경과 안전을 위하여 쾌적한 환경, 여가, 안전한 이동, 범죄나 사고로부터의 보호 등을 규정하고, 제5장은 문화 창조와 연대를 위하여 교육권, 문화 예술 향유권과 함께, 평화, 인권, 민주주의를 위한 국내외 협력에 관한 사항을 규정하였다.

그리고 헌장의 이행에 관한 사항을 2개의 부기 조항으로 덧붙였다. 헌장의 이행 제1조는 헌장의 실천 주체와 범위를 명시하여 '광주에 사는 모든 사람'은 이 헌장을 항상 기억하고 정신을 실천하여야 한다고 하였다. 국적이나 주민등록 여부에 관계없이 인권은 모든 사람에게 적용된다는 점을 강조한 것이다. 헌장의 이행 제2조는 광주광역시청, 구청, 산하 공공기관이 헌장의 실현을 위하여 필요한 제도와 정책 수립, 인권실태조사, 인권 증진 기본 계획 수립, 인권지표 개발, 인권 교육 실시와 인권 문화 확산, 국제기구 및 단체와의 협력 등 광주인권헌장의 취지를 실행하기 위한 제반 방안을 적시하였다.

이와 같은 내용의 광주인권헌장은 인권도시 광주 만들기의 좌표가 되고, 인권 증진의 정책과 사업을 추진하는 토대가 되고, 시민 활동의 방향을 제시하는 준거 틀로 활용되는 데 이바지할 것으로 기대된다(김중섭 2016, 143). 그러한 기대의 실현 여부는 후속 과정의 진행을 통하여 결정될 것이다.

2) 서울시민 인권헌장

서울시의 '서울시민 인권헌장' 제정 추진은 인권의 제도화가 어느 정도 자리 잡으면서 이루어졌다는 특징이 있다. 박원순 시장이 당선된 이후 2012년 9월에 인권조례가 제정되었고, 이에 근거하여 인권위원회 구성, 인권담당 부서 설치 등 다양한 인권제도가 빠르게 도입되었다. 그리고 2014년에 서울시민 인권헌장의 제정이 추진되었다. 6월에 발족된 제정준비위원회는 시민위원 공모에 응모한 시민들과 인권 전문가들로 구성된 것이 특징이었다(이정은 2015; 한봉석 2015). 다양한 시민들의 자발적인 참여와 인권 전문가의 협력을 통하여 사회적 합의와 전문성을 도모하였던 것이다.

제정준비위원회는 인권 전문가 위원들이 주도하고 시민 위원들이 참여하는 가운데 인권헌장 초안을 작성하였다. 인권헌장의 초안은 총 6개의 장과 각 장의 세부 권리 규정으로 구성되었다. 전문에는 서울시민 인권헌장의 필요성, 서울의 역사성, 상징성, 대표성, 책임성, 그리고 변화, 성취, 문제, 성찰, 도전 등 서울의 발자취를 적시하고, 인권헌장의 기본 방향, 인권헌장을 제정, 선언하는 서울시민들의 포부와 다짐, 서울시 공직자들의 의무 자각과 약속 등을 담았다.

6개의 장으로 구성된 본문에는 일반 원칙, 참여와 소통, 안전과 건강, 환경과 문화, 미래 설계, 헌장 실천 등에 관한 사항으로 나누어서 세부 권리 내용을 적시하였다. 제1장 일반원칙에는 인권, 평등과 차별금지, 관용과 연대, 도시에 대한 권리, 인권의 주체와 서울시의 의무를 적시하였고, 제2장은 시민이 참여하고 소통하며 함께 만들어 가는 서울이라는 표제 아래 참여와 소통, 개인정보에 관한 권리와 의무에 관한 사항을 규정하였다. 주거와 삶의 환경에 관한 권리를 다룬 제3장은 안전한 서울, 건강한 서울, 살기 좋은 서울이라는 표제 아래 안전, 건강, 적절한 주거, 사회보장 등에 대한 권리를 적시하였다. 환경과 문화를 다룬 제4장에서는 문화, 쾌적한 환경, 지속 가능한 발전에 관한 권리를 표방하고, 제5장은 교육과 일과 노동을 다루며 미래 사회의 표준을 제시하고, 제6장은 헌장의 이행 주체와 책임, 헌장의 개정 등을 적시하여 헌장의 실천을 담보하고자 하였다. 이와 같은 서울시민 인권헌장 초안의 구성과 내용을 요약하면 〈표 3-2〉와 같다.

서울시민 인권헌장의 초안이 만들어졌지만, 최종적인 문구를 채택하는 과정에서 제정준비위원들 사이에 갈등이 생겨났다. 갈등의 원인은 차별금지 대상에 성적 지향을 포함할 것인가에 대한 의견 차이였다. 성소수자 인권운동 단체 중심으로 시민 사회 단체 활동가들은 포함하자고 주장한 반면에, 일부 기독교 집단은 이에 반대하였다. 결국 차별금지 조항에 대상자를 나열할 것인가, 포괄적 금지로 규정할 것인가를 선택하는 것으로 귀결되었다. 이러한 논란의 와중에 서울시장이 시민위원들의 전체 합의가 없는 인권헌장 제정에 반대한다는 입장을 표명하였다. 그러자 인권 단체와 일부 제정준비위

서울시민 인권헌장 구성 체계

구분		주요 내용
전문		• 서울 인권헌장의 필요성 • 서울의 역사성, 상징성, 대표성, 책임성 • 서울의 발자취: 변화, 성취, 문제, 성찰, 도전 • 인권헌장의 기본방향 • 인권헌장을 제정·선언하는 서울시민들의 포부와 다짐 • 서울시 공직자들의 의무 자각과 약속
본문	제1장 일반원칙	• 인권, 평등과 차별금지, 관용과 연대 • 도시에 대한 권리 • 인권의 주체와 서울시의 의무
	제2장 시민이 참여하고 소통하며 함께 만들어 가는 서울	• 자유로운 참여, 함께하는 소통 • 개인정보에 관한 권리와 의무
	제3장 안전한 서울, 건강한 서울, 살기 좋은 서울	• 안전에 대한 권리 • 건강에 대한 권리 • 적절한 주거에 대한 권리 • 사회보장에 대한 권리
	제4장 쾌적한 환경과 문화를 누리는 서울	• 문화에 관한 권리 • 쾌적한 환경에 살 권리 • 지속가능한 발전에 관한 권리
	제5장 더 나은 미래를 꿈꾸는 서울	• 교육 • 일과 노동
	제6장 헌장을 실천하는 서울	• 헌장의 이행 주체와 책임 • 헌장이행의 책임 • 헌장의 개정

출처: 국가인권위원회(2016, 71)

원들이 반발하며 항의하면서 결국 인권헌장 채택이 좌절되었다. 서울특별시 집행부나 시의회의 공식적인 인권헌장 채택이나 선포가 이루어지지 않자, 이에 반발하여 인권헌장 제정준비위원회는 독자적으로 서울시민 인권헌장 선포식을 갖기도 하였다.

서울시민 인권헌장의 공식적인 제정은 좌절되었지만, 준비 과정에 지역 사회의 다양한 구성원들이 참여하였다는 점, 그리고 도시 공동체 거주자들의 인권을 다각적인 측면에서 인식하였다는 점은 주목할 만한 성과였다. 또한 일반 시민의 참여와 인권 전문가의 협력을 통하여 시민들의 인권 인식이 확산되고 내용의 전문성을 높인 것은 커다란 의미가 있다. 지자체와 시민 사회의 협력, 전문가의 조력은 인권 증진을 촉진하는 주요 요소라는 것이 확인된 것이다. 그러나 인권에 대한 근본적인 인식이 확립되지 않은 상황에서 다양한 갈등이 생길 수 있다는 것도 보여주었다. 곧, 사회 전반의 인권 의식 확산과 인권 보장의 제도적 장치의 확립이 밀접하게 연계되어 작동하는 것이다.

3. 인권행정강령

인권행정강령은 인권에 기초한 공무 수행을 증진하기 위한 지침이다. 지자체는 행정의 주축인 소속 공무원들의 인권 의식을 높이고 인권 실천을 강제하는 방안 가운데 하나로서 인권행정강령을 수립 시행하게 된다. 이와 같은 인권행정강령은 인권에 기반을 둔 행정을 강화하고 제도화하는 데 이바지할 것으로 기대된다. 특히, 공무원들의 인권 의식과 인권 친화적 행동은 지자체의 인권제도 발전을 이끄는 핵심 요소라는 점에서 인권행정강령의 제정은 궁극적으로 지역 주민의 인권 보호와 증진에 기여하게 될 것이다. 그런데 우리나라에서는 아직 공무원들의 인권행동강령을 널리 채택하고 있지 않다. 서울시가 2013년 2월에 '공무원 인권행정강령'을 제정하였을 뿐이다.

서울시의 공무원 인권행정강령은 기본적으로 시민의 인권 증진

〈서울특별시 공무원 인권행정강령〉

인권은 인류의 존엄성을 바탕으로 한 양도할 수 없는 권리이자 보편적 가치이며, 국제인권법, 헌법, 법률, 조례에 규정된 인권의 보호와 증진은 서울시 행정의 가장 중요한 목표이다. 이를 위해 서울시 공무원은 행정의 기획·집행·평가 등 행정의 모든 단계에서 행정이 인권에 미치는 영향을 면밀하게 평가하고 인권지향적인 정책을 수립·집행하기 위해 최선을 다해야 하며, 서울시는 이러한 인권행정이 가능하기 위한 제반 여건을 갖추어야 한다. 이에, 서울시 공무원이 인권의 보장을 위해 지켜야 할 행동의 지침들을 마련하고자 '서울시 공무원 10대 인권강령'을 제정한다.

1. (차별금지) 서울시 공무원은 성별, 종교, 장애, 나이, 인종, 성적 지향, 학력, 사회적 신분 등을 이유로 시민을 차별하지 않는다.
2. (문화적 다양성) 서울시 공무원은 언어, 종교 등 시민의 문화적 다양성을 표현할 권리를 보장한다.
3. (정보공개·접근) 서울시 공무원은 시정을 투명하게 공개하고 시민의 정보접근권을 최대한 보장한다.
4. (표현의 자유) 서울시 공무원은 시민이 시정에 대한 다양한 의견을 자유롭게 표현할 수 있도록 한다.
5. (편의제공) 서울시 공무원은 시민이 교통, 문화, 환경, 복지 등의 서비스와 시설을 차별 없이 이용할 수 있도록 한다.
6. (인권행정언어) 서울시 공무원은 차별적인 언어를 쓰지 않고, 시민이 알기 쉬운 용어를 사용한다.
7. (인권교육과 인권존중문화) 서울시 공무원은 인권을 배우고 익히며, 직장 내에서 인권존중문화를 실천한다.
8. (관련기관과의 협력) 서울시 공무원은 서울시민과 다른 지역의 시민들이 동등하게 인권을 누릴 수 있도록 관련기관과 협력한다.
9. (인권침해 기관 관여방지) 서울시 공무원은 계약, 사무위임·위탁, 예산 지원 시 인권침해 발생 여부를 고려해야 한다.
10. (인권상담·조사) 서울시 공무원은 시민이 인권침해상담을 요청할 경우 신속하고 효과적으로 처리한다.

출처: 국가인권위원회(2016, 74)

을 위하여 공무원의 책무와 행동 지침을 규정한 것이다. 〈표 3-3〉에
서 보는 바와 같이, 서울시의 공무원 인권행정강령은 전문에 인권
행정의 근거와 중요성, 인권행정을 위해 필요한 기본 절차 등 강령
취지와 개요를 밝히고, 10개 조항으로 차별금지, 문화적 다양성 보
장, 정보공개 및 접근, 표현의 자유, 편의제공 의무, 인권행정언어
사용, 인권 교육과 인권존중문화 실천, 인권 증진을 위한 협력, 인권
침해 관여 방지, 인권 상담 및 조사의 신속한 처리 등에 관한 사항을
규정하였다. 이 후 서울시는 분야 별로 구체적인 지침과 매뉴얼을
담은 '인권행정 가이드라인'을 개발하였다. 인권행정 가이드라인은
공무원들이 인권강령을 이행하는 과정에 현장에서 겪게 될 문제들을
해결하는 지침으로 활용될 것이다(한국인권재단 2013, 21-51).

4. 인권조례

1) 인권조례의 법적 근거

「헌법」제117조 제1항은 "지방자치단체는 주민의 복리에 관한
사무를 처리하고 재산을 관리하며, 법령의 범위 안에서 자치에 관한
규정을 제정할 수 있다"고 규정하고 있다. 헌법의 조례 제정권(자치
입법권)은 「지방자치법」에도 반영되어 있다. 곧, 지방자치법 제22조
는 "지방자치단체는 법령의 범위 안에서 그 사무에 관하여 조례를
제정할 수 있다"고 규정하고 있다. 이에 근거하여 지자체는 주민의
인권 증진을 위하여 인권조례를 제정하게 된다.

지방자치단체(지자체)는 「헌법」10조의 규정에 따라 주민의 기본
적 인권을 보장할 의무를 갖고 있다(국가인권위원회 2012). 곧, 국민/

주민들이 누려야 할 인권 보호와 증진의 이행은 국가뿐만 아니라 지자체가 수행해야 할 책무이다. 「양성평등기본법」, 「사회보장기본법」, 「장애인 차별 금지 및 권리구제 등에 관한 법률」, 「정신보건법」 같은 여러 법률도 인권 관련 상황의 개선이 지자체의 책무라는 점을 명확하게 규정하고 있다(김중섭 2016, 23-25).

그리고 「지방자치법」 제9조는 지자체의 사무 영역을 규정하면서 지역과 주민 생활에 직결된 사항을 예시로 제시하고 있는데, 특히 주민의 복지증진에 관한 사무로서 주민복지에 관한 사업, 사회복지 시설의 설치·운영 및 관리, 생활이 곤궁(困窮)한 자의 보호 및 지원, 노인·아동·심신장애인·청소년 및 여성의 보호와 복지증진 등을 명확하게 명시하였다. '인권'이라고 적시하지는 않았지만, 이러한 내용은 모두 주민의 인권 증진에 관한 주요 사항임에 틀림없다. 주민의 인권, 특히 사회적 약자 집단의 권리 보호는 지자체의 주요 사무 영역인 것이다. 요컨대, 지자체는 '지방의회가 법적 절차를 거쳐 제정하는 자치법규'인 인권조례를 통하여 주민의 인권 보호와 증진을 위한 자치 사무에 필요한 사항을 규정하게 된다.

이러한 배경에서 국가인권위원회는 2012년 4월에 「국가인권위원회법」 제25조 제1항의 규정에 근거하여 지방자치단체장에게 인권기본조례의 제정을 권고하였다(국가인권위원회 2012a; 2012b). 보편적 인권의 내용은 국제 협약에 규정되어 있다. 중앙정부뿐만 아니라 지방정부도 그 내용을 실행해야 한다. 곧, 국가와 지자체는 국제협약에서 규정하고 있는 인권 내용을 실행해야 할 책무를 갖고 있다. 국내법뿐만 아니라 국제 협약에 규정된 인권 내용을 지역 사회에서 실행해야 하는 법적 근거가 인권조례이다. 이와 같은 인권조례는 관행, 제도, 정책 방향, 구성원들의 책무 등이 자의적으로 해석되거나 편의적으로 적용되는 것을 방지하는 지자체의 법적 장치가 될 것이다(김중섭 2009).

인권조례는 주민의 인권 보호와 증진을 위한 다양한 정책과 사업을 수립 집행하는 법적 근거가 된다(김중섭 2016). 그것은 주민의 인권 증진을 도모해야 하는 지자체가 인권 발전과 지역 민주화를 위한 본연의 책무와 역할을 제대로 이행하도록 만드는 장치가 될 것이다. 곧, 인권조례는 지자체가 추진하는 인권보장체제의 핵심 요소로서 지역 사회의 인권 발전을 추진하는 토대이다. 이에 근거하여 지자체는 인권 실태를 파악하고, 인권기본계획을 수립 시행하며, 인권 교육이나 인권 문화 확산 활동을 실시하게 된다. 또 인권 증진 정책과 사업을 통하여 지역 사회 구성원들의 인권 의식을 높이며, 인권 친화적인 지역 사회를 만들게 된다. 요컨대, 인권조례 제정은 지자체가 인권 중심의 행정을 시행하는 제도화의 출발이다.

2) 인권조례의 제정 과정

조례의 제정, 개정, 폐지를 청구할 수 있는 조례 발의권은 지자체 단체장, 지방의원, 주민이 갖고 있다.[1] 단체장은 지자체의 정책과 사업을 수립 집행하는 데 필요한 법적 근거를 마련하기 위하여 조례

---

1) 「지방자치법」 제15조(조례의 제정과 개폐 청구), ①19세 이상의 주민으로서 다음 각 호의 어느 하나에 해당하는 사람(「공직선거법」 제18조에 따른 선거권이 없는 자는 제외한다. 이하 이 조 및 제16조에서 "19세 이상의 주민"이라 한다)은 시·도와 제175조에 따른 인구 50만 이상 대도시에서는 19세 이상 주민 총 수의 100분의 1 이상 70분의 1 이하, 시·군 및 자치구에서는 19세 이상 주민 총 수의 50분의 1 이상 20분의 1 이하의 범위에서 지방자치단체의 조례로 정하는 19세 이상의 주민 수 이상의 연서(連署)로 해당 지방자치단체의 장에게 조례를 제정하거나 개정하거나 폐지할 것을 청구할 수 있다.

를 발의하게 된다. 또 지방의원은 일정 수의 지방의원들의 동의를 받아 조례를 발의할 수 있다. 그리고 19세 이상의 지역 사회 주민은 일정 수 이상의 연서명을 받아 조례를 발의할 수 있다. 또 발의된 조례안은 공청회 등의 의견 수렴 과정을 통하여 주민들의 뜻을 반영하는 절차를 갖는다. 이렇게 민주주의 정신에 따라 여러 구성원들에게 조례 발의권을 부여하지만, 조례의 제정, 개정, 폐지 권한은 지방의회만이 갖고 있다(김중섭 2009).

발의된 조례안은 지방의회 규칙에 따라 지방의회에서 처리된다. 발의안은 해당 상임위원회에 배정되어 심의하고, 상임위원회에서 가결된 안은 본회의에 상정되어 표결에 부쳐진다. 본회의에서 가결되면 단체장에게 이송되고, 단체장이 공포하면 그 안은 조례로서 확정된다. 단체장은 이송된 조례안에 이의를 제기하여 지방의회에 재의를 요청할 권한을 갖고 있다. 만약 단체장의 재의 요청이 있으면, 지방의회는 다시 심의하게 된다. 이때 재적의원 과반수 출석과 출석의원 3분의 2 이상이 찬성하면 그 안은 조례로 확정된다(「지방자치법」제26조).

조례의 제정 권한은 지방의회에 있지만, 조례의 시행은 지자체 집행부의 권한이다. 따라서 인권조례의 효과적인 시행 여부는 전적으로 지자체 집행부의 시정 방침이나 행동에 달려있다. 물론 지방의회는 집행부 사무에 대한 감독과 감사 권한을 활용하여 인권조례의 시행 상황을 확인하며 집행을 촉구할 수 있다. 또 시민 단체나 주민들이 인권조례의 이행 상황을 평가하며 요구할 수 있지만, 모든 행정 과정이 그렇듯이, 인권조례는 지자체 집행부의 의지와 행동에 따라 추진될 수밖에 없다. 곧, 인권조례의 실행 여부는 지자체 집행부, 특히 단체장의 인권 인식이나 인권 증진 의지, 정책의 우선순위 판단과 실행력 등에 따라 결정된다. 그렇기 때문에 인권조례의 제정 여부보다는 제정 이후 주민의 인권 증진에 이바지하도록 감시 독려하고, 평가하는 것이 중요하다.

3) 인권조례의 유형

인권조례는 내용에 따라 크게 두 유형으로 나누어진다. 하나는 주민 전체의 인권 보장과 증진에 관한 사항을 규정한 '포괄적 인권조례'이고, 다른 하나는 인권 취약 집단이나 사안을 규정한 '부문별 인권조례'이다. '인권기본조례', '인권 보장 및 증진에 관한 조례', '인권증진조례' 등 다양한 명칭으로 지칭되는 포괄적 인권조례는 지역 사회의 전반적인 인권 실행을 도모하기 위한 기본조례의 성격을 갖고 있다. 이와 달리, 부문별 인권조례는 여성, 어린이 청소년, 노인, 장애인, 이주 노동자, 결혼 이주 여성 같은 소수 집단의 인권 증진이나 보행권, 환경권 같이 특정한 인권의 쟁점에 관한 조례이다(김중섭 2007).

이 두 유형의 인권조례는 서로 보완적으로 작용하며 사회적 약자의 인권 증진이나 인권 환경을 개선하게 된다. 인권조례의 제정과 시행 양상은 지역 사회 구성원, 곧 지자체 단체장, 지방의원, 시민단체, 당사자 집단, 주민 등의 인권 인식이나 관심, 인권 증진 의지와 요구 등에 따라 다양하게 나타난다. 또 그 과정에 지자체의 정책, 조직, 예산, 제도 등의 여건이 반영되게 마련이다.

4) 인권조례의 내용

주민의 인권 보호와 증진을 위한 지자체의 책무와 이행 사항을 규정한 인권조례는 인권제도 구축의 핵심 사항이다(김중섭 2016). 인권조례의 주요 내용은 인권 증진을 위한 지자체의 책무, 인권기본계획의 수립과 집행, 인권 정책과 사업을 수립 집행하는 인권 담당 기구의 설립과 운영, 인권 인식을 개선하기 위한 인권 교육, 인권 문화 확산 활동, 인권 침해 피해자 구제 등을 담고 있다. 그런데 조례 내용은 상위법과 상충되어서는 안 된다. 곧, 인권조례의 내용은 다른 법과 상충되지 않는 범위에서 만들어져야 한다.

대개의 인권조례는 먼저 제정 목적을 밝히고, 인권을 비롯한 핵심 개념을 정의하고 있다. 일본의 인권조례는 전문(前文)을 두어 제정 목적을 밝히고 있지만, 조례에 전문을 두지 않는 우리나라의 경우, 제1조에 제정 목적을 규정한다(김중섭 2016, 60-63). 대개 인간 존중과 평등을 구현하는 지역 사회 건설이 인권조례 목적이라고 적시하여 기본조례의 성격을 부여한다. 제2조에는 인권조례에서 의미하는 인권 개념을 정의한다. 대개 「국가인권위원회법」 제2조 1호의 내용을 원용하고 있다. 곧, 헌법, 법률뿐만 아니라, 국제인권조약의 규정과 국제관습법에 따른다고 적시하면서 전 지구적 기준에 부합하는 인권의 보편성에 기초한다는 입장을 취한다.

인권조례의 주요 내용 가운데 하나는 구성원 책무에 대한 규정이다. 대개 지자체 단체장의 책무 규정을 통하여 인권 보호와 증진이 지자체 행정의 핵심 과제라는 것을 명문화한다. 구체적으로, 주민 인권 증진을 위한 인권기본계획 수립, 인권 교육 실시, 인권 과제 추진 등을 단체장의 책무로 명시하기도 한다.

또 인권조례는 지역 사회의 인권 사안을 논의하기 위한 인권기구의 설치와 운영에 대한 사항을 규정한다. 명칭이나 권한은 지자체에 따라 다르다. 대개 지자체 인권위원회, 인권증진위원회, 인권 보장 및 증진위원회, 인권옹호위원회 등을 붙이고 있다. 기구의 권한 역시 지자체마다 다르다. 지자체의 인권 사항을 심의 결정하는 권한을 부여한 곳도 있지만, 자문에 한정한 곳이 많다. 이와 같은 차이는 지역 사회의 인권 문제에 대한 영향력을 갖느냐 못 갖느냐의 문제로 이어지며 기구의 위상 결정에 영향을 미친다. 또한 인권조례는 이 기구 구성에 대한 사항을 규정한다. 대개 행정 담당자, 지방의원, 인권 전문가, 인권 단체 활동가로 구성되어 있다. 이와 같은 권한이나 구성에 대한 규정은 이 기구의 역할과 위상을 결정짓는다. 그에 따라 이 기구가 인권 증진을 위한 지역 사회 구성원들의 범사회적 협력과 인권 공치(거버넌스)의 발전에 이바지할 수도 있고, 지자체의 인권 행정의 통과의례 장치로 머물 수도 있다. 이에 대해서는 다음 단원에서 자세하게 논의하고자 한다.

인권조례의 또 하나의 주요 사항은 인권 보호와 증진 사업에 대한 규정이다. 예컨대, 인권기본계획 수립, 인권 교육, 인권실태조사, 보고서 및 인권백서 발간, 인권영향평가, 인권지수의 연구 개발 등을 법제화하는 것이다. 곧, 인권 정책과 사업을 조례에 명시하여 실질적인 실행을 도모한 것이다. 곳에 따라서는 인권 교육의 방식이나 대상, 지역의 인권 상황을 파악하기 위한 인권실태조사의 실시 주기, 종합적인 인권 발전 방안을 제시하는 인권기본계획의 수립 등을 상세하게 규정하여 실행력을 담보하려고 한다. 이와 같은 규정은 지역 주민의 인권 증진을 위한 인권조례의 취지와 목적을 반영한 것이다.

일부 지자체는 인권 사무를 담당하는 지자체의 행정 조직에 관한 사항을 인권조례에 규정하고 있다. 예컨대, 인권 관련 사업을 수행하는 인권센터, 지자체 집행부 내의 인권전담부서, 인권 상담 및 보호, 피해자 구조를 위한 전문기관 등의 설치를 위한 법적 근거를 마련한 것이다. 지자체의 인권 증진 활동을 담당하고 지원하는 담당 부서나 기구의 설치는 인권제도 발전의 핵심 사항이라는 점에서 인권 사업이나 업무의 전문성을 강화하기 위한 방안을 명문화한 것이다. 이에 대한 현황과 내용은 다음 단원에서 다루고자 한다.

요컨대, 인권조례는 지역 사회의 인권 상황이나 여건, 지자체의 인권 정책과 사업 방향 등이 반영되어 제정된다. 대개 조례 제정권을 갖고 있는 지방의회와 조례 시행의 권한과 책무가 있는 지자체 집행부가 협력하여 조문을 조정하게 된다. 그 결과, 인권전담기구, 인권센터 등의 설치, 지자체 인권위원회의 구성과 권한 등이 정해진다. 그 과정에 지역 사회 구성원들, 특히 지자체 단체장과 지방의원의 의지와 행동, 시민 사회 단체의 활동, 주민들의 의견 등이 작용하게 된다. 이것은 각 지자체의 인권조례가 제각기 다른 양상을 갖게 되는 요인이기도 하다(김중섭 2016).

지자체는 인권조례의 시행에 관한 사항을 규정한 인권조례 시행 규칙을 제정하여 효율적인 시행을 도모한다. 그러나 조례는 지자체 운용에 필요한 법적 장치이지만, 조례의 법적 운용 범위나 구속력은 국가 차원의 법률과 달리 아주 제한적이다. 그 내용이나 실행 방안이 지자체 집행부와 지방의회에 따라 결정되기 때문에 운용 편차도 크다. 실행 수준이 크게 낮으며 구속력도 적다. 이와 같은 태생적 한계를 해결하기 위해서 '인권법' 같은 상위법을 제정하여 인권조례가 의도하는 지역 인권 증진을 위한 목적과 역할을 보장할 필요가 있다(유남영 2012). 특히, 인권조례 제정과 운용, 지자체의 인권제도 등에 관한 사항을 법률로 규정하여 인권조례의 시행력을 높이는 것이 필요하다.

5) 인권조례 제정 현황

우리나라에서 인권조례 제정에 대한 관심은 2000년대 후반에 생겨났다. 2007년에 경남도 진주시의 시민 단체들이 지역 주민의 인권 증진을 위한 인권조례 제정을 처음 제안하며 활동을 벌였다(김중섭 2007; 2016). 그러나 이 활동은 인권조례 제정으로 이어지지 못하였다. 지역 언론과 시민들의 적극적인 지지 아래 조례안이 시의회에 제출되었지만, 진주시장의 노골적인 반대 입장 표명과 시의원들의 비협조로 조례안은 논의조차 되지 않고 폐기되었던 것이다. 그 뒤 2009년 10월에 광주시에서 지역 활동가들과 시의원, 집행부의 협력 아래 기존의 "인권 증진 및 민주 인권 평화도시 육성조례"를 개정하여 인권조례 성격을 부여하였다. 그리고 2010년에 광역 지자체로 경남도와 전북도가, 기초 지자체로는 부산시 해운대구가 인권조례를 제정하였고, 부산시 수영구, 울산시 동구 등이 뒤따랐다.

2012년 4월에 국가인권위원회가 인권기본조례 표준조례안을 마련하고 제정을 권고하면서 인권조례를 제정한 지자체가 크게 늘어났다(김중섭 2015; 2016, 267-268). 인권조례를 제정한 지자체 수의 연도별 현황은 〈표 3-4〉와 같다.

행정자치부가 운영하는 자치법규정보시스템(ELIS, http://www.elis.go.kr/)의 검색 결과에 기초하여 전국의 인권조례 제정 현황을 살펴보면, 2017년 7월 현재, 17개 광역 지자체는 인천시를 제외하고

● 표 3-4   연도별 인권조례 제정 현황

구분	2009	2010	2011	2012	2013	2014	2015	2016	2017	총계
광역	1	2	0	6	4	2	1	0	0	16
기초	0	2	4	15	28	4	13	16	4	86
계	1	4	4	21	32	6	14	16	4	102

출처: 국가인권위원회(2016, 52) 자료를 보완함

모두 제정하였다. 그런데 인천시가 차별 철폐 내용을 둘러싼 이견 탓으로 여전히 제정하지 않은 상황에서 충남도의회가 인권조례를 폐기하는 초유의 사태가 일어나 2018년 7월 현재는 16곳으로 줄어든 상황이다. 그 과정에 일부 기독교 단체가 성소수자 차별 철폐에 대한 반대 입장을 표명하며 인권조례가 성소수자를 옹호하고 동성애를 조장한다는 논리를 제시하면서 인권조례 폐지를 주장하는 반인권적인 집단 활동이 영향을 미쳤다.

한편, 기초 지자체의 제정 현황을 살펴보면, 2017년 7월 현재, 자치입법권이 있는 226개의 기초 지자체 가운데 85곳(37.6%)이 인권조례를 제정하였다. 서울특별시와 광역시의 경우에는 74개 구/군 가운데 42곳(56.8%)으로 절반 이상이 제정하였고, 도(道)에서는 75개 시 가운데 30곳(40.0%), 77개 군 가운데 13곳(16.9%)이 제정하였다. 도의 도시 지역인 시는 3분의 1 이상이 제정하였지만, 농촌 지역인 군 지역은 20%에도 못 미치는 상황이다. 그리고 지역 간의 편차가 두드러지게 나타났다. 광주시, 울산시, 대전시, 충남도 등에서는 거의 모든 기초 지자체가 제정한 반면에, 인천시, 대구시, 경북도, 충북도 등에서는 제정 비율이 크게 낮았다.

이와 같은 지자체의 인권조례 제정 현황은 〈표 3-5〉와 같다.

표 3-5 　　　지자체 인권조례 제정 현황(2017년 11월 현재)

광역 지자체 (채택연도)	기초지 자체 수 (b)	제정 지자체 수 (a)	채택률 (a/bx100)	채택 지자체 (채택 연도)
서울특별시 (2012)	25	14	56.0	성북구(2012), 도봉구, 동작구, 서대문구, 서초구, 영등포구(2013), 구로구, 노원구, 성동구(2014), 양천구, 은평구(2015), 동대문구(2016), 종로구, 강북구(2017)

부산광역시 (2012)	16	10	62.5	해운대구, 수영구(2010), 남구(2011), 중구, 사상구(2012), 부산진구, 북구(2013), 사하구, 연제구(2015), 기장군(2016)
대구광역시 (2014)	8	3	37.5	달서구(2012), 중구(2014), 동구(2017)
인천광역시 (미채택)	10	1	10.0	남구(2016)
광주광역시 (2009)	5	5	100.0	서구, 남구(2012), 동구, 북구, 광산구(2013)
대전광역시 (2012)	5	4	80.0	서구, 대덕구(2013), 동구, 중구(2015)
울산광역시 (2012)	5	5	100.0	동구, 북구(2011), 남구, 중구, 울주군(2013)
세종특별자치시 (2014)	–	–	–	기초 지자체 없음
경기도 (2013)	31	10	32.3	광명시(2011), 화성시(2012), 수원시, 성남시, 고양시, 의정부시, 김포시(2013), 오산시, 광주시, 구리시(2015)
강원도 (2013)	18	2	11.1	원주시(2012), 영월군(2013)
충북 (2013)	11	0	0	
충남* (2012)	15	15	100.0	천안시, 서산시, 부여군(2013), 아산시(2015), 논산시, 보령시, 당진시, 금산군, 공주시, 예산군, 계룡시, 서천군, 청양군, 태안군(2016)
전북 (2010)	14	3	21.4	군산시(2013), 전주시(2015), 익산시(2016)
전남 (2012)	22	5	22.7	목포시, 고흥군, 완도군(2012), 보성군(2013), 나주시(2016)
경북 (2013)	23	3	13.0	문경시(2012), 고령군(2013), 구미시(2015)
경남 (2010)	18	6	33.3	진주시, 고성군, 함양군(2012), 사천시(2013), 거제시(2015), 창원시(2017)
제주특별자치도 (2015)	–	–	–	기초 지자체 없음
계	226	86	38.6	

* 충남의 인권조례는 2018년 5월 도의회의 결의에 따라 폐지되었다
출처: 국가인권위원회(2016, 50-51)에 기초하여 보완함

인권조례 제정 비율의 지역 간 차이는 인권 문제에 대한 관심 차이를 보여주는 것이라고 판단된다. 예컨대, 농촌 지역에도 고유한 인권 문제가 있지만, 지자체가 주민들의 인권 증진을 위한 인권조례 제정에 관심이 크지 않은 탓이라고 여겨진다. 또 인접한 충남도와 충북도의 차이는 지자체 단체장의 관심이 인권조례 제정에 영향을 미친다는 것을 보여준다. 지자체 단체장들이 주민의 인권 문제에 관심을 보인 지역에서는 제정 비율이 높은 반면에, 그렇지 않은 지역은 낮았던 것이다.

2016년 9월에 조사된 인권조례의 발의자를 보면(국가인권위원회 2016, 49-67), 광역 지자체는 모두 의원 발의로 제정되었지만, 인권조례를 제정한 75개의 기초 지자체 가운데 의원 발의가 42곳(56%), 단체장 발의가 33곳(44%)으로 비슷한 양상을 보였다. 인권조례를 만장일치로 제정하였다가 동 회기 내에 스스로 폐기한 충남도의회의 사례도 있지만, 광역 지자체에서는 의원들의 관심이 크게 영향을 미쳤다고 판단된다.

그런데 인권조례 시행규칙을 제정하여 활용한 지자체는 전반적으로 많지 않다. 광역 지자체로는 서울시, 광주시, 강원도, 전남도 4곳, 기초 지자체는 3곳만이 인권센터나 인권침해 상담 등에 관한 사항을 규정한 시행규칙을 제정하고 있다.

III. 지자체의 인권 조직 및 기구

　지자체의 인권 정책과 사업을 수행하기 위해서는 집행부에 담당 조직이나 특별기구를 설치 운용하게 된다. 대표적인 사례가 지역 사회의 인권 사항을 심의 또는 자문하는 인권위원회나 지자체의 인권 업무를 전담하는 인권담당부서이다. 또 인권의 전문성을 고려하여 인권 교육이나 상담, 인권 사업을 담당하는 인권센터를 설치하기도 하고, 인권 침해의 조사 구제 업무를 담당하는 인권보호관이나 인권 옴부즈맨을 두기도 한다.

　행정 조직이나 기구의 설립과 운용은 인적 배치와 재정 부담이 뒤따른다. 지자체가 법에 근거하여 조직을 편성하고 기구를 설치하지만, 정책적 판단에 따라 조정되는 경우가 많다. 인권 조직과 기구의 설치나 운용도 마찬가지이다. 인권에 대한 지자체의 정책적 우선순위, 특히 단체장의 의지와 판단에 따라 결정되기 때문에 지자체마다 다른 양상을 보인다. 2016년 조사에 따르면(국가인권위원회 2016, 52-63), 많은 지자체가 인권조례에 인권기구나 조직에 관한 사항을 규정하고 있다. 그런데 실질적인 운용 상황을 보면, 지자체마다 커다란 차이가 있다. 이에 따라 인권 사항의 심의 자문기구인 지자체 인권위원회, 집행부의 인권담당부서, 인권 침해의 조사 구제기구, 인권 전문기관인 인권센터 등 인권 조직과 기구의 현황을 좀 더 자세하게 논의하고자 한다.

1. 지자체 인권위원회

지자체 인권위원회는 지역 사회의 인권 사항을 심의하거나 자문하기 위하여 지자체에 설치된 인권전담기구이다(홍성수 2015). 2001년에 설립된 국가인권기구인 국가인권위원회와 대비하여 지자체에 설치되었다는 점에서 통상 지자체 인권위원회라고 하는데, 실제로 지역마다 각기 다른 명칭을 붙이고 있다. 국가인권위원회가 제시한 표준조례안에 따라 "인권 보장 및 증진위원회"라고 붙인 지자체가 많지만, 일부는 지역의 특성이나 관심을 반영하는 명칭을 붙이고 있다. 예컨대, 광역 지자체 가운데 서울시, 울산시, 충북도, 전북도는 "인권위원회," 광주시는 "인권증진시민위원회," 강원도는 "인권증진위원회," 충남도는 "도민인권증진위원회," 대전시는 "인권정책위원회"라고 하였다. 기초 지자체의 경우에도 "인권위원회(부산시 기장군, 광주시 북구, 울산시 동구, 울주군, 경기도 수원시, 전북도 전주시)", "인권증진위원회(부산시 해운대구, 광주시 남구, 울산시 북구, 경기도 고양시)", '시민인권위원회(경기도 광명시)' 등 여러 명칭이 쓰이고 있다.

국가인권위원회는 법률에 근거하여 설치되었지만, 지자체 인권위원회는 각 지자체의 인권조례에 따라 설치 운용되고 있다. 인권조례를 제정한 모든 지자체가 인권위원회 구성과 운용에 관한 사항을 규정하고 있는데, 권한과 책무, 구성, 운용 방식 등은 지자체마다 약간 차이가 있다. 대개 인권기본계획 수립 등 인권 사항에 대한 심의 또는 자문, 인권 증진 과제의 발굴, 인권정책에 대한 자문, 인권센터 및 인권보호관 같은 인권 조직과 기구의 운영에 대한 자문 같은 책무를 부여하고 있다.

지자체 인권위원회는 지자체의 인권 정책과 사업 등 인권 관련 사항을 논의하면서 인권 행정의 발전과 주민 인권 증진에 이바지할 것으로 기대된다. 그러나 실제 설치와 운용 현황을 보면 지자체마다 편차가 크다. 인권조례에 규정되어 있어도 실질적인 운용은 지자체 집행부의 의지와 방침에 따라 결정되기 때문에 지자체마다 다른 양상을 보이고 있다.

우선, 지자체 인권위원회를 구성하지 않은 곳이 많다. 광역 지자체의 경우, 2017년에 대구시가 구성하면서[2] 경남도와 경북도, 그리고 인권조례를 제정하지 않은 인천시 3곳만이 인권위원회를 갖고 있지 않다. 기초 지자체의 경우에는 인권조례를 제정한 75개 가운데 26곳이 인권위원회를 설치하였다(34.7%).[3] 전체 226개의 기초 지자체로 보면 약 1할이 인권위원회를 설치한 셈이다. 설치 지역의 분포를 보면, 서울시가 인권조례를 제정한 11개 가운데 7곳, 부산시는 10개 가운데 4곳, 광주시는 5곳 모두, 울산시는 5개 가운데 4곳, 경기도는 10개 가운데 4곳, 충남도는 10개 가운데 1곳, 전북도 2개 가운데 1곳이 인권위원회를 설치하였다. 대구시, 인천시, 대전시, 강원도, 충북도, 전남도, 경북도, 경남도에는 인권위원회를 설치한 기초 지자체가 한 곳도 없다. 서울시와 광역시는 33개 가운데 20곳이

---

2) 2012년에 광주시, 서울시, 부산시, 2013년에 대전시, 울산시, 충남도, 2014년에 강원도, 충북도, 2015년에 세종시, 전남도, 전북도, 2016년에 경기도, 제주도, 2017년에 대구시가 인권위원회를 구성하였다.

3) 2012년에 울산시 동구와 서울시 성북구, 2013년에 부산시 중구, 광주시의 서구, 광산구, 동구, 경기도 수원시, 2014년에 서울시 영등포구, 서대문구, 도봉구, 성동구, 부산시 부산진구, 광주시 북구, 2015년에 서울시 동작구, 부산시 해운대구, 광주시 남구, 울산시 북구, 남구, 울주군, 경기도 고양시, 성남시, 충남도 아산시, 2016년에 서울시 은평구, 부산시 기장군, 전북도 전주시가 인권위원회를 구성하였다.

구성한 반면에, 도는 24개 가운데 6곳만이 구성하였다. 곧, 도시 지역의 지자체는 인권위원회 구성이 활발한 반면에, 농촌 지역은 그렇지 않은 것이다. 심지어 경기도 화성시, 강원도 원주시, 충남도 당진시, 부여군, 전남도 목포시, 완도군, 경남도 진주시, 고성군, 함양군 같은 지자체는 인권위원회의 구성 시한을 인권조례 부칙에 명시해 놓고도 이행하지 않았다. 이것은 인권조례가 제대로 실행되지 않는 증거이기도 하다.

인권위원회의 구성과 운용도 지자체마다 다르다. 인권위원 임기는 통상 2년이다. 대개 15명 안팎의 인권위원으로 구성한다. 그러나 광주시와 충남도 등은 20명이고, 부산시 해운대구, 울산시 북구 등은 10명에 지나지 않을 정도로 지자체마다 차이가 있다. 인권위원의 선임 방식은 위촉과 당연직 선임으로 나누어진다. 위촉직에는 인권 전문성과 감수성을 지닌 학계 전문가, 시민 단체나 인권 단체의 활동가, 당사자 집단 대표, 주민 대표 등이 관련 기관이나 단체의 추천을 얻은 뒤 단체장이 위촉한다. 당연직에는 지자체 집행부 담당부서 간부 등이 선임된다. 이와 같이 지자체 소속 공무원과 시민들이 함께 참여하는 민관 합동 유형인 경우가 많지만, 지자체 소속 공무원을 배제한 민간주도형을 채택한 경우도 있다.

인권위원 선임을 위해서 인권 단체와 유관 단체의 추천을 받는 경우가 많다. 기본적으로 전문성을 고려하여 인권 연구자, 인권 단체 활동가, 당사자 집단 등을 선임한다. 그리고 당사자를 비롯한 시민 참여 기회를 높이는 경우도 많다. 지자체 집행부 간부나 지방의원의 참여를 규정한 것은 정책 결정과 수립의 관련자가 참여하도록 배려한 것이다. 이와 같이 다양한 배경의 지역 구성원들이 지역의 인권 문제를 함께 논의하며 공치(거버넌스)를 지향하는 것은 이 기구가 인권 친화적 지역 사회 건설에 기여하여야 한다는 기대감에서 비롯된 것이다. 그러나 이러한 기대는 실질적인 운영 상황에서 제대로 구현되지 않고 있다.

인권위원회의 구성이나 추천 과정이 지자체, 특히 임명권자인 단체장의 의도대로 이루어진다. 그러므로 인권위원회의 독립성과 자율성, 공정성 확보가 주요 과제이다. 이를 위하여 인권위원회 위원장을 위촉직 위원 가운데 호선하거나 민간인이 맡는다는 규정을 두기도 한다.

지자체 인권위원회를 구성한 이후에는 설립 목적에 부합하는 효율적인 운영이 중요하다. 대개 연 1~2회 정기회와 필요에 따른 임시회 개최를 규정하고 있지만, 이 규정마저 제대로 운용하지 않는 사례가 많다. 인권위원을 선임하여 인권위원회를 발족하였다고 홍보를 하고는 연 1~2회의 정기회마저 개최하지 않는 것이다. 그와 같은 형식적인 운용으로는 지역의 인권 증진에 이바지할 수 없을 것이다. 그러나 인권위원회의 활발한 활동을 통하여 지역의 다양한 인권 문제를 다루는 중심 기구로 자리 잡아 인권제도 발전에 이바지하는 사례도 있다. 대표적으로, 서울시와 일부 기초 지자체의 인권위원회는 지역의 다양한 인권 문제 개선에 이바지한다는 평가를 받고 있다. (박래군 2015; 국가인권위원회 2016). 이런 경우에는 대개 회의를 빈번하게 가지며, 소위원회 운영 등 특별활동을 벌이고 있다. 예컨대, 2016년에 서울시 성북구는 8~10회, 서울시 서대문구는 4회(임시회 3회), 경기도 수원시는 4회의 회의를 개최하였다. 지자체 인권위원회가 활발하게 활동하는 경우에는 지역 사회의 인권 사항을 심층적으로 논의하고 개선하는 활동을 할 수 있도록 일정 수준의 권한을 부여하고 있다. 그리고 지자체가 인권 기반의 행정을 추진하고자 하는 공통점이 있다.

인권조례에 규정된 지자체 인권위원회의 권한을 보면, 크게 두 유형으로 나누어진다. 하나는 지자체의 인권 정책과 사업의 수립과 추진 과정에 영향을 미칠 수 있도록 심의 권한을 부여한 경우이고, 다른 하나는 지자체의 자문 역할에 제한하는 경우이다. 대개의 지자체는 자문 역할로 제한하고 있지만, 일부 지자체는 심의 권한을 부여하면서 권한을 확대해 가고 있다. 예컨대, 서울시는 지자체의 자치법규, 정책 등 시민의 인권 증진에 중대한 영향을 미치는 사안을 논의하여 단체장에게 개선을 권고할 권한을 부여하고 있다.

지자체 인권위원회의 권한 확대는 인권 행정의 실현에 이바지하게 될 것이다. 인권 전문가와 활동가, 당사자들이 참여한 인권위원회가 심의와 정책권고의 권한을 가짐으로써 지자체의 인권 증진 정책과 사업의 발전에 더 많은 영향력을 갖게 될 것이다. 특히, 심의 의결 권한이 독립적이며 자율적으로 행사하도록 보장하여 지역 사회의 인권 증진을 위한 지자체 인권위원회의 역할을 증대하는 것이 중요하다(한국인권재단 2014, 20; 김중섭 2016, 75). 지자체 인권위원회가 인권의 지역화를 선도하는 기구로 자리 잡게 되면서 지역 사회의 인권 거버넌스 실현에도 이바지할 것이다.

지자체 인권위원회의 권한은 인권조례에 규정되어 있기 때문에 지방의회가 조례 제정을 통해서 인권위원회의 위상과 역할을 결정한다고 할 수 있다. 그러나 실질적으로는 지자체 집행부의 의지와 정책 방향에 따라 인권조례의 내용이나 운용 방향이 결정된다는 점에서 인권위원회 권한이나 구성, 운용에도 지자체 단체장의 의지와 행동이 중요하게 작용하게 된다.

인권위원회가 소기의 목적대로 활동하기 위해서는 인권 업무를 담당하는 지자체 부서의 지원이 필요하다. 인권위원회가 행정 지원 없이 활동하기는 어렵다. 이것 또한 지자체 단체장의 의지에 따라 결정되는 사안이다. 인권위원회의 활동이 활발한 지자체의 경우에는 담당 부서를 선정하여 인권위원회 지원을 담당하고 있다. 예컨대, 서울시는 인권담당관실이, 광주시는 인권평화협력관실이 인권위원회 업무를 담당하고 있다. 기초 지자체의 경우, 서울시 성북구, 경기도 광명시, 수원시 등은 인권센터나 인권팀을 설치하여 인권위원회 업무를 전담하여 지원하고 있다. 행정 지원이 있는 경우 지자체 집행부와의 협력이 원활하며, 인권위원회의 활동도 활성화되고, 따라서 인권 업무의 전문화와 효율성이 크게 높아지게 된다.

2. 지자체의 인권담당부서

지역 인권 증진을 도모하는 핵심 요소 가운데 하나는 지자체의 인권 업무를 담당하는 전문 부서의 설치이다. 지자체의 조직 체계에 인권 업무를 전담하는 행정 요원을 배치하여 인권 관련 정책과 사업을 수립 집행하는 업무를 담당하도록 하는 것이다. 이와 같은 지자체 집행부의 인권담당부서는 다음과 같은 업무를 맡는다(김중섭 2016, 75).

① 인권기본계획, 인권실태조사, 인권영향평가 등 인권 정책과 사업의 수립과 집행에 관련된 지자체의 인권 실무를 관장한다. ② 주민들, 특히 지자체 관할 기관의 공무원이나 종사자의 인권 이해와 감수성을 높이기 위한 인권 교육과 인권 문화활동을 담당하고 지원한다. ③ 인권 침해 등 고충 사례의 처리와 피해자의 구제 업무를 담당한다. ④ 여러 부서의 인권 관련 업무를 조정 협의한다. ⑤ 국가

인권위원회를 비롯한 다른 공공기관이나 시민 사회의 인권 단체들과 소통하고 협력하는 대외적 창구 역할을 담당한다. 그리하여 지역의 인권 관련 기관과의 업무 협력 체제를 구축하여 인권 증진을 도모하는 데 주도적 역할을 맡는다.

인권담당부서의 설치는 지자체의 형편에 따라 다르게 나타난다. 전문적인 특별 조직이나 기관을 설치하여 운용하는 경우도 있고, 인권 업무를 전담하는 담당자를 두기도 한다. 또 자치행정과, 법무행정과, 감사실 같은 부서에서 다른 업무와 겸무하도록 하는 사례도 있고, 심지어 인권조례에 규정되어 있어도 담당부서나 기관을 설치하지 않는 경우도 있다(한국인권재단 2014, 20; 김중섭 2015). 인권 업무의 효율성을 높이는 방안 모색에 참고하기 위하여 인권담당부서를 설치 운용하는 광역 지자체와 기초 지자체의 사례를 살펴보고자 한다.

1) 광역 지자체의 인권담당부서 현황

광역 지자체에 따라 인권 업무의 처리 방식이 크게 다르게 나타났다. 전담부서를 설치하여 인권 증진 업무를 적극적으로 개발하여 추진하는 곳도 있지만, 반면에 인권 업무의 분장조차 제대로 되지 않은 채 최소한의 업무만 처리하는 사례도 있다. 예컨대, 자치행정 부서의 주민 생활, 시민 참여 업무 담당자가 인권을 부수적인 업무로 담당하고 있다. 경남도의 경우에는 법무담당관실에서 인권을 담당하고, 대구시나 경북도는 인권을 업무 분장의 대상으로 분류하지 않아 특정한 담당자가 배치되어 있지 않았다(국가인권위원회 2016, 126).

이와 같은 차이는 주민 인권 증진에 대한 지자체의 인식과 정책의 우선순위를 반영하는 것이었다. 인권 보호와 증진을 지자체의 주요 과제로 인식하지 않는 경우, 업무 분장이나 조직 구성에 인권 업무를 반영하지 않는다. 그 결과, 인권 업무의 실질적 성과를 이루기 어렵다. 반면에, 주민 인권 증진에 관심이 많은 경우에는 인권전담부서를 설치하여 인권 업무를 적극적으로 개발하여 추진한다. 예컨대, 인권전담부서를 설치하여 다양한 인권 업무를 개발 추진하는 광역 지자체를 보면, 서울시는 인권센터를 설치하여 인권담당관 업무를 수행하도록 하였고, 광주시는 지자체 직제에 인권평화담당관실을 설치하여 인권 업무를 전담토록 하였고, 충남도는 자치행정과 아래에 인권증진팀을 두어 인권 업무의 효율성을 높이고자 하였다. 인권전담부서의 효율적 운용을 모색하기 위해서 이 세 사례를 좀 더 살펴보고자 한다.

우선, 서울시는 시장 아래 서울혁신기획관을 두고, 그 아래에 인권센터를 겸하는 인권담당관을 두었다. 인권담당관실에는 15명의 요원을 배치하여 세 영역의 전담팀을 두고, 인권정책, 인권 보호, 인권협력의 업무를 담당하도록 하였다. 인권정책팀의 주요 업무는 인권정책 기본계획 수립, 시민 인권실태조사, 인권위원회 운영 및 지원이다. 인권보호팀은 인권침해 상담 접수 및 조사, 시정 조치 권고, 인권무료법률 상담을 담당하며, 별도 조직인 시민인권보호관을 지원하며 권고 이행 내용을 관리한다. 그리고 인권협력팀은 인권 교육을 전담하여 공무원 인권 교육 실시, 인권 교육 중장기계획 수립을 비롯한 교육프로그램 개발, 인권 현장 발굴과 표지석 설치 등의 업무를 맡고 있다. 이러한 서울시의 조직 구성은 〈그림 3-1〉과 같이 요약된다.

광주광역시의 조직 편성은 5.18 민주화운동 관련 업무와 인권 업무를 묶어서 전담부서를 설치 운용하는 특징이 있다. 5.18 민주화운동의 역사성을 활용하여 인권 영역을 설정한 것이다. 이에 따라 시장

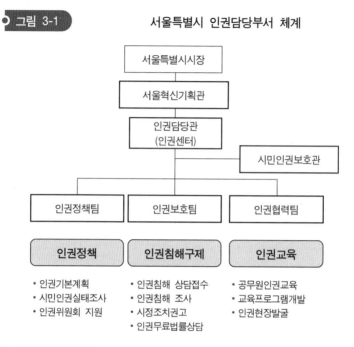

그림 3-1　　　서울특별시 인권담당부서 체계

```
서울특별시시장
     │
서울혁신기획관
     │
인권담당관
(인권센터) ─────────── 시민인권보호관
     │
 ┌───────┼───────────┐
인권정책팀   인권보호팀   인권협력팀
```

인권정책	인권침해구제	인권교육
• 인권기본계획 • 시민인권실태조사 • 인권위원회 지원	• 인권침해 상담접수 • 인권침해 조사 • 시정조치권고 • 인권무료법률상담	• 공무원인권교육 • 교육프로그램개발 • 인권현장발굴

출처: 국가인권위원회(2016, 123)

의 지휘를 받는 행정부시장 아래에 인권평화협력관을 설치하였다. 인권평화협력관실은 15명의 인권 담당 3개 팀과 14명의 5.18 민주선양 업무를 맡는 3개 팀으로 구성되었다. 그리고 인권침해의 조사 구제 업무를 담당하는 인권옴부즈맨을 별도 기구로 설치하였다. 인권 업무 팀은 인권정책팀, 인권평화교류팀, 옴부즈맨지원팀으로 구분되는데, 각 팀의 주 업무를 보면, 인권정책팀은 인권증진기본계획 수립, 인권지표 관리, 인권 교육 계획 및 실시, 인권시민위원회 지원 등을 담당하고, 인권평화교류팀은 세계인권도시 포럼, 인권평화네트워크, 인권도시네트워크 등을 맡고, 인권옴부즈맨 지원팀은 인권침해 접수 및 상담, 인권침해 구제, 인권옴부즈맨 지원 등을 맡고 있다. 이러한 광주시 인권담당부서의 조직 구성은 〈그림 3-2〉와 같이

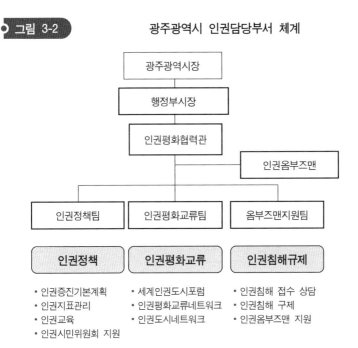

그림 3-2 광주광역시 인권담당부서 체계

출처: 국가인권위원회(2016, 124)

요약된다.

서울시나 광주시와 달리, 대전시, 울산시, 충남도, 전북도, 전남도 등과 같은 광역 지자체는 인권 업무를 전담하는 작은 규모의 전담팀을 설치하여 운용하고 있다. 지자체의 형편에 따라 1~4명의 규모로 구성된 인권 전담팀은 단체장의 지휘를 받는 자치행정국 자치행정과에 배치되어 있다.

충남도의 경우를 보면, 도지사의 지휘를 받는 자치행정국 내의 자치행정과에 인권증진팀을 설치하여 인권 업무를 전담하도록 하였다. 인권증진팀은 인권정책과 인권 교육으로 업무를 분장하는데, 인권정책 담당자는 인권정책 기본계획 수립과 추진, 인권 관련 행사 관리, 인권 작품 공모전 시행 등을 맡고, 인권 교육 담당자는 공무원

그림 3-3   충청남도 인권담당부서 체계

충청남도 도지사

자치행정국

자치행정과

인권증진팀

인권정책

• 인권정책기본계획 시행
• 인권주간 문화행사
• 인권작품 공모전

인권교육

• 공무원인권교육
• 도 시·군 간 인권업무 협약
  (인권교육 콘텐츠 개발 및
  공동활용)

출처: 국가인권위원회(2016, 125)

인권 교육 실시, 광역 지자체인 도와 기초 지자체인 시·군 사이의 인권 업무 협약을 추진하여 인권 교육의 내용 개발과 공동 활용 업무를 담당한다. 충남도의 조직 체계는 〈그림 3-3〉과 같이 요약된다.

2) 기초 지자체의 인권담당부서 현황

재정 규모나 직원 수가 광역 지자체보다 훨씬 작은 기초 지자체가 인권전담부서를 설치하여 별도의 인원을 배치하고 예산을 책정하는 것은 간단한 일이 아니다. 그런 탓으로 2016년 현재, 인권 업무 전담 부서나 팀을 운용하는 기초 지자체는 15곳에 지나지 않았다. 226개 전체 기초 지자체로 볼 때 미진한 수준(6.7%)임에 틀림없다 (국가인권위원회 2016, 130-134). 그러나 지역 여건을 활용하여 인권 부서를 설치하고 인권 업무를 확장하며 인권 기반의 행정을 도모하는 기초 지자체도 있다.

예컨대, 서울시 성북구, 은평구, 광주시 광산구, 경기도 광명시, 수원시, 전북도 전주시 등 6곳의 기초 지자체는 인권전담부서 또는 전담기관을 설치 운용하고 있다. 서울시 성북구와 은평구, 경기도 광명시와 수원시는 부구청장 또는 부시장 직속의 감사담당관실에 인권센터를 설치 운용하고, 광주시 광산구는 부구청장 직속의 인권팀을 운용한다. 그리고 서울시 영등포구, 서대문구, 노원구, 성동구, 광주시 남구, 서구, 광산구, 북구, 경기도 성남시, 고양시 등 일부 지자체는 인권 업무를 분장 항목으로 설정하여 다른 업무를 겸무하는 인권담당팀을 설치 운용한다. 서울시 영등포구는 부구청장 직속의 감사담당관실에 인권팀을, 노원구는 인권청렴팀을, 성동구는 인권팀을 설치 운용하고, 경기도 고양시는 미래전략국 마이스산업과에 평화인권도시팀을, 성남시는 행정기획국 자치행정과에 인권보장팀을 설치하여 인권 업무를 담당한다. 또 광주시 남구는 감사담당관실 인권민원팀을, 서구는 총무국 총무과 인권단체팀을, 동구는 자치행정국 인권청년과를, 북구는 문화경제국 인권정책추진단을 설치하여 인권 업무를 담당하고 있다.

자치 행정이나 감사 부서에 배치된 담당자가 인권 업무를 다른 업무와 겸무하는 사례가 늘어나는 것을 보게 된다. 그런 사례는 적어도 서울시 3곳, 부산시 4곳, 대구시 1곳, 대전시 동구 1곳, 울산시 3곳, 경기도 2곳, 강원도 원주시 1곳, 충남도 5곳, 전남도 나주시 1곳, 경남도 2곳 등 23곳이 파악되었다. 인권조례를 제정한 75곳의 기초 지자체 가운데 과반수가 넘는 38곳(50.7%)이 인권 업무 담당자를 배치한 것이다.

인권전담기구의 설치 운용은 인권 업무의 전문성을 향상시키며 인권 인식을 높이는 데 이바지하게 된다. 또 기초 지자체에 인권 업무를 분장하여 전담자를 배치하여 운용한다는 것은 인권에 대한 관심이 커지고, 인권 실행의 기대가 높아지고 있다는 방증이다. 이에 따라 주민의 인권 증진을 위한 정책과 사업이 행정 업무 대상으로 확립되었다. 이러한 추세가 인권조례를 제정한 지자체에서 두드러지게 나타났다는 점에서 인권조례 제정의 성과라고 평가된다. 그러나 지역 간의 차이가 있다는 것을 간과해서는 안 된다. 인권조례 제정의 경우처럼 농촌 지역보다 도시 지역의 기초 지자체가 인권담당 부서를 설치 운용하는 사례가 많다. 또한 경기도, 광주시와 같은 일부 지역에서는 활발한 반면에 충북도, 경북도, 경남도에서는 지지부진하다.

기초 지자체의 인권 행정 추진 상황을 파악하기 위해서 서울시 성북구와 경기도 수원시의 인권전담기구 운용 사례를 좀 더 살펴보고자 한다. 우선, 서울시 성북구의 경우에는 인권전담기구 운용이 시기에 따라 진화해온 특징이 있다(강현수 2013). 2010년부터 '인권도시 성북'을 내걸고 추진위원회를 구성하여 다양한 사업을 기획하고 실행하기 시작했다. 그 시기에는 인권 전담 요원을 감사관실에 배치하여 인권 업무를 개발 확대하도록 하였다. 2012년에 서울시 기초 지자체로는 최초로 인권조례를 제정하였고, 다양한 인권 정책과 사업을 지속적으로 개발 추진하였다. 특히, 인권영향평가 시행은 전국 최초의 선도적 사례로 평가되었다. 예컨대, 자치법규의 제·개정, 선거 투표소 설치, 세출예산 단위사업, 주택재개발 정비사업 등 지자체 사업이 인권에 미치는 영향을 평가하여 인권 친화적 행정을 도모한 것이다. 그리고 청소년노동 인권 실태 조사, 인권백서 발간, 구청의 직원, 교사, 복지시설 종사자, 일반 주민 대상의 인권 교육을 실시하였다. 그 뒤에 감사담당관실에 인권전담팀을 확대 발전시켜 인권센터를 설치하였다. 인권센터는 인권 업무의 전문성과 사업 효과

그림 3-4 서울 성북구 인권담당부서 체계

성북구청장
부구청장
감사담당관
인권센터

인권정책교육
- 인권위원회 지원
- 인권증진기본계획
- 인권영향평가
- 인권교육

주민인권지원상담
- 인권 상담 및 조사
- 교사인권캠프
- 청소년노동인권
- 주민인권학교

출처: 국가인권위원회(2016, 128)

를 높이기 위하여 정책 및 교육 부서와 주민 인권지원 및 상담 부서로 나누어 운용하였다. 정책 및 교육 부서는 인권위원회 지원, 인권 기본계획, 인권영향평가, 공무원 및 복지시설 종사자의 인권 교육 업무를 맡았고, 주민인권 지원 및 상담 담당부서는 인권 상담 및 조사, 교사인권캠프, 청소년 노동인권, 주민인권학교 등을 맡았다. 이와 같은 성북구의 인권담당부서 체계는 〈그림 3-4〉와 같다.

경기도 수원시는 도(道)의 기초 지자체 가운데 인권 행정을 지향한 대표적인 사례로 평가된다. 특히, 인권전담기구를 설치 운용하여 인권 업무의 전문성을 살리고자 하였다. 감사관실에 인권팀과 인권센터를 두고 인권 업무를 분장하여 전문화를 도모한 것이다. 인권팀에 배치된 3인의 전담요원은 인권위원회 운영, 인권증진 프로그램, 자치법규 인권영향평가, 인권 교육 등을 맡고, 인권센터의 업무를 수

경기도 수원시의 인권담당부서 체계

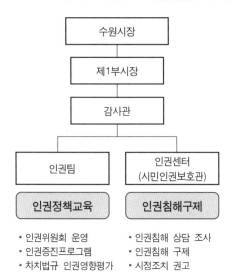

출처: 국가인권위원회(2016, 129)

행하는 2인의 시민인권보호관은 인권침해 사항에 대한 상담, 조사, 구제 및 시정조치를 담당한다. 인권구제기구의 특성을 감안하여 시민인권보호관을 별도로 설치 운용한 것이 특징이다. 이와 같은 수원시의 인권담당부서 체계는 〈그림 3-5〉와 같다.

3. 인권구제기구

인권 증진의 주요 과제는 인권 침해를 예방하고 피해자를 구제하는 것이다. 인권 침해가 일어났을 때 조사와 피해자 구제는 전문적 업무 영역이다. 따라서 이를 위한 특별기구의 설치가 요구된다. 국가 차원에서는 경찰과 검찰, 법원이 인권 보호, 인권 침해 방지, 피해자 구제 등의 업무를 맡고 있다. 또 국가인권기구인 국가인권위원회가 인권 침해 조사와 해당 기관에 인권 침해 시정 권고를 할 수 있는 권한을 갖고 있다.

인권 침해는 언제 어디에서든지 일어날 수 있다. 일상생활에서 이웃 간에도 비일비재하게 일어난다. 학교, 직장, 지역 등 어느 곳이든 인권 침해의 가능성은 존재한다. 이런 점에서 인권 보호와 피해자 구제를 위한 지역 사회 차원의 제도적 장치의 설치와 운용이 필요하다. 인권 침해의 피해 상황을 조사하고 피해자를 돕고 지자체 내의 인권 피해를 유발하는 제도를 개선하기 위한 인권 침해 신고센터, 고충처리 전담 창구, 피해자 지원 센터 같은 기구가 설치되면 지자체나 소속 기관의 입장에서는 인권 보호의 또 하나의 감시 장치를 갖게 되는 것이고, 권리 보유자인 구성원들은 가까이에 인권 보호와 피해자 구제를 위한 장치를 갖게 되는 것이다. 이러한 인권 침해 구제 장치는 궁극적으로 인권 침해의 재발을 방지하며 주민 인권 보장의 향상에 이바지하게 된다(김중섭 2016, 76).

지자체의 인권구제기구 설치나 권한 등에 관한 법률이 없기 때문에 지자체는 자치 입법권을 활용하여 인권조례나 시행 규칙에 인권구제기구에 관한 사항을 명기하여 설치 운용하게 된다. 광역 지자체로는 부산시, 울산시, 세종시, 경기도, 충북도, 충남도, 전북도, 전남도, 경남도 등 대다수가 인권구제기구의 설치 운용에 관한 사항을 인권조례에 임의조항으로 규정해 놓고 있다. 예컨대, 인권 침해 사례의 접수와 상담을 인권센터의 업무에 포함한 것이다. 반면에, 인권조례를 제정한 75개의 기초 지자체 가운데 5곳만이 인권 침해의 조사와 구제에 관한 사항을 규정하고 있다.

인권조례의 규정에도 불구하고, 인권구제기구를 설치 운용하는 지자체는 많지 않다. 17개 광역 지자체 가운데 4곳이 '(시민)인권보호관', '인권옹호관', '인권옴부즈맨' 등의 이름 아래 인권구제 제도를 시행하고 있다. 서울시가 2012년에 시민인권보호관을 설치하여 인권 침해 사항을 조사하고 개선의 권고를 독자적으로 수행하고 있으며, 광주시가 2013년에 인권구제 기능을 수행하는 인권옴부즈맨을 설치하였다. 그리고 2014년에 강원도가 인권보호관을, 2016년에 전남도가 인권옴부즈맨을 설치하였다(국가인권위원회 2016).

지자체의 인권구제기구는 조례에 근거하여 지자체나 예하 기관의 인권 관련 침해 사례를 조사하고, 그 결과에 따라 시정 권고의 권한을 행사한다. 대개 조사 대상은 지자체 및 그 소속 행정기관, 지자체가 출자하거나 설립한 공기업 및 출연기관, 지자체의 사무위탁기관, 지자체의 지원을 받는 각종 복지시설 등 지자체 관할 기관으로 제한되어 있다. 따라서 인권구제기구는 인권 침해의 당사자나 제3자가 상담을 요청하거나 신청한 사례, 또는 지자체 단체장이나 지자체 인권위원회가 의뢰한 소속기관의 업무 수행과 관련되어 일어난 인권 침해 사례를 조사하고 구제 조치를 취하게 된다.

인권구제기구의 유형은 한 사람이 단독으로 결정하는 '독임형'과 복수의 조사관이나 위원이 함께 결정하는 '합의형'으로 구분된다. 서울시는 처음에 독임제를 도입하였지만, 합의를 통하여 판단하는 합의제로 바꾸었다. 3인 이상 5인 이내의 상임 시민인권보호관과 8인 이내의 비상임 시민인권보호관을 포함한 13인 이내의 시민인권보호관으로 구성된 시민인권침해구제위원회에서 인권침해 여부를 결정한다. 상임 보호관이 협의하여 조사를 수행하고, 구제위원회가 재적 위원 과반수의 찬성으로 의결하며, 인권 침해라고 판단될 경우 시장에게 시정을 권고하게 된다. 서울시는 조사와 구제 직무를 담당하는

3인의 상임 인권보호관을 임용하고 있다.

한편, 광주시, 강원도, 전남도는 처음부터 합의제를 채택하여 운용하였다. 상임 인권보호관과 비상임 인권보호관을 임용하여 합의제로 운용하였다. 상임 인권보호관은 계약직이나 임기제로 채용하여 일정 기간 직무에 종사토록 하였다. 반면에, 비상임 인권보호관은 대개 지역의 인권 단체 활동가들을 선임하여 전문성을 반영하고자 하였다(국가인권위원회 2016).

기초 지자체의 경우에는, 일정 수준의 제도적 틀을 갖추어 운용하고 있는 경기도 광명시와 수원시를 제외하고 인권구제기구를 설치한 사례가 없다. 2012년에 시민인권센터를 설치한 광명시는 인권 침해 사항의 조사 권한을 부여받은 시민인권옹호관을 운용하고 있고, 수원시는 2015년에 인권센터를 설치하여 인권 침해 등에 대한 상담, 조사, 연구 활동을 담당하는 시민인권보호관을 선임하여 인권구제 업무를 수행하고 있다. 인권 상담과 진정사건을 지속적으로 처리하며 시정 권고를 하는 이 두 기초 지자체의 사례는 인권구제기구가 지역 사회의 인권 증진에 이바지한 본보기라고 평가된다. 한편, 인권보호관 제도를 도입하지 않고 인권위원회에 인권 침해 여부를 판단하여 권고 권한을 부여하는 서울시 성북구와 은평구의 경우처럼, 과도기 형태로 인권구제 제도의 도입을 시도하기도 한다.

요컨대, 소수의 광역 지자체와 기초 지자체의 도입 사례가 있지만, 인권구제 제도는 아직 정착되지 않았다. 2015년 8월 인권옴부즈맨을 운영하기 위한 규정을 만들어 비상임 1인을 두었다가, 2016년 8월에 규정을 폐지하며 운용을 중단한 광주시 동구 사례도 있다. 인권보호관의 제도 도입 등 지자체 차원의 인권구제의 중요성을 인식하지만, 아직은 점진적으로 제도 도입을 탐색하는 단계라고 진단된다. 따라서 담당자의 직무 권한이나 연속성이 불안정하고, 활동의 법적 보장이나 업무 영역도 불분명하다. 특히, 구제 권한을 둘러싸고 국가인권위원회와의 역할 분담과 보완 활동은 탐구되어야 할 과제이다.

그럼에도 불구하고 지자체 차원의 인권구제기구의 설치와 운용이 지자체와 그 산하 기구나 사업장을 인권 친화적인 곳으로 만드는 데 이바지한다고 평가된다. 그렇기 때문에 지자체 인권구제기구의 성공적인 운용을 위해서 기구의 독립성 확보, 지자체의 적극적인 행정 지원이 필요하다(한국인권재단 2014, 22-23).

4. 인권센터

인권센터는 주민의 인권 증진을 위한 다양한 사업을 수행하는 중심 기관이다(김중섭 2016, 76). 인권구제기구가 인권 침해의 피해 조사와 구제 기관으로서 피해자의 지원에 중점을 둔 반면에, 인권센터는 구체적인 인권 증진 사업을 계획하고 추진하는 기관으로서 지자체, 주민 조직 및 시민 사회의 연결에 치중한다. 특히, 인권센터는 전반적인 인권 업무를 담당하는 경우도 있지만, 인권 교육을 전담하는 인권교육센터나, 인권 상담이나 피해자 지원을 전담하는 인권상담소나 피해자 지원센터 같이 목적에 따라 세분되어 운용되기도 한다.

인권센터의 설립이나 운용 방식은 지자체의 정책적 판단에 따라 정해진다. 지자체의 인권담당부서를 '인권센터'라고 이름 붙여 운용하기도 하고, 특정한 목적의 사업을 수행하는 별도 기관으로 운용하기도 한다. 또는 경기도 수원시처럼 인권보호관 임부를 부여하는 경우도 있다. 이와 같은 편제와 책무는 지자체의 여건에 따라 조정되기 마련이다. 특히, 지자체의 재정 부담과 인권 전문 인력의 확충은 인권센터의 운용에 영향을 주는 주요 요소이다.

인권센터의 유형은 운용 형태에 따라 크게 지자체 직영과 특정 기관 위탁으로 나누어진다. 지자체가 직영하는 경우에는 지자체의 직원 배치와 예산 배정이 수반된다. 대개는 지자체 소속 공무원을 파견하거나 일정 기간의 근무 조건으로 인권 활동가나 전문가를 정규직 또는 계약직 직원으로 채용한다. 이와 달리, 위탁 경영의 경우에는 지자체가 특정 기관을 선정하여 일정 기간의 위탁 계약을 맺고 운영에 소요되는 재정을 지원한다. 대개 전문성을 고려하여 인권 전문 기관이나 시민 사회 단체를 위탁기관으로 선정한다.

인권센터는 인권 교육 및 프로그램 개발, 인권실태조사, 인권기본계획 수립 및 시행, 인권 보호 및 증진을 위한 정책연구, 인권 증진 사업의 수립과 추진, 주민 인권 활동 추진과 지원 등 지자체의 인권 업무를 대행하며 집행한다. 곳에 따라서 지자체 인권위원회 활동을 지원하고, 지역의 시민 단체 및 인권 단체와의 협력 창구 역할을 맡기도 한다. 이와 같은 인권 전문기관의 설립과 운용은 지역 사회의 인권보장체제를 확충하는 핵심 요소로서 주민 인권 증진에 크게 이바지하게 된다.

인권 증진에 대한 사회적 관심과 요구가 커지면서 인권 전문기관의 설립이 늘어나고 있다. 대개 많은 지자체가 인권조례를 제정하면서 인권센터의 설치 근거를 마련하고 있다. 광역 지자체로는 서울시, 부산시, 광주시, 세종시, 경기도, 강원도, 충북도, 충남도, 전남도, 경북도, 경남도 등 11곳이, 기초 지자체로는 서울시 성북구, 동작구, 서대문구, 은평구, 대전시 서구와 동구, 경기도 광명시, 구리시, 수원시, 충남도 아산시 등 적어도 10곳이 인권센터 설치를 규정하고 있다.

그러나 인권센터를 설치하여 제대로 운용하는 곳은 많지 않다. 광역 지자체로 서울시가 2012년에 인권담당관실을 설치하여 인권센터 임무를 수행하고 있고, 강원도가 2014년에 인권센터를 설치하여 인권보호관 업무를 수행하고 있다. 기초 지자체로는 2014년에 서울시 성북구, 2015년에 경기도 수원시, 2016년에 서울시 은평구와 경기도 광명시가 인권센터를 설치하여 운용하고 있다(국가인권위원회 2016). 곧, 인권센터의 위상이나 책무 등에 대한 법적·제도적 장치는 아직 정착되지 않은 상황이다. 그러나 지자체마다 인권센터의 주요 사업이나 활동 내용, 권한 등이 다르지만, 일부 지자체에서 운용하는 인권센터가 지역 주민의 인권 증진을 주도하는 인권보장체제의 핵심 기구로 정착되어 가는 것은 지역 인권제도 발전의 고무적인 현상으로 평가된다.

5. 인권특별기구

지자체는 인권위원회, 인권전담기구 같은 상설 기구를 운용하기도 하지만, 특정한 영역이나 쟁점의 인권 문제를 다루는 특별기구를 별도로 설치 운용하게 된다. 예컨대, 특별기구의 사례로 경남도가 여성인권 증진을 위한 조례를 제정하여 경남여성인권특별위원회를 설치 운용한 것을 볼 수 있다. 그리고 지자체의 또 하나의 축인 지방의회가 주민의 인권 보호와 증진을 위한 책무를 수행하기 위하여 특별기구로서 설치 운영한 서울시의회의 인권특별위원회도 있다. 지방의회의 인권특별기구라는 특징을 감안하여 서울시의회 특별위원회의 사례를 좀 더 살펴보고자 한다.

서울시의회는 2010년 12월에 "의회 차원에서 시민의 인권 신장과 인권 보호를 위한 정책과제 발굴과 연구 등을 지원하는 활동을 통해 서울시의 인권보호환경과 제도개선을 도모"하기 위한 목적으로 인권특별위원회를 구성하였다. 6개월 활동 시한으로 설치된 이 위원회는 1회 연장하여 총 1년 동안 활동하면서 인권 관련 토론회, 공청회 등을 개최하였다(국가인권위원회 2016). 그 뒤 서울시의회는 2012년 4월에 1년 회기의 "인권도시 창조를 위한 인권특별위원회"를 구성하였다. 회기를 1회 연장한 이 위원회는 2년간의 활동 기간에 어린이 청소년 인권조례안 심의 가결, 서울시 인권정책기본계획 공청회 개최, 인권기본조례안 심의 가결, 서울시의회 전문도서관 내 인권자료 코너 설치, 의원 인권 리더십 아카데미 개최 등을 수행하였다. 특히, 인권 관련 조례를 제정하거나 인권 환경을 개선하기 위한 활동을 벌였다. 그 뒤 2015년 6월에 서울시의회는 1년 기한의 인권특별위원회를 다시 설치하여 시민인권 보호 및 증진을 위한 조례를 제정거나 개정하고, 정책 개선을 권고하거나 추진하였다. 특히, 서울시 및 서울시교육청의 인권 사업과 정책에 관한 업무 보고를 받았고, 인권 및 성희롱 교육 실태를 분석하였으며, 아르바이트(단시간 근로자)의 권리 보호 및 증진을 위한 정책 토론회를 개최하였고, 관련 조례 제정 활동을 벌였다.

서울시의회의 인권특별위원회 활동은 지방의회가 지자체 집행부의 인권 정책과 사업을 점검하고 권고하며, 조례 제정의 권한을 활용하여 법적 제도화를 도모하였다는 점이 주목된다. 지방의회는 조례 제정권을 활용하여 인권 증진에 필요한 조례를 제정하고, 집행부

사무 감사 권한을 활용하여 지자체 집행부의 정책과 사업을 감독하고 개선을 촉구하는 등 여러 가지 점에서 인권제도 구축과 운용의 발전에 이바지할 수 있다.

IV. 지역 사회의 인권 정책과 사업

지역 사회의 인권은 인권보장체제를 구축하고 인권 정책과 사업을 수행하면서 발전하게 된다. 특히, 인권에 기반한 행정을 통하여 정책과 사업을 추진할 때 인권 증진의 효과는 더욱 커지게 된다. 이를 위한 인권 정책과 사업으로서 인권 상황을 파악하는 실태조사, 인권 증진의 기본계획 수립과 집행, 그리고 인권 관련 사업과 상황을 파악하는 모니터링 등을 들 수 있다. 또 인권 의식의 변화와 인권 문화의 확산을 도모하는 인권 교육이나 인권 활동 지원 사업, 행정에 인권 요소를 반영하고자 하는 인권영향평가, 인권 실태 조사와 인권 상황 측정에 필요한 인권 지수와 지표 개발과 적용 등을 추진하게 된다. 이와 같이 인권 증진을 위한 정책과 사업 가운데 핵심 내용인 인권기본계획 수립, 인권 교육, 인권실태조사, 인권지표 및 인권지수, 인권영향평가를 논의하고자 한다.

1. 인권기본계획 수립

인권기본계획은 인권 관련 법, 제도, 정책, 관행, 상황 등을 개선하고 인권 관점에서 지자체의 정책과 사업을 설계하는 종합적인 인권 증진 실행계획이다(이발래 2013, 38). 곧, 지자체는 지역의 인권 상황에 기초하여 인권 보호 및 증진에 대한 비전을 제시하며, 인권 정책의 기본 방향과 목표를 설정하고, 추진 과제 등 개선 방안을 제시하기 위하여 인권기본계획을 수립하게 된다. 이와 같은 인권기본계획에는 지자체의 비전, 정책목표, 기본계획의 수립원칙, 추진과제(중점과제, 세부과제)가 반영되어 있다.

인권기본계획 수립의 출발은 지역의 인권 상황 파악과 증진 방안의 모색이다. 곧, 인권실태조사를 통하여 지역 사회의 인권 상황, 특히 사회적 약자 및 소수자의 인권 상황을 중심으로 법이나 인권 규범에 저촉되는 인권 침해 상황을 규명한다. 아울러 주민의 요구를 파악하고 지역의 인권 과제를 설정한다. 그리고 지자체의 강점, 약점, 기회 요인, 위험 요인(SWOT)에 따라 인권 보호와 증진의 정책과 사업을 수립하게 된다. 이 과정에는 지역의 지리적, 사회적, 역사적, 문화적 특수성이 고려되게 마련이다. 특히, 정책 과제의 나열이 아니라, 각 영역별로 인권 증진 방안을 탐구하면서 시기별 목표와 이행 계획, 실효성이 높은 이행 전략과 수단을 구체적으로 제시하게 된다. 이렇게 만들어진 인권기본계획은 지역 사회 차원의 인권보장체계를 구축하고, 인권 가치와 규범의 실현과 확산을 도모하는 기본 틀로 활용된다.

인권기본계획의 수립과 시행은 준비단계 → 개발단계 → 이행단계 → 점검단계 → 평가단계를 통하여 추진된다(한국인권재단 2014, 24-

25). 첫째 '준비단계'에서는 인권기본계획 수립의 법적 근거를 마련하고, 인권실태조사 등을 통해 지역의 인권 현황과 과제를 파악하게 된다. 둘째 '개발단계'에서는 인권기본계획을 수립하기 위한 지역 사회 구성원들의 관심과 뜻을 파악하게 된다. 곧, 당사자 집단의 의견을 청취하고 지역 인권 단체와 협의하여 의견을 수렴하여 정책 과제를 개발하고 우선순위를 부여하게 된다. 이 과정에 주민과 시민 사회 단체와의 지속적인 소통이 중요하다. 또한 유관 부서와 연계하여 정책의 구체적 실현 방안을 모색하고 효과적인 이행을 위한 행정 조치를 마련하게 된다. 셋째 '이행단계'에서는 수립된 인권기본계획에 기초하여 지자체의 인적, 물적 조건에 따라 인권 증진을 실천해 나가게 된다. 넷째 '점검단계'에서는 인권기본계획 시행 과정에 생기는 지역 사회의 변화를 확인하며, 시행에 대한 주민의 평가를 반영하여 기본계획의 실행을 조정하게 된다. 마지막으로 '평가단계'에서는 인권기본계획이 지역 사회에 미친 영향을 점검하고, 그 결과에 기초하여 기본계획의 시행 효과를 평가하며 차기 기본계획을 수립하기 위한 준비를 수행하게 된다. 이 과정에 새로운 인권 문제를 파악하면서 중점적으로 대처해야 할 영역 중심으로 차기 인권기본계획 수립의 기초 자료를 수집하게 된다.

인권기본계획의 수립은 효과적인 인권 정책과 사업의 출발이다. 인권 행정의 기본 방향과 실천 방안을 제시하여 주민의 인권 증진을 도모하게 된다. 광역과 기초의 모든 지자체가 인권기본계획 수립을 인권조례에 규정하고 있다. 인권기본계획이 인권 증진의 주요 방안이라고 인식하여 사업의 법적 근거를 마련한 것이다. 이에 근거하여 지자체는 대개 3~5년 단위로 인권기본계획을 수립하여 지역 사회의 인권 상황을 단계적이며 지속적으로 평가하며 인권 증진 사업을 조정 추진하게 된다.

인권기본계획을 수립하기 위해서는 사업 추진에 필요한 적정 예산이 확보되어야 하고 인권 분야의 전문성이 담보되어야 한다. 현황을 살펴보면(국가인권위원회 2016), 광역 지자체는 전체 17개 가운데 10곳(58.8%)이, 기초 지자체는 인권조례를 제정한 75개 가운데 12곳(16%)이 인권기본계획을 수립하고 있다. 인권조례에 규정되어 있지만, 인권기본계획을 수립하지 않는 지자체가 많다는 것이다. 인권기본계획을 수립한 경우에도 추진이나 시행 양상이 지자체마다 다르다. 서울시 서대문구는 자체적으로 수립하였지만, 대개는 연구소나 대학 같은 전문연구기관에 용역을 발주하여 수립하였다.

전문기관에 용역을 발주하는 것은 전문성의 확보를 중시한 탓이다. 지역의 인권 상황을 파악 분석하고 인권 관점에서 정책과 사업을 수립하기 위해서는 일정 수준의 전문성이 요구되기 때문이다. 따라서 용역 수행 기관의 선정 과정에 전문적 역량의 평가가 중요하게 고려된다. 아울러 용역 수행 과정에도 용역 과제의 충실한 이행 여부를 감시하고 평가하는 전문적 감독이 필요하다. 곧, 지역의 인권 상황을 파악하기 위한 실태조사나 실현 가능한 인권기본계획의 수립 등을 전문적 관점에서 점검하며 감독하는 것이 필요하다. 지역 구성원들의 요구에 부응하고 인권 취약성을 보완하기 위해서 주민, 특히 인권 취약집단의 의견을 반영하기 위한 소통이 중요하다. 인권 실태 조사조차 실시하지 않고, 지자체의 경제적 사회적 여건도 고려하지 않은 채 인권기본계획을 수립할 경우, 실현 가능한 내용을 기대하기는 어려울 것이다. 그렇기 때문에 인권기본계획 수립 과정에 지역사회의 인권 상황 파악이나 정책 실현 여건 등을 검토하기 위해서 중간 평가 등이 활용되기도 하고, 지자체 인권위원회나 인권전담부서는 전문가와의 협력을 강화하게 된다.

이와 같이 인권기본계획 수립에는 고려되어야 할 것이 많지만, 아직 참고할 만한 선례가 많지 않다. 대개의 지자체는 인권기본계획을 처음 수립하는 실정이다. 그것은 분명히 지자체 집행부나 지방의회의 관심과 의지에 따라 인권기본계획 수립을 위한 예산을 편성하고 추진한 결실이다. 그 과정에서 이미 인권기본계획을 수립하고 성과를 평가해 본 다른 지자체의 사례를 참고한다면, 더욱 충실한 인권기본계획을 수립할 수 있을 것이다. 그 결과는 지역 사회의 인권 증진을 이끄는 토대가 될 것이다. 요컨대, 인권기본계획의 충실한 수립이 중요하다. 이를 간과한 채 인권기본계획 수립 자체만을 사업성과로 간주하는 경향도 있다. 따라서 인권기본계획 수립을 충실하게 추진하는 것이 중요하다. 그렇게 되면 인권기본계획이 주민의 인권 증진에 실질적으로 이바지하는 본연의 취지나 목적이 실현될 것이다.

2. 인권 교육

인권 교육은 "인권 개념을 가지며, 그에 수반되는 권리와 책임/의무의 관계를 인식하고, 또 다른 사람의 권리를 인지하고 배려하며, 더 나아가 모든 사람의 권리 증진을 위해 책임 있는 행동을 하도록 만드는 것"이다(Tarrow 1992, 21-22). 요컨대, 인권 교육은 인권의 의미와 중요성을 이해하고, 일상생활에서 실천하고, 다른 사람의 인권을 위해 행동하도록 만드는 방법이자 원동력이고, 인권 사고방식의 함양, 인권 문화의 확산, 인권 활동의 참여 등을 이끌어내는 견인차이다. 인권 교육의 핵심 목적은 특별 교육 과정과 내용을 통하여 인권 의식을 높이며, 그에 따라 행동하도록 하는 것이다. 그렇기 때문에 인권 교육은 단순히 인권 지식의 전달이 아니라, 인간 존중과 인권 실현의 사회 구축이라는 가치관의 형성과 그에 합당한 행동을 요구하는 학습 과정으로 기획되고 진행된다(김중섭 2016).

인권 교육은 지역 사회의 인권 증진에 토대가 될 인권 문화 확산에 이바지하게 된다. 그리고 인권 교육은 지역 주민의 인권 인식을 높일 뿐만 아니라 지역의 인권 개선에 참여할 활동가를 늘리는 유용한 방안으로 활용된다. 모든 지자체가 인권조례에 인권 교육의 실시를 규정하고 있다. 인권 행정의 실현을 위하여 지자체 구성원의 인권 의식을 높이고 실천 역량을 강화하는 것이 중요하기 때문이다. 그만큼 인권 교육의 중요성을 인식한 것이다.

인권조례에 규정된 교육 대상은 지자체 소속 공무원뿐만 아니라, 지자체의 감독을 받는 출자 및 출연 법인이나 단체의 종사자, 지자체의 재정 보조를 받은 복지시설 종사자, 지방 공기업 같은 공공기관의 구성원 등 광범위하다. 그들에게 여러 내용을 교육하여 지역의 인권 증진에 이바지하도록 한다. 우선, 인권의 일반적 이해를 도모한다. 인간은 존엄을 누리며 안녕 복리를 추구하는 주체적 존재로서 기본 권리를 갖고 있다는 것을 일깨워주면서 구성원들의 인권 증진에 대한 이해를 높이고자 한다. 그러한 기본 인권은 사회적 장치를 통하여 보장된다는 점도 강조하여 권리 주장과 사회적 책임 및 의무의 관계에 대한 이해를 도모한다. 그러한 인권 교육을 위하여 인권 선언 및 인권 증진을 위한 역사적 투쟁 과정, 사회에 확산된 부당함, 불평등, 차별 인식, 합리적 의사소통, 비판적 사고, 협력, 갈등 해결 능력, 긍정적 관계 형성을 위한 사회적 기술, 긍정적 자기 인식 계발,

자신의 환경 인식, 다른 사람에 대한 열린 자세와 차이의 인정과 사회 참여 등을 이해하게 된다(Tarrow 1992, 23). 그리고 인권의 영역은 사회 환경의 변화에 따라 확장되어 왔다. 예컨대, 과학의 발전, 지식 정보 사회의 확장, 경제적 경쟁의 과열 같은 사회 변동 과정에서 인간 존중의 가치와 태도에 기초한 인권 항목이 늘어났다.

이와 같이 인권 교육은 인간의 자율성과 주체성, 개인적 이익 및 권리와 함께 사회 질서와 공동체의 목표를 달성하기 위한 사회적 책임과 의무 등을 이해하도록 일깨워준다(Jones 1994). 이와 같은 인권 교육을 위하여 지자체는 다양한 방안을 활용하게 된다. 모든 교육이 그렇듯이 인권 교육은 교육 방식에 따라 효과가 아주 다르다. 교육 대상에 따라 다양한 내용과 방식을 활용하는 것이 필요하다. 아울러 효과적인 교육을 위하여 인권 전문가나 전문기관과 협력하는 것이 중요하다. 따라서 지자체는 교육 효과를 높이기 위하여 다음과 같은 사항을 수행하게 된다(김중섭 2016, 113-115).

첫째, 인권 교육의 전담 교육자를 양성한다. 대개 인권 연구자, 인권 단체 활동가, 인권 교육 전문 과정 이수자 등이 인권 교육을 맡게 된다. 인권 교육 담당자는 일반적인 인권 지식뿐만 아니라 지역의 인권 상황을 일깨워주는 교육 방법과 내용을 개발하게 된다.

둘째, 교재, 교안 등 체계적인 교육 자료를 준비한다. 규범화된 교재와 교안은 인권 교육의 질을 높이는 데 이바지하게 된다. 교재나 교육 내용으로 인권의 보편성 이해, 인권 발전 역사 같은 일반적인 사항뿐만 아니라 지역과 인권을 연계하는 역사, 문화, 사회의 특정한 상황을 활용하기도 한다. 특히, 지역 주민의 인권 상황을 주요 항목으로 다루게 된다. 예컨대, 결혼이주 여성이나 이주 노동자가 많은 지역에서는 그들의 인권 문제를 다루어야 하는 것이다. 또 장애인이나 노인, 어린이 등 지역의 인권 취약 집단이나 언론에 보도된 지역의 인권 문제를 교육함으로써 지역 인권에 대한 관심을 높이면서 실질적인 인권 개선을 도모하게 된다.

셋째, 포괄적인 인권 교육 정책을 수립하여 실시한다. 인권 교육은 체계적인 계획 아래 지속적이며 장기적으로 실시될 때 실질적인 성과가 있다. 교육 대상자의 특징과 여건을 고려한 장기적이고 종합적인 인권 교육 실시는 교육 성과를 높이기 위한 핵심 사항이다. 따라서 이를 위한 지자체의 인적, 물적 자원 지원과 제도적 뒷받침이 요구된다. 예컨대, 인권 교육을 전담하는 담당부서 설치나 인권 교육의 필수적인 이수 규정 등이 필요하다.

마지막 넷째로, 지역 사회 환경을 인권 친화적으로 만든다. 교육 효과를 높이기 위하여 주민들의 일상생활 현장을 인권 관점에 부합되도록 만드는 것이다. 예컨대, 공공 시설물의 건축, 거리나 공원 조성 등에 대한 인권영향평가를 실시하여 인권 친화적인 환경을 만드는 것이다. 또는 지역 행사가 인권에 부합하여 진행되도록 미리 인권영향평가를 실시하며 준비하는 것이다. 이러한 인권 친화적 행정은 궁극적으로 지역 주민들의 인권 의식을 높이면서 인권 교육의 토양으로 작용하게 될 것이다.

인권 교육의 시행이 인권 행정의 출발이라는 인식이 중요하다. 모든 지자체가 인권조례에 인권 교육 실시를 규정하고 있지만, 실행 현황을 보면 지자체 간에 커다란 차이가 있다. 분야별, 직급별 업무와 연계한 맞춤형의 다양한 프로그램을 운용하며 인권 교육을 적극적으로 실시하는 지자체는 외부 전문가의 지식전달 강의, 찾아가는 맞춤형 교육, 체험형 교육, 문화적 접근을 통한 교육, 토론회와 포럼 등 다양한 방법을 활용한다. 이에 반하여, 연 1~2회 실시라는 규정을 지킨다면서 교육 효과는 고려하지 않고 대규모 강당에서 수백 명 대상으로 집단 교육을 하는 지자체도 있다. 심지어 인권조례 규정을 어기며 인권 교육을 실시하지 않는 지자체도 있다.

3. 인권실태조사

인권실태조사는 계량적 지표를 통해서 인권 상황을 측정하는 것이다. 곧, 인권 침해의 현황, 인권 보장의 수준, 인권 정책의 우선순위, 주민의 인권 인식이나 기대, 요구 등을 파악하는 것이다. 인권실태조사는 인권 증진을 위해서 지역 사회의 인권 상황을 파악하는 주요 방안이다. 모든 광역 지자체와 3분의 1 이상의 기초 지자체(75곳 가운데 26곳, 34.6%)가 인권실태조사를 인권조례에 규정하고 있다.

요컨대, 인권실태조사의 주요 목적은 효율적인 인권 정책과 사업을 개발하기 위한 것이다. 구성원 전체의 인권 상황뿐만 아니라 각 분야나 특정집단, 특히 장애인, 어린이 및 청소년, 여성, 노인, 이주민 등 인권 취약 집단의 인권 상황을 세분하여 파악하게 된다. 이와 같이 지역 사회의 인권 상황을 파악하고 문제점의 개선 방안을 모색하는 것은 인권 행정 시행의 목표와 좌표를 설정하기 위한 토대 구축 과정이기도 하다. 그리고 인권실태조사 결과에 기초하여 인권 취약 부분을 보완하는 정책과 사업을 수립 추진하게 된다. 이것은 인권 침해를 예방하고 인권 증진을 도모하는 정책과 사업의 수립과 시행으로 이어지게 된다. 그렇기 때문에 인권실태조사는 인권 정책의 근간이 될 인권기본계획 수립 과정의 필수 사항으로 인식된다.

지자체는 인권실태조사를 시행하기 위해서 우선 사업 계획을 수립한다. 그리고 사업 담당자를 선정하고 예산을 책정한다. 인권실태 조사는 사회과학적인 전문적 업무 처리 분야로서 전문가의 조사 설계와 조사원의 자료 수집, 결과 분석 과정으로 진행된다. 그렇기 때문에 인권실태조사를 전문기관에 의뢰하여 시행하는 경우가 많다. 곧, 실태조사 분야와 대상을 파악하고 용역을 발주하여 사업을 시행하게 된다. 선정된 전문 기관은 사업 지침에 따라 인권실태조사를 실시하게 된다. 그 과정에 지자체는 전문가 자문, 중간 보고회 개최 등을 통하여 용역 실시 과정을 감독하게 된다. 그리고 인권실태조사의 최종 보고서를 접수하면서 사업을 마무리하게 된다.

인권실태조사 결과를 정책과 사업에 반영하여 사업의 취지를 살리는 것이 중요하다. 곧, 결과 보고 내용을 정책과 사업에 반영하는 후속 조치가 필요하다. 인권 상황은 끊임없이 바뀌기 때문에 그에 따라 정책과 사업이 보완되어야 한다. 이런 점에서 인권실태조사의 주기적인 실시가 필요하다. 주기적인 인권실태조사는 인권 상황의 파악뿐만 아니라 이전에 실시한 사업의 효과를 평가하는 기회가 되기도 한다. 그리고 그 결과는 정책과 사업을 수정 보완하는 기초 자료로 활용하게 된다.

인권조례의 규정에도 불구하고, 인권실태조사의 중요성을 충분히 인식하지 않은 탓으로 시행하지 않는 지자체가 적지 않다. 그러나 일부 지자체는 인권 증진 방안의 모색 과정에서 인권실태조사를 적극 활용하고 있다. 예컨대, 서울시, 충남도 같은 광역 지자체나 경기도 수원시, 울산시 동구와 같은 기초 지자체는 다양한 내용의 인권실태조사를 시행하여 인권 정책 수립에 활용하였다. 또 서울시(어린이·청소년, 미등록 이주아동), 충남도(청소년 노동인권), 서울시 성북구(아동·청소년, 청소년 노동인권), 서울 영등포구(비정규직 근로자), 경기 수원시(사회적 약자) 같이 특정집단의 실태조사 결과를 활용하여 인권 정책 개발을 도모하는 사례도 있다.

4. 인권지표 개발

인권지표(Human Rights Indicator)는 지역의 인권 현황을 양적, 질적으로 파악하기 위한 척도이다. 이것은 인권실태조사뿐만 아니라 인권 정책과 사업의 성과를 분석하는 데 활용된다. 또 인권기본계획의 좌표 설정을 위하여 활용되기도 한다. 인권지수(Human Rights Index)는 인권지표를 활용하여 인권 상황을 보여주는 정량화된 객관적인 수치이다. 인권지수는 인권 상황의 변화를 나타내는 수치로서 지역의 복잡한 인권 상황을 단순화하여 쉽게 파악하는 데 활용되기도 한다.

근년에 국제 사회나 국가 차원에서 인권 조사를 위한 인권지표나 인권지수의 개발이 널리 확산되어 왔다(국가인권위원회 2011, 2-3). 우리나라의 경우, 국가인권위원회가 2010~2015년에 걸쳐 국가의 인권 수준을 측정하기 위한 인권지표 및 인권지수의 개발 연구를 수행한 바가 있다. 그리고 국가인권지수 개발을 위한 기반 구축, 지표 선정 및 지수 개발, 인권지수 모의측정 및 관리방안 등에 대한 연구가 이루어져 왔다. 국제 사회의 경우, 유엔인권최고대표사무소(UNHCHR)가 2012년에 '인권지표 가이드라인'을 개발하여 정량적, 정성적 지표를 통한 인권 정책 측정 도구를 제시하였다.

국제적으로나 국가 차원에서 인권지표나 인권지수를 활용하여 인권 보장 제도 수립과 실현을 위한 방안을 모색하듯이, 지자체는 체계적이며 효율적인 인권 증진을 위해서 지역 차원의 인권지표나 인권지수 개발을 시도하고 있다. 인권 행정을 지향하며 인권 정책과 사업을 수립하고 추진하기 위해서 지역 사회의 인권 현황을 보여주는 좌표와 측정 기준을 설정하는 것이 유용하기 때문이다. 곧, 인권 척도 개발을 통하여 인권 정책의 효율성을 높이려는 것이다(정영선 2011, 250).

지자체의 인권지표는 대개 국제 인권 발전 추세나 국가 인권 정책과 유기적으로 연결되어 개발된다. 지역의 인권 현황을 국제 사회나 국가 차원의 인권 지표와 비교하면서 인권 증진의 방향과 내용을 설정하는 것이 중요하기 때문이다. 곧, 국제적 인권 기준이나 국가 정책에 맞추어 자자체의 인권지표나 인권지수를 개발 활용함으로써 지역의 인권 상황 파악과 발전을 도모하는 것이다. 이와 같은 인권 지표나 인권지수 개발을 인권조례에 규정해 놓은 지자체도 있다. 광주시, 충남도, 전북도, 전남도, 경북도, 제주시 등 6곳의 광역 지자체가 이에 관한 사항을 규정하였고, 일부 기초 지자체가 자체적으로 개발을 시도하였다. 인권지표를 개발한 광역 지자체로 광주시 사례를, 기초 지자체로는 부산시 해운대구의 사례를 살펴보고자 한다.

1) 광주광역시 인권지표

광주시는 2012년 5월에 광주시 100대 인권지표를 만들어 공표하였다. 2010년부터 인권도시 지향을 지자체의 핵심 정책 목표로 설정한 광주시가 지역의 인권 상황을 종합적으로 파악하기 위하여 인권지표를 개발한 것이다. 이것은 인권 관련 정책 수립에 필요한 지침을 작성하거나 진행 중인 인권 사업이나 프로그램을 평가하는 도구뿐만 아니라 시민의 인권 증진을 위한 정책의 개발, 평가, 모니터링 등의 도구로 고안되었다.

광주시의 인권지표 개발은 우선 국제적 인권협약, 국내의 헌법 등 인권 문헌의 광범위한 조사를 통한 예비지표 정리로 시작되었다. 그리고 간담회 및 토론회를 열어서 인권 전문가, 인권 단체, 인권 취약계층 등의 의견을 수렴 반영하고자 하였다. 인권지표의 실행력을 높이기 위해서 시민 단체, 당사자 집단, 주민 등 지역 사회 구성원의 의견 반영이 중요하다고 판단되었기 때문이다(김기곤 2013, 85-88). 물론 인권지표가 인권 행정의 유용한 도구로 활용되기 위해서는 지자체의 집행 의지가 중요하다. 광주시의 인권지표 개발은 지역

표 3-6 　　　　　　　　　광주광역시 인권지표 체계

5대 영역 18개 실천조항	
자유롭게 소통하고 참여하는 도시	• 사상 및 의사표현의 자유와 소통의 기회 보장 • 참여와 정보공유를 통한 시민자치 실현 • 인권 문화와 민주시민의식 함양
행복한 삶을 실현하는 도시	• 노동을 통한 자기실현과 노동자의 권리 보장 • 질병의 공포로부터 벗어난 건강한 생활 보장 • 적절한 주거와 쾌적한 생활환경 보장 • 학대와 폭력, 방임이 없는 가정, 학교, 직장 실현
사회적 약자와 함께하는 따뜻한 도시	• 인간다운 삶을 누릴 수 있는 최저 생활 보장 • 성 평등 및 여성의 권리 보장 • 아동, 청소년, 노인이 적절한 돌봄을 받을 권리 보장 • 차별 없이 함께 살아갈 수 있는 장애인 권리 보장 • 다양한 문화와 정체성이 존중되는 도시 실현
쾌적한 환경과 안전한 도시	• 쾌적한 환경과 여가시설을 공유 할 권리 보장 • 시민 모두에게 장벽 없는 편리한 도시 조성 • 범죄, 교통사고, 재해, 화재, 유해 식·약품으로부터 안전한 도시 조성
문화를 창조하고 연대하는 도시	• 교육의 다양성 추구 및 자유롭고 창의적인 학습권 실현 • 문화예술을 창조하고 누릴 자유로운 권리 보장 • 국내외 인권증진에 노력하고 기여하는 도시

의 인권 증진을 약속한 '광주인권헌장'의 선포와 함께 이루어졌다는 특징이 있다. 곧, 인권지표를 인권헌장의 의미와 가치를 실천하기 위한 방안으로 개발한 것이다. 그렇기 때문에 인권헌장에 기초하여 인권지표의 세부 항목이 설정되었다.

광주시의 인권지표는 크게 5대 영역, 곧 자유로운 소통과 참여, 행복한 삶, 사회적 약자와의 공존과 동행, 환경과 안전, 문화 창조와 연대 등으로 나누고, 이것을 실천하는 18개 분야의 조항, 그리고 그것에 기초하여 설정된 총 100개 지표를 구성되었다. 이러한 광주시 인권지표의 체계와 주요 내용은 〈표 3-6〉과 같다.

2) 부산시 해운대구 인권지표

2010년 11월에 기초 지자체로서 최초로 인권조례를 제정한 부산시 해운대구가 2013년에 인권기본계획을 수립하기 위한 용역을 발주하였다. 용역을 담당한 현지 대학의 연구기관은 지역 사회의 인권 증진을 위해서 인권 실태를 파악하고 정책 목표를 설정하고 집행하는데 지표 개발이 필요하다고 판단하여 인권지표를 만들었다. 그 과정에 지자체의 행정 부서나 주민의 의견이 충분히 반영되지 않았다. 또 인권지표를 활용하기 위한 후속 조치가 진행되었다는 보고도 없다. 이와 같은 한계에도 불구하고, 이것은 기초 지자체의 독자적인 인권지표 구성이라는 점에서 참고하고자 한다.

부산시 해운대구의 인권지표는 자유 보장과 실천, 인권 친화적 환경, 인간다운 생활 보장, 소통과 참여 실현 등으로 영역을 구분한 뒤 인권 내용을 반영한 총 67개의 세부지표를 설정하였다. 이와 같은 부산시 해운대구의 인권지표 체계는 〈표 3-7〉과 같다.

표 3-7

부산시 해운대구 인권지표 체계

영역	인권 내용 (권리영역)	세부지표(정책)
자유를 보장하고 실현하는 도시		• 집회 및 결사의 자유 • 성폭력 발생률 • 성폭력 상담률 • 여성, 노동, 장애인, 아동 학대 및 폭력 • 외국인노동자 학대 및 폭력 • 학교폭력 발생 수 • 개인정보보호 • 5대 범죄 발생률 • 아동 유괴 및 실종 발생률
인권친화적 환경도시	안전할 권리	• 교통사고 발생률 • 화재 발생률 • 자연재해로 인한 피해
	쾌적한 환경을 누릴 권리	• 인권영향평가 실시 • 1인당 도시공원 면적 • 환경피해 민원발생 수
인간다운 생활이 보장되는 행복도시	교육받을 권리	• 교원 1인당/학급당 학생 수 • 무상급식 지원율 • 지자체 교육예산 보조율 • 학생1인당 교육예산 증가율 • 평생교육 참여율 • 학생 중도탈락률
	문화를 누릴 권리	• 문화체육시설 수 • 공공도서관 수 • 주민자치센터 문화프로그램 참여율
	일반	• 기초생활수급자 비율 • 경제활동참가율 • 실업률 • 국민연금 가입률 • 고용보험 가입률 • 사회복지예산 비율
	건강	• 평균수명 • 흡연자율 • 법정감염병 발생 수 • 비만인구율 • 자살률 • 5대 질환으로 인한 사망률

	노동	• 공공기관 비정규직 비율 • 부당해고 및 부당노동행위 증감률 • 산업재해 발생 증감률
	여성	• 5급 이상 여성공무원 비율 • 여성의원 비율 • 아동 보육시설 수
	아동·청소년	• 보육시설 종사자 1인당 아동 수 • 청소년 활동시설 이용자 수
	장애인	• 시각장애인 음향신호기 및 점자보도블록 설치율 • 장애인 공무원 채용비율 • 장애인 고용률 • 장애인 의무고용 실천율 • 특수학급 설치율 • 1급 중증장애인 1인당 활동보조시간
	노인	• 저소득 독거노인 비율 • 노인요양시설 설치율
	다문화	• 다문화가족 지원센터 이용률 • 북한이탈주민 대상 생활수요조사
소통과 참여가 실현되는 도시		• 공공기관 위원회 시민참여율 • 시민 단체 증가율 • 자원봉사 참여율 • 취약계층 바우처사업 수혜율 • 인권 교육 실시학교 비율 • 공공기관 종사자 인권 교육 참여율 • 시민 인권 교육 참여율 • 인권 교육 전문 강사 인력양성 • 공공기관 청렴도 평가순위 • 인권전담부서 인원수 증가율 • 인권 정책사업 투자예산 증가율 • 행정서비스 고객만족도 • 공공기관 국내외 인권교류협력 실시 수

출처: 국가인권위원회(2016)

5. 인권영향평가

  지자체는 주민의 인권 증진을 위해서 인권제도를 구축하고 정책과 사업을 추진하게 된다. 무엇보다 중요한 것은 모든 행정 조치가 인권 증진에 부합되도록 이루어져야 한다. 곧, 주민의 인권 보호와 증진의 책무를 지고 있는 지자체가 인권 기반의 행정을 추진하게 된다. 이를 위한 효과적이며 핵심적인 방안으로서 인권영향평가(Human Rights Impact Assessment) 제도의 도입을 모색하게 된다(강현수 2013, 4-5). 인권영향평가는 지자체의 행정 조치가 주민과 지역 사회의 인권에 미치는 영향을 분석하는 평가하는 방법이다. 예컨대, 지자체의 법령이나 정책, 사업 등이 인권 친화적인지 평가하여 인권 증진에 미칠 부정적 측면을 최소화하고, 긍정적 측면을 극대화하려는 것이다.

요컨대, 인권영향평가는 지자체의 행정 집행 과정에 일어날 수 있는 인권 침해를 줄이고 인권 기반의 행정을 효율적으로 실현하기 위한 방안이다. 이와 같은 인권영향평가는 지자체의 행정, 특히 자치 법규 제정, 정책과 사업의 수립과 추진이 인권 친화적으로 이루어지는데 중요한 역할을 하게 된다. 따라서 인권 행정을 지향하는 지자체는 여러 분야의 업무에서 다각적인 방안의 인권영향평가를 도입하게 된다. 예컨대, 참정권의 핵심 사항인 투표 보장을 위해서 투표소 접근성 확보가 필요한데, 장애인이나 노약자의 접근성이 확보되지 않는 사례를 보게 된다. 이런 경우, 투표소의 인권영향평가를 통하여 장애인이나 노약자의 참정권 보장을 방해하는 요소를 파악하여 해소를 도모하게 된다. 투표소의 경우와 같이, 지역의 문화 시설 및 공공 시설물 설치나, 공공 행사의 시행 과정에 인권영향평가를 실시하여 공공시설의 접근성과 사용 권리를 확대하게 된다. 이와 같이 인권영향평가는 일상생활의 환경을 인권 친화적으로 만드는 데 유용하며 더 나아가 인권 실행의 중요성을 인식하는 데 이바지하게 된다.

인권영향평가에 대한 관심이 점증하고 있다. 지자체에 따라 여러 분야에서 다양한 방법으로 인권영향평가를 시행하는 사례가 늘어나고 있다. 그러나 아직 제도적 정착은 미진하다고 평가된다. 인권조례에 인권영향평가 실시를 규정한 광역 지자체는 광주시, 충북도, 충남도(2017년 폐기 이전의 인권조례), 전남도, 제주도 등 4곳에 지나지 않고, 기초 지자체는 8곳뿐이다. 그러나 인권 기반의 행정을 지향하는 지자체들은 인권영향평가 실시를 적극 도입하는 경향을 보이는 것이 고무적이다.

우리나라에서 인권영향평가 제도를 최초로 도입하여 선도적으로 시행한 서울시 성북구 사례가 좋은 본보기이다(강현수 2013). 성북구는 선거 투표소의 인권영향평가를 시범적으로 실시한 이후, 정릉천 산책로 조성사업, 세출예산 단위사업, 성북구 안암동 복합청사 신축 등 시행 범위를 확대해 갔다. 특히, 몇 가지의 사업을 선정하여 주민의 인권에 미칠 영향을 집중적으로 분석 평가한 뒤 유사한 사업으로 확대하는 전략을 구사하였다. 그리고 정책과 사업의 시안을 작성하는 행정 처리 과정에 인권 영향 점검표를 작성하는 방법으로 주민 생활에 미칠 인권 영향을 점검하였다. 이와 같은 인권영향평가의 도입은 업무 담당자들의 인권 인식을 높이는 데 기여하였으며, 아울러 정책과 사업을 인권 관점에서 점검하는 효과가 있었다고 평가된다.

성북구 사례 이후 많은 지자체가 다양한 형태의 인권영향평가 도입을 시도해 왔다. 광역 지자체로는 서울시, 광주시, 대전시 등이, 기초 지자체로는 광주시 동구, 경기도 광명시, 경기도 수원시, 충남 아산시 등이 제각기 다른 내용의 인권영향평가를 시행하였다. 예컨대, 서울시는 유엔아동권리협약의 4대 기본권 및 아동 권리보호 관련 내용에 기초하여 '영유아 권리 존중을 위한 자가 체크리스트'를 만들어 점검하였다. 8개 분야, 24개 문항으로 구성된 체크리스트의 질문지는 보육 담당자가 어린이의 권리 존중(생존권, 보호권, 발달권, 참여권) 방법을 스스로 점검하도록 하였다. 이 과정에 문항별 해설 내용을 붙여 인권 측면의 이해를 도모하였다. 또 대전시는 2014년 국가인권위원회가 제시한 '인권 가이드라인 및 체크리스트'에 기초하여 산하 기관에 '공사, 공단 인권경영 가이드라인과 체크리스트'를 도입하였다. 기초 지자체로는 광주시 동구, 충남도 아산시 등이 선거 투표소의 인권영향평가를 실시하였고, 경기도 광명시가 광명동굴, 라스코동굴벽화 국제순회전을 개최할 때 인권 모니터링을 하였다. 또 경기도 수원시는 화성행궁 내의 시설물과 운영 전반에 대하여 인권영향평가를 실시하였다.

지역의 인권보장체제 확립을 위해서는 지자체의 행정 전반에 인권영향평가의 실시가 요망된다. 지금까지 여러 지자체가 시행한 인권영향평가는 대상이나 내용, 방식 측면에서 다양한 양상을 보이고 있다. 또 지자체마다 인권 증진을 위한 제도적 정책 지향이나 방법이 다른 탓으로 일관성의 부족과 기준의 혼선이 일어나기도 한다. 효과적인 인권영향평가를 위해서는 평가 방법, 범위, 내용, 결과 등에 대한 정형화된 틀이 정립될 필요가 있다. 특히, 인권영향평가 제도의 정착과 개선을 위하여 담당 공무원, 시민 단체 활동가, 당사자 집단, 주민 등의 노력이 요구된다. 또한 인권영향평가 위원회 같은 기구의 구성과 활용을 통하여 전문성과 주민 참여를 높이는 것이 필요하다.

인권영향평가는 궁극적으로 모든 구성원들에게 인권 증진의 혜택을 주게 된다. 그러나 실제 시행 과정에는 구성원들에 따라 수혜 정도가 다르다. 심지어 평가 결과를 둘러싸고 갈등이 일어날 수 있다. 보편적 인권이 보장되어야 하지만, 상황과 이해관계에 따라 강조하는 인권이 다르기 때문이다. 따라서 인권영향평가에 대한 사회적 이해가 필요하다. 이를 위하여 인권영향평가의 대상, 기준, 측정 도구 등 다양한 측면에서 전문적인 연구와 사회적 합의가 요구된다. 지자체의 비전문적이고 일방적인 인권영향평가 실시는 인권을 둘러싼 불협화음을 낳을 수 있다는 점을 간과해서는 안 된다. 예컨대, 지자체가 형식적으로 진행하거나 임의로 항목 설정, 방법 등을 선택할 경우, 실제 의도와 달리 사회적 갈등을 유발할 수 있다. 이런 점에서 인권영향평가의 도입과 제도적 정착을 위해서 지자체 집행부뿐만 아니라, 인권 전문가, 시민 단체, 주민들의 협력이 필요하다.

V. 지역 사회의 인권제도 발전을 위하여

지자체의 인권제도 발전은 지역 주민의 인권 보장과 증진에 이바지한다. 그러한 인권제도의 발전에는 여러 여건이 작용하게 마련이다. 우선, 지역 사회 구성원의 역할과 참여가 중요하다. 지자체 집행부, 지방의회, 시민 사회 단체, 당사자 집단, 주민들이 인권제도의 발전을 위하여 협력과 연대할 때 더욱 좋은 성과를 얻게 된다. 인권 정책과 사업의 수립과 집행 권한을 가진 지자체 집행부의 역할이 특히 중요하다. 그 가운데 단체장의 의지와 행동은 인권제도 발전을 결정짓는 핵심 요소라고 할 수 있다. 그리고 조례 제정과 집행부의 사무 감사, 예산 심의 권한을 갖고 있는 지방의회가 인권 증진에 노력할 때 인권제도의 발전을 기대하게 된다. 또한 지역의 인권 상황을 감시하고 정책을 제안하는 언론 기관, 시민 사회 단체, 특히 인권 단체 등의 관심과 활동은 인권제도 구축과 인권 증진에 중요한 변수로 작용한다(김중섭 2016). 그리고 인권 위협에 취약한 당사자 집단이나 주민들의 참여와 활동은 인권 문제를 지역 사회의 쟁점으로 제기하며 인권제도를 확립하는 데 이바지하게 된다.

이와 같이 지역 사회 구성원들이 인권제도의 발전에 고유한 역할을 제대로 수행하도록 만드는 핵심 요소는 지역 민주주의의 정착과 활성화이다. 요컨대, 민주주의의 실현과 인권 보장은 기본적으로 친화적이며 상호 보완적인 것이다. 곧, 민주주의의 발전은 시민적, 정치적 권리를 포함한 기본 인권의 토대 위에서 발전한다. 그리고 민주주의가 발전하면 기본적 인권의 보장은 훨씬 확고해지게 된다(김중섭 2016; 2017). 요컨대, 민주주의는 인권 실행의 도구이고, 인권은 민주주의가 지향하는 규범이자 내용이라는 도식에 도달하게 된다(Fields · Narr 1992, 12).

지역 민주주의의 핵심 사항은 주민들이 다양한 의견을 제시하고 조정하며, 또 공정하게 의사결정에 참여하도록 보장하는 것이다(김중섭 2016; 2017). 주민들은 의사결정 과정에 자율적으로 참여하여 지역의 문제를 다룰 수 있어야 하고, 그러한 주민들의 결정은 존중되어야 한다. 이와 같이 주민들의 결정에 따라 지역 현안 문제가 처리되는 것이 민주주의 정신이다. 그러한 지역 민주주의가 지향하는 목표와 핵심 내용은 주민 인권의 증진이다. 그렇기 때문에 지역 민주주의가 정착되면 지자체가 헌법과 각종 법률 규정대로 주민들의 인권을 보호하고 증진해야 할 책무를 충실하게 수행하게 된다. 그 결과, 지자체의 공적 사안은 절차와 규정대로 결정되고, 주민들의 결정은 존중되게 마련이다. 그리고 지자체의 단체장이나 지방의원들은 주민들의 뜻이 무엇인가 찾게 되고, 또 그 뜻을 존중하게 된다. 이것이 민주주의 사회의 순리이다. 이와 같이 지역 민주주의가 확립되기 위해서 주민들이 권리의 주체자로서 행동하고, 또 주민들의 기본적 권리가 보장되도록 하는 것이 핵심 과제이다. 곧, 민주주의를 존중하는 지자체는 주민의 인권 보호와 증진을 제일 중요한 책무로 인식하고 실천하게 될 것이다.

요컨대, 지역의 민주주의와 인권보장체제의 구축은 서로 보완적인 관계로서 상승 효과를 가져온다. 지역 민주주의는 주민들의 의사 결정 방식을 의미하는 것이고, 또 주민의 의견을 존중하는 사회적 장치를 확립하는 것이다. 아울러 주민의 기본 인권을 보호하고 증진하기 위한 장치이다. 곧, 지역 민주주의는 인권의 지역화와 인권보장체제 구축을 위한 정치 사회적 토대로 작용하게 된다.

이와 같이 지역의 민주주의와 인권 발전을 위해서는 다양한 여건이 충족되어야 한다. 앞서 언급한 바와 같이, 그 핵심 요소 가운데 하나가 시민 참여이다. 시민들이 시민 단체 활동에 참여하여 지자체의 정책과 사업을 감시하고 평가하며 의견을 제시하는 것은 민주주의와 인권 증진의 디딤돌로 작용하게 될 것이다. 주민 참여는 민주주의 정신을 실천하는 것이고, 지역 민주주의의 발전을 촉진하게 된다. 그렇기 때문에 시민 참여를 보장하고 독려하는 제도적 장치의 구축이 중요하다. 지역 사회 구성원인 지자체, 시민 단체, 주민, 특히 당사자 집단이 인권보장체제를 구축하기 위한 범사회적 협력을 지속한다면 지역의 인권화는 더욱 빠르게 정착될 것이다.

시민 단체가 고유한 역할을 충실하게 수행하는 것은 민주주의 발전과 인권 증진을 촉진하는 핵심 요소이다. 시민 단체를 중심으로 시민 사회는 지역 사회에서 특정한 정치 집단의 과도한 권력 남용을 막고, 권력 감시와 견제 역할을 하며, 또 주민들의 의견을 지자체나 지방의회에 반영하는 통로 구실을 하고, 정책 결정 과정에 주민들의 참여를 증진시키는 사회적 장치 역할을 할 것이다. 이와 더불어, 언론, 종교, 교육 등 각급 기관과 단체의 광범위한 지역 시민 사회 구성원들이 민주주의 발전과 인권 실행을 위하여 행동한다면 지역 민주주의와 인권 발전은 더욱 촉진될 것이다.

참고문헌

강현수. 2013. "인권영향평가와 지방행정: 서울 성북구 사례를 중심으로." 제4
    회 인권도시포럼(한국인권재단·광주광역시 주최, 2013.2.27) 자료집,
    3-37.

국가인권위원회. 2011. 『인권지수 개발을 위한 기초연구』.

_____. 2012a. 〈국가인권위원회 상임위원회 결정: 인권기본조례 제·개정
    권고〉.

_____. 2012b. 『인권기본조례 표준안 해설서』.

_____. 2016. 『지자체 인권제도 현황과 개선과제 연구』.

김기곤. 2013. "'열린 공동체' 관점의 인권도시와 시민참여." 『민주주의와 인
    권』(전남대학교 5.18연구소) 제13권 2호, 305-337.

김중섭. 2007. "지역사회의 인권 발전과 조례 제정: 진주시를 중심으로." 『현
    상과 인식』(한국인문사회과학회) 31권 4호, 33-56.

_____. 2009. "인권조례 제정의 의미와 법적 근거: 진주시 사례를 중심으로."
    『현상과 인식』(한국인문사회과학회) 33권 4호, 117-137.

_____. 2011. "지방자치발전과 인권조례제정운동: 진주시 사례를 중심으로."
    『현상과 인식』(한국인문사회과학회) 35권 4호, 119-144.

_____. 2015. "인권조례와 지역 사회의 인권 발전." 『현상과 인식』(한국인문
    사회과학회) 제39권 4호, 39-71.

_____. 2016. 『인권의 지역화 ─ 일상생활의 인권 증진을 위하여』. 서울: 집
    문당.

_____. 2017. "지역 인권제도의 발전과 민주주의." 『현상과 인식』(한국인문
    사회과학회) 제41권 3호(가을호), 186-211.

박래군. 2015. "한국에서 지역인권의 제도화: 서울시인권위원회 활동을 중심
    으로." 서울대학교 인권센터, (사)인권정책연구소 주최. 『한국에서 지
    역인권의 제도화, 그 성과와 과제』 토론회 자료집, 21-37.

유남영. 2012. "인권기본법 제정을 위하여."『저스티스』통권 제129호, 59-78.

이발래. 2013. "지방자치단체의 인권 제도화에 관한 연구: 인권증진기본계획과 인권영향평가제도를 중심으로."『헌법학연구』제19권 제4호, 157-193.

이정은. 2015. "참여 민주주의와 인권의 정치: 서울시민 인권헌장제정과정의 시민참여 사례를 중심으로."『민주주의와 인권』제15권 3호, 321-348.

정영선. 2011. "인권조례 제정 동향과 향후 과제."『법학논총』(조선대학교) 18권 2호, 157-189.

_____. 2014. "지방자치단체의 인권제도 발전 방향과 과제."『법학논집』(이화여대) 제18권 제2호, 85-118.

한국인권재단. 2013.「서울특별시 공무원 인권행정 강령제정을 위한 기초연구보고서」.

_____. 2014.『2014 한국인권도시백서』.

_____. 2016.『제2회 한국인권회의 "지역사회와 인권 — 현황과 과제"』.

한봉석. 2015. "서울시민 인권헌장 사태를 통해 본 인권과 민주주의, 그리고 성소수자 문제."『역사문제연구』제33호(2015.4), 511-539.

홍성수. 2015. "지방자치단체 인권위원회 제도에 관한 고찰."『법학연구』(충남대학교 법학연구소) 26권 1호, 93-138.

Fields, A. Belden, Wolf-Dieter Narr. 1992. "Human Rights as a Holistic Concept." *Human Rights Quarterly*, 14권, 1-20.

Jones, Peter. 1994. Rights. London: Macmillan Press.

Tarrow, Norma. 1992. "Human Rights Education: Alternative Conceptions." James Lynch, Cellia Modgil과 Sohan Modgil 엮음. *Human Rights Education and Global Responsibilities 4권*. London, The Falmer Press, 21-50.

색인

/ ㄱ /

지은이 소개
(가나다순)

• 김중섭 (金仲燮, kimjs@gnu.ac.kr)

연세대학교에서 공부하고, 영국 헐(Hull)대학교에서 박사학위(사회학)를 받았으며, 현재 경상대학교 사회학과 교수로 재직 중이다. 영국 에섹스대학교, 미국 콜럼비아대학교, 일본 교토대학, 릿교대학에서 방문교수로 연구하였다.

저서로는 『인권의 지역화 — 일상생활의 인권 증진을 위하여』(2016), 『평등사회를 향하여: 한국 형평사와 일본 수평사의 비교』(2015), 『사회운동의 시대: 일제침략기 지역공동체의 역사사회학』(2012), *The Korean Paekjong under Japanese Rule: The Quest for Equality and Human Rights* (2003), 『형평운동』(2001, 일본어 번역본 『衡平運動: 朝鮮の彼差別民白丁, その歴史とたたかい』), 『형평운동연구: 일제침략기 백정의 사회사』(1994), 편저로는 『세계화와 인권 발전』(2004, 일본어 번역본 『グローバル時代の人權を展望する』), 『한국 어린이 청소년의 인권: 진주지역 사례연구』(2002), 『한국 지역사회의 인권: 2001 진주지역 사례연구』(2001) 등이 있다.

• 박재영 (朴在榮, iwantworldpeace@daum.net)
한국외국어대학교에서 정치외교학을 공부하고 미국 Northern Illinois University에서 국제기구와 국제정치 전공으로 박사학위를 받았으며 현재 경상대학교 정치외교학과에서 교수로 재직 중이다. 외교부장관 국제기구 정책 자문위원과 유엔한국협회(United Nations Association-ROK)의 부회장으로 활동하고 있다.

저서로는 『NGO와 글로벌 거버넌스』(2017), 『국제환경정치론』(2016), 『국제정치패러다임』(제4판, 2015), 『유엔회의 가이드북』(2014), 『유엔과 국제기구』(2007) 등이 있고 현재 인권 문제를 포함한 글로벌 이슈에 관한 저서를 2018년 발행 목표로 저술하고 있다. 유엔 활동의 3대 축에 안보 및 개발에 더하여 인권 문제가 포함되어 있어 자연스럽게 국제적인 인권보장 체제에 깊은 관심을 두고 있다.

• 홍성수 (洪誠秀, sshong@sm.ac.kr)
고려대학교에서 공부하고, 영국 런던정경대(LSE)에서 박사학위를 받았으며, 현재 숙명여자대학교 법학부 교수로 재직 중이다. 런던대학 인권 컨소시엄, 옥스퍼드대 사회-법연구센터, 국제법사회학연구소 등에서 방문연구원으로 활동했다.

저서로는 『말이 칼이 될 때: 혐오표현은 무엇이고 왜 문제인가』(2018), 공저로는 『지금 여기의 페미니즘 × 민주주의』(2018), 『법사회학: 법과 사회의 대화』(2013), 『감시사회: 벌거벗은 대한민국에서 살아가기』(2012), 『법사회학: M. Weber, J. Habermas, N. Luhmann의 사회학이론과 법패러다임』(2000), 공역으로는 『혐오표현의 해악 Harm in Hate Speech』(2017), 공편으로는 『서울시민 인권헌장』(2015) 등이 있다.